U0463004

我
思

敢于运用你的理智

湖北省公益学术著作
Hubei Special Funds 出版专项资金
for Academic and Public-interest
Publications

晚明王学原恶论

陈志强　著

长江出版传媒 | 崇 文 书 局

图书在版编目（CIP）数据

晚明王学原恶论 / 陈志强著． -- 武汉：崇文书局，
2024. 11. --（崇文学术文库）． -- ISBN 978-7-5403
-7729-8

Ⅰ．B248.25

中国国家版本馆 CIP 数据核字第 20248BC901 号

2025 年度湖北省公益学术著作出版专项资金项目

本书简体中文版由台湾大学出版中心授权出版

晚明王学原恶论
WANMING WANGXUE YUAN E LUN

出 版 人 韩 敏
出 品 崇文书局人文学术编辑部·我思
策 划 人 梅文辉（mwh902@163.com）
责任编辑 许双（xushuang997@126.com） 李佩颖
责任校对 董 颖
装帧设计 甘淑媛
责任印制 李佳超

我
思
敢于运用你的理智

出版发行 长江出版传媒｜崇文书局
地 址 武汉市雄楚大街 268 号 C 座 11 层
电 话 (027)87679712 邮政编码 430070
印 刷 湖北新华印务有限公司
开 本 880 mm×1230 mm 1/32
印 张 9.25
字 数 200 千
版 次 2024 年 11 月第 1 版
印 次 2024 年 11 月第 1 次印刷
定 价 88.00 元

（读者服务电话：027-87679738）

ISBN 978-7-5403-7729-8

9 787540 377298 >

本作品之出版权（含电子版权）、发行权、改编权、翻译权等著作权
以及本作品装帧设计的著作权均受我国著作权法及有关国际版权公约保
护。任何非经我社许可的仿制、改编、转载、印刷、销售、传播之行为，
我社将追究其法律责任。

谨以此书献给

在各种意义上丰富我生命的

郑宗义教授

杨国荣博士[†]

杨儒宾教授

陈陵晖先生

刘少英女士

赖凤宝女士

目　录

序 一

读《晚明王学原恶论》

这本《晚明王学原恶论》是志强修订其博士论文而成。全书从选题到内容，有几点新见，足供学界参考。首先，一般以为儒学讨论道德的恶（moral evil），资源集中在主张性恶的荀子而不在主张性善的孟子，但这是错误的看法。孟、荀是儒学自孔子后的两大分途，无论在道德的善或恶的问题上，都有不同的演绎，值得仔细研究乃至相互比较攻错。而孟子的心学，在历经魏晋玄学与隋唐佛学的洗礼后，到宋明儒者手上，"求放心""是气也而反动其心"等说，因着"心"的含义的扩大（包括知、情、意、念、习等），遂于义理上有更为深刻的发挥。例如，王阳明指出道德心若能如理表现，则它是超越对善与恶的意识（beyond being conscious of good and evil）；唯有当心不如理地表现，才有分别善与恶的意识，故谓"无善无恶理之静，有善有恶气之动"（《传习录上》）。换言之，相对第一序的道德道理言，善恶乃属第二序的意识。又如，阳明很强调道德心"自然而然"（spontaneous）的发用是善，其"著"于意即是"私"意障碍或私欲之蔽而为恶。凡此，过往研究并未作足够关注。

以此之故，本书聚焦于阳明及其后学对恶的各种分析，正可以补白这片研究领域。其次，明末刘蕺山的《人谱》对"过"（与恶）有十分细致的剖析，但大多认为这是由于其诚意慎独教特重深密工夫所致。本书则借清理王学讨论恶的线索，定位蕺山《人谱》为集大成者，这是富有新意的观点。最后，本书以不同的侧重来标示阳明及其后学对恶的步步解剖，此即以"意的堕落"说阳明；以"念的歧出"说浙中王龙溪与泰州罗近溪；以"知见空言"说江右罗念庵，皆持之有故、言之成理，足见志强于文献掌握及义理分解两面都已有相当不错的工夫。

毋庸讳言，本书是博士论文的改订，自还有不足之处。如以龙溪、近溪与念庵代表王学，虽不无道理，却未必能尽王学对恶的种种讨论。另外，除了以意、念及知见等解释恶之外，"习"亦是不容忽略的角度。此习非仅是常识义的习惯，乃是习惯背后更隐微的心习（此亦是有启于佛学言心、心所与染习）。江右聂双江在回答"闲思杂虑，祛除不得，如何"的问题时，便说："习心滑熟故也。习心滑熟，客虑只从滑熟路上往还，非一朝一夕之故也。若欲逐之而使去，禁之而使不生，隳突冲决，反为本体之累。故欲去客虑者，先须求复本体。本体复得一分，客虑减去一分。"（《困辨录》）明清之际，反宋明理学者因亦不免于明中叶一元化思想泛滥的影响，肯定气质与情才，乃批评理学家将恶归罪于气质，这固是误解，但他们既以气质非偏有恶，遂也只能诉诸习以求解。颜习斋云："耳听邪声，目视邪色，非耳目之罪也，亦非视听之罪也，皆误也，皆误用其情也。误始恶，不误不恶也；引蔽始误，不引蔽不误也；习染始终误，不习染不终误也。去其引蔽习染者，则犹是爱之情也，犹是爱之才也，犹是用爱之人之气质也。"（《存性编》卷二，《性图》）总之，本书处理的课题仍当有进一步发展的空间。

志强的大学主修原本不是哲学，后来因发觉自己对哲学有浓厚兴趣，乃毅然转到香港中文大学哲学系。他的本科毕业论文、硕士与博士论文都是在我的指导下完成的。这些年来，看着志强在学术路上稳步向前，欣慰之余，亦很替他高兴。志强博士毕业后，先是在香港中文大学哲学系、香港科技大学人文学部任职兼任讲师，负责讲授中国文化与哲学的通识科目。去年他获台湾大学哲学系聘用为助理教授，这在今时的学术环境下，实为难得的际遇。而既已觅得一枝之栖，甚盼志强继续黾勉用功，为中国哲学研究的未来更添贡献。

郑宗义

2018 年 6 月 26 日

写于香港中文大学办公室

序　二

良知学笼罩下的恶的问题

一

　　志强《晚明王学原恶论》一书是根据他的博士论文《晚明王学中"恶"的理论》大幅改写而成，改写的幅度不算小，据他自己的估计，大幅度的变动至少在四分之一以上。至于各章各节，细部改动、增删者也不少。一般改写博士论文，以成专书者，都难免增删改订，志强此书亦不例外。志强此书改动较大者当是书名从"恶的理论"改成"原恶论"。"恶的理论"改成"原恶论"，就字面观察，改订不大。但对中国哲学传统不陌生者，不难看出志强此书的用心。在中国哲学的术语中，"原"字往往意指探究本源，《淮南子》的《原道》、《文心雕龙》的《原道》、宗密的《华严原人论》、韩愈的《原道》《原性》、黄宗羲的《原君》《原法》诸篇莫不如是，这些带着"原"字的篇章皆将其论文主旨提升到根源的层次，作彻底的反省。志强的《晚明王学原恶论》的"原"字内涵也不可能没有这种彻底反思的原意。虽然志强行文一向冲澹自抑，但新书用了这个字，就不可能没有中国传统"原论"的含义。

《晚明王学原恶论》此书上接原论传统,近接唐君毅先生一系列《中国哲学原论》的专书而来,唐君毅先生的《中国哲学原论·导论篇》《中国哲学原论·原性篇》《中国哲学原论·原道篇》《中国哲学原论·原教篇》这些书是他的中国哲学史书写的扛鼎之作,文字繁芜,解义缠绕,其实不一定容易进入,但无疑都是 20 世纪中国哲学界的重要著作。志强出身香港中文大学,师承当代新儒家学者郑宗义教授,其新书以"原恶"命名,很难不令人联想到唐先生一系列"原论"说的写作。事实上,旁人如有这种联想是合理的,志强写此书,正是有意继承唐先生的志趣而来。

在民国新儒家学者当中,甚至放大范围来看,在 20 世纪中国哲学家当中,唐君毅先生是少数对人的罪恶过错有极深省察的学者。身为儒者,我们很难想象他会对恶罪没有较清晰的认识。罪恶无定量,罪恶之存在依当事者的道德意识之敏感而定。理学家的反省意识特强,不要说巨恶了,即使是微过,反省至深的儒者的感受可能都会渊默而雷声,深入骨髓。然而,民国儒家中,如梁漱溟、熊十力、马一浮诸先生虽多有证体经验,深入性海,但"恶罪"问题在他们的著作中,却没有明白显现。唐君毅先生不同,唐先生对人的隐过、微过,有极深的省察,他的《人生之体验续篇》深入个体微机隐念之地,析毫剖厘,一丝不容放过。他的领悟不要说放在当代中国,即使放在同时期的欧美哲人一同观照,他对罪恶的体察之深仍是极特殊的。劳思光先生对唐君毅先生的道德意识之强、省察之深甚有体会,誉扬也甚力。其誉扬洵属如法如理,没有逾越之处。据志强引唐先生的一位学生的证词，唐先生生前原有意撰写《中国哲学原论·原恶篇》，后因考量立教的时机因素，乃作罢。

唐先生作罢的书，志强接着写，此书的用意可知。在中国哲学悠久的"原论"传统，以及在一代儒者唐君毅先生一系列《中国哲学原论·××篇》的笼罩下，志强此书到底该作何等定位？

二

《晚明王学原恶论》既然将"原恶"放在"王学"下定位，书外之意，当是"恶的问题"在阳明之后才有更深刻的省察，其为善去恶之工夫也当有前儒所未及者。

道德的恶的问题，可以说是理性的事实，是人生而为人不可避免的存在的性质。在人以外的动物世界中，动物有物竞天择，有血淋淋、黑漆漆的凶残事件，但我们很难说动物的相残有道德上的善恶，生物的存在依循非关道德意识的生物法则。但在人的世界中，不能没有道德的善恶问题。孟子说人皆有恻隐之心、善恶之心、是非之心、辞让之心。他说四端之心，"人皆有之"，这不是推论的问题，而是当下呈现的现量。四端之心牵涉到道德情感与道德知识的判断诸多问题，但人在意念与行为上有道德的善与恶，孟子说这是"固有之"，不用推敲。正因人的动机有善念、有恶念，人的行为有善举、有恶举，善恶之感乃是人的属性不可去掉的质性，所以才有战国时期人性善恶的大辩论。孟子的"性善"与荀子的"性恶"两说更蔚然成为后世中土接纳大乘佛教以及北宋理学抗衡佛道两教的关键性理论。

　　善恶问题是老问题，对恶的问题穷究根源应该也不是在阳明之后才出现。很明显地，当战国儒家将善恶问题放到人性论的观点下考量，已经是一种穷尽其源的提法。因为人性论意味着人的本质的问题，人性善恶或无善无恶或可善可恶，其意皆将善恶的问题和人的本质——也就是人的存在之依据连着考量。

　　然而，善恶的问题既然连着人性的问题一并考量，人性的问题深潜到何等境地，原则上，道德的善恶问题也会跟着深潜到同等的境地。儒家的人性论争辩虽然在战国时蔚为异彩，但由于其时儒者的关心不必集中在人的本质问题，各文化的发展总有偏重。到了东汉后，儒家人性论面对浩荡而来的佛教义理，顿显不足。佛教的核心教义在于人的解脱，对于人的解脱虽各宗各派各有解说，但无碍于佛教的解脱预设着对于人的本质的反省深入到身心深层，以至超越三界之外的不可思议境界。在佛教的"恶"的反思中，"业力""无明"的概念远非六道众生所能尽，其悲智双运、解行穷源的工夫也远非前儒所能想象。善恶的问题随着佛教带来的人的本质的新想象，其内涵顿显深邃。

　　宋代理学兴起，最大的思想刺激就是来自佛老的挑战，如果我们借用理学的开山祖周敦颐的说法，儒家在宋代复兴的意义，就是要"立人极"。"极"字是理学的用语，更是周敦颐的用语，"极"字表极致，表标准，用朱子的说法，乃是表"至极之义，标准之名"。周敦颐"立人极"自然不能不追溯善恶的源头到极致，我们在《太极图说》中，看到了"立人极"的目标，同样在此文中，我们看到了周敦颐对于恶的起源一个经典的界定，他说："二气交感，化生万物，万物生生，而变化无穷焉。惟人也，得其秀而最灵。形既生矣，神发知矣，五性感动，而善恶分，万事出矣。"善恶的问题和人的气质之性的问题，和宇宙论的人的生成问题有关，应然与实然、伦理与自然在此有种诡谲的联结。周敦颐这种看待人性的观点不能以"宇宙论中心"的观点定之，至少"宇宙论中心"这个词语如放在周敦颐体系上，其理论内涵需要重新界定，价值需要重新安顿。《太极图说》所以成为理学的重要经典，正因它代表一种新的世界图像与新的人的想象。

从宋代以后，论及道德的善恶问题，只要是儒家，其范围就不可能只限于"人"，更恰当的说法，就不可能只限于"有限人"的范围。正是在宋代，一种贯穿有限、无限的人观出现了。在宋代的理学体系中，一种界定人的有限、无限性的术语，如义理之性／气质之性、道心／人心、德性之知／见闻之知、先天之气／后天之气的对分先后形成，这些两两对立的概念群组，彼此之间的分合如何解释，程朱陆王容有差异，但人的本质中不能没有这两种性质的结合，用荒木见悟先生的用语，即是本来性与现实性的结合。随着这种无限的人性论升起，善恶的问题也跟着水涨船高，它不可能只是人伦领域内的问题。理学家论善恶，当然不可能脱离人伦的领域，程伊川说："尽性至命必本于孝弟；穷神知化由通于礼乐。"其说洵是无误。但反过来说，也一样成立，亦即礼乐、孝弟之尽其至，必定不能止于人伦界内，它一定有逾越人伦之外的内涵。

善恶问题到了宋儒手中，其精神非前儒所能到；宋儒工夫之细密，也远非前儒所能及。程朱的格物穷理，"物物必格，事事穷至"，说细碎固可，但说其工夫借着内外交治，以期成圣，可能更符合程朱的理念。张载有名的六有法"言有教，动有法，昼有为，宵有得，息有养，瞬有存"，其细密艰困比之清教徒或任何教派的苦行僧，恐有过之而无不及。张载、程伊川这种治恶的工夫之所以如此细密，关键在于善恶的问题已被提升到"本体"的层次。

从善恶问题与本体的联结，我们可以举出一个在宋代特别凸显的为善去恶法门，即"变化气质"之说。"变化气质"一语在当代社会的用法已沦为一种现世的公民修养，公民借着符合公民社会的行为规范以规范自己，并达成个人性情的公共化。然而，宋儒的"变化气质"不能脱离"气质之性"的概念立论，"气质之性"的概念则不能脱离"人在宇宙中的地位及形成"的脉络立论。"在宇宙中的人"的"在"是潜存的"在"，但他的为人之本质总有相当程度是世界性的，他的气质之性不能不是涉世的、涉自然的。但人既然身而为人，总有道德定位作用的先验之道德之心，此道德心带有力之性质的道德之气，所谓浩然之气，这种心气同流的主体使得任何的行动者可以从一气同流的世界中兴起，因而对现实有所匡正，为善去恶，所以需要"养气"。"变化气质"与"养气"是同一套工夫的两个面相，它们同依"体用论"的思维而立。

只有放在"体用论"的思维格式和"立人极"的伦理目标下，我们对宋儒如何思考恶，如何为善去恶，才可以找到理解的入口。宋儒的"善恶"概念都是意识语汇连接着自然语汇，我们仅举一例以概其余。周敦颐界定"性"为"刚柔善恶中而已"，"善恶"是道德语汇，"刚柔"是自然语汇，为善去恶的工夫乃是调和自然气质，使之中和平正。也就是调和人的气质之性中可善可恶的"刚善""柔善"，以达中和之说。宋儒的善恶问题总有宇宙问题，"立人极"总通向"证太极"。周敦颐之说是个典型的用法。

三

善恶问题在宋儒进入新的境界，周、张、二程、朱、陆诸儒所开出的理境遂得穷源至极，足以抗衡隋唐时期台、严、禅、密所开显的本地风光。然而，千年来的儒学史显示出的史实是善恶问题真正的精致化，真正成为一代思潮的主流议题，并不是在宋代，而是在明代，尤其是在王阳明之后，才大显于世。更明确地说，可断代为王阳明与弟子王龙溪、钱德洪共同讨论的《天泉证道记》形成之年，以至刘宗周于弘光元年绝食殉国为止的一百多年。王阳明良知学的出现是儒学史上的一大事件，这桩事件有几个重要的具有历史意义的断点，他三十七岁的龙场驿之悟是一个关键性事件，晚年的《天泉证道记》又是一桩重要事件。

理学的善恶问题之所以尖锐化，正是王阳明在远征思田之前，和他的两位大弟子讨论良知善恶的问题才爆发出来。"良知至善"此义自孟子以下，当已悬为儒门共法，应该不会有争议。但恰好在良知学发展到如日当空之际，王阳明最杰出的弟子王龙溪竟提出"无善无恶心之体"之说，此说在阳明之后引发了一百多年的震撼作用，江右学派与东林学派诸君子的学术关怀，主轴之一可以说即是针对"无善无恶"之说的反动。直至明亡为止，刘宗周、黄宗羲师徒学说的核心关怀之一也是如何回应王龙溪在天泉桥上的一席话。

本书的精彩处正在于细致地处理阳明之后，阳明后学如何面对恶的问题，它在 16 世纪出现有何意义？又是如何产生的？如何加以对治？志强从王阳明开始讨论，接着讨论王龙溪、罗近溪、罗念庵，最后殿之以刘宗周。在本书详细的讨论中，王学内部极精致的析辨，也可以说概念之间如何正确地分辨，连带地，工夫如何正确地下手，这些问题也就跟着出现。本书的探索很细，但我们或许可以掌握一条主线索，即如何在两种意义既相近也易于相溷的概念之间划清界限。如王阳明在"知"与"意"之间，王龙溪在"乾知"与"识"之间，罗念庵在"良知"与"念"之间所作的划分皆是。由于善恶问题的原始发生处就在人的生命本身，尤其见于意识的领域，意识语言本来即不易界定性质，加上阳明后学所用的语言高度集中在宋儒传递下来的基础上，因此，不免有使用词语相近或相同，其义却迥然不同者，比如王阳明与刘宗周所用的"意"字，指涉即极不同。刘宗周作为明儒之殿军，其操守之严，体证之深，远迈前贤。他所用的语言如"气"、如"独"，其义却多与前人不同，这些概念的分际如何澄清尤其值得留意。

　　志强此书集中处理阳明后学——也可以说是阳明学中"恶"的问题，焦点集中。此书可以继新儒家前贤之志，发唐君毅先生未竟之意，应可无疑。本书析辨甚细，理路清晰，其胜义观者自见，不待笔者唠叨多语。但为什么恶之原、恶之治这个道德实践的关键问题到了阳明之后才特别突出？笔者或许可以提供一点进入的线索，这条线索不足以阐扬阳明后学善恶之说的精义，但或可作为支持志强此书的一个论点。

　　"本体"是理学核心概念，此义大概可以为治斯学者共许的说法。但如何理解"本体"，宋、明儒的偏重不同。我们观宋儒使用"本体"，通常"体""用"两字连用，本体以"体用"连用方式出现的意义，在于人的道德问题往往也是存有论的问题，宇宙内事即己分内事，处理人的善恶问题，宋儒立其大。在阳明学的脉络中，"本体"一词却常和"工夫"联结，体用论的问题变成本体—工夫的问题，明儒立其精。这种本体论的焦点的转移不是矛盾的关系，也不必然如王夫之所批判的良知学是背叛儒门的问题。但焦点的转移是那么明显，不可能没有意义，我们可以看到一种新的性命之学的转移。

在宋代，性命之学是和世界的诚明问题一并讨论的，善恶问题绕着"气质"的问题旋转。阳明之后，儒学安身立命的问题和世界的诚明问题暂时脱钩，学者的意识集中在主体的转化、辨识、证成的问题上面，王学是彻底的心学。阳明后学不管是江右学派，还是东林学派，或是浙中学派，良知学的发展基本上都是围绕着良知本身如何呈现，也就是工夫如何展开的问题。良知的绝对义所应允的主体与世界的终极连结的向度虽然也被触及，但它的出现在实践的过程中是次要的。即使阳明学强调良知在事上显现，但格物是虚的，现象学意义下的客观世界之于良知实践乃是存有而不活动。道体也是虚的，阳明学真正的关心是心体，作为心体呈现原则的良知之作用流行才是实的，它是唯一的乾坤万有基，阳明后学的善恶问题即是在良知学的架构下展现的。

杨儒宾

2018 年 7 月 31 日

自　序

　　本书旨于清理晚明王学——自王阳明以降，下辖阳明后学，直到刘蕺山为止——关于"恶"的概念，由此开拓出一套儒学传统中"恶"的哲学理论。虽然初稿建基于笔者的博士论文《晚明王学中"恶"的理论》，但成书经过大幅修订。客观而言，本书原稿约十六万字，二稿修订为约十四万字，在丛书主编与审查人的大量意见下，又重新增订内容至约十六万字。换言之，本书在修订过程中，篇幅上至少有四万字的增减改动，至少占了全书内容四分之一。除此之外，若干内容都进行了重新铺排、提炼、订正。期望通过这些修订，能够对过去稚嫩的初稿作进一步提升，成就更为严谨成熟的学术专著。又笔者在攻读硕士学位时，已对儒学传统中"恶"的议题感兴趣，并尝试着手清理《论语》对"过""恶"等问题的思考。而未来的研究方向，亦有意拓展到清代儒学与比较哲学的领域之中。本书探讨王学传统中"恶"的议题，可以说是一系列相关研究中的阶段成果。

　　现在书名订定为《晚明王学原恶论》，其由来说明如下：读者在阅读本书过程中，当可发现笔者对晚明王学的理解，乃大量启发自当代新儒家唐君毅先生的洞见。唐先生对中国哲学的系统论述，主要见于《中国哲学原论》一系列专著。听闻刘国强教授说，在写成《导论篇》《原性篇》《原道篇》《原教篇》以外，唐先生曾有意撰写《原恶篇》。衡之《人生之体验续篇》中，唐先生表示自己早年较重论述"人生之正面"的心境；及至晚年为学所重，则在于照察人生之艰难、罪恶、悲剧等阻碍人生上达的"反面的东西"。以此为据，传言大概并非无的放矢。只是闻说唐先生忧虑若对罪恶的分析太露骨，易于使人陷落人性负面的描绘；而发扬人性中足以照亮生命的方面，更能启发人超升与上达。也许是基于这种多讲正面道理为好的想法，关于"恶"的写作计划最终作罢。笔者现将本作命名为"原恶论"，期望根据唐先生留存的思想资源"接着讲"，延续其晚年未竟的精神。如今适逢唐先生逝世四十周年，谨以此东施效颦之作，向唐君毅先生致敬。

　　本书主要内容的初稿，曾于不同的刊物和会议中发表。以下先交代刊物出版情况：

第一章　绪论

　　本章第二节中部分有关方法论的思考，乃借用自拙作的部分内容：《对郭象哲学所受质疑提出辩解》，《清华学报》新44卷第3期（2014年9月），页351—384。尤其是页367—369。

第二章　理论渊源——论先秦与宋代儒者的过恶思想

本章关于孔子过恶思想的部分，乃改写自笔者的硕士论文《〈论语〉中"过""恶""罪"的思想》。而孔孟过恶思想的部分，初稿为《论孔孟的过恶思想》，郭齐勇主编：《儒家文化研究》（长沙：岳麓书社，2017年12月）第9辑，页407—425。

第三章　"意"的堕落——王阳明论"恶"之起源

本章的初步构想《"意"的堕落：王阳明论恶之起源》，将收于《第二届当代儒学国际学术会议论文集》。另外，部分关于阳明恶论的讨论亦曾收入《阳明与蕺山过恶思想的理论关联——兼论"一滚说"的理论意涵》，《台湾政治大学哲学学报》第33期（2015年1月），页149—192。

第四章　"念"的歧出——浙中与泰州学者"恶"的理论研究

本章的主要内容已发表于《一念陷溺——唐君毅与阳明学者"恶"的理论研究》，《中国文哲研究集刊》第47期（2015年9月），页91—136。

第五章　知见空言——罗念庵论"学者"之"过"

本章收于《知见空言——罗念庵论"学者"之过》，《汉学研究》第34卷第4期（2016年12月），页99—130。

第六章　集大成者——刘蕺山对"恶"的议题的总结

本章部分内容曾发表于《阳明与蕺山过恶思想的理论关联——兼论"一滚说"的理论意涵》,《台湾政治大学哲学学报》第 33 期（2015 年 1 月）, 页 149—192。

另外, 学术会议的宣读记录如下:

1.《阳明学者论恶的问题》, 阳明学与浙江文化学术论坛（杭州: 浙江工商大学, 2017 年 1 月 10 日）。

2.《王阳明论他人之恶》, 台湾哲学学会 2016 年学术研讨会: "传统、诠释与创新"（台中: 东海大学, 2016 年 11 月 5—6 日）。

3.《知见空言——罗念庵论修道者之过》, "儒学的历史叙述与当代重构"国际学术研讨会（深圳: 深圳大学国学研究所, 2015 年 11 月 27—29 日）。

4.《一念陷溺——唐君毅与阳明学者"恶"的理论研究》, 第十一届当代新儒学国际学术会议——纪念牟宗三先生逝世二十周年（台北及香港: 财团法人东方人文学术研究基金会、台湾师范大学东亚与汉学研究中心、"中央大学"文学院、华梵大学、香港中文大学哲学系, 2015 年 10 月 22—25 日）。

5.《人性善恶新辨——唐君毅与宋明儒者对"性善说"的理论发挥》, 国际中国哲学学会第十九届国际会议: 中国哲学与当代世界（香港: 香港中文大学, 2015 年 7 月 21—24 日）。

6. "A Confucian Theory of Immorality: From Classical Confucianism to Neo-Confucianism" (paper presented at Columbia University Seminar on Neo-Confucian Studies, Seminar

#567, Columbia University, New York, April 3, 2015).

7. "On Theories of Evil in Confucianism" (paper presented at 2014 Northeast Conference on Chinese Thought, Central Connecticut State University, Connecticut, November 8-9, 2014).

8. "The Theory of Evil in Confucianism" (paper presented at Boston University Confucian Association Lecture Series I, Boston University, Boston, September 26, 2014).

9.《"恶"的来源：从阳明之"意"到蕺山之"妄"》，中国文化大学校际研究生论文发表会（台北：中国文化大学，2014年5月22日）。

10.《阳明与蕺山过恶思想的理论关联——兼论"一滚说"的理论意涵》，儒学的当代发展与未来前瞻——第十届当代新儒学国际学术会议（深圳：深圳大学，2013年11月15—18日）。

11.《王阳明论恶的起源》，第二届当代儒学国际学术会议：儒学的全球化与在地化（中坜："中央大学"，2013年9月24—26日）。

感谢以上期刊与论文集编辑委员会与匿名审查人的编审意见，也要感谢各个会议与研讨会中各位前辈学者对本书各篇的分别点评。"中国思想史研究丛书"两位主编，以及两位匿名审查人针对书稿提出大量具体修改建议，让本书论述更臻完善，谨此致谢。台大出版中心编辑纪淑玲小姐、郭千绫小姐及相关人员为本书的出版给予支持与协助，笔者也要致上谢忱。

而书稿写作得以顺利完成，首当感谢论文指导老师郑宗义教授。笔者自2005年认识郑老师，至今已逾十年之久。学士、硕士、博士的毕业论文都是在郑老师指导下完成。尤其本书由厘定题目到最后修改，整个论文撰写过程中每一个环节，无不是郑老师鞭策与督导的成果。在郑老师的言传身教下，笔者充分了解到"执事敬"的精神：学问的艰苦从来不容取巧，从事学术研究时必须秉持严谨、恭敬、真诚、负责的态度。无论是做学问还是做人，郑老师委实都教我良多。人生遇一良师已是不易，尤其万幸的是笔者更有缘遇到另一位恩师——已故的杨国荣博士。笔者在进入哲学系之前，本身是修读工商相关的课程。唯在杨老师"有如时雨化之"的影响下，笔者才"迷途知返"，立志转修哲学，以至成就今天如鱼得水的我。甚至于笔者今天立身处世的基本信念，都深受其启发。至于杨儒宾教授，则与当时仍在博士班的我结缘于中大冯景禧楼哲学系系会室，自此对我在学时给予指导，直到毕业后仍然一直关照与提携。与杨老师的交流和相处中，我深深感受到其"温、良、恭、俭、让"的学养。现在我虽已为人师表，但杨老师依然是我学习的对象。没有三位老师的教导，就没有今天的我，更莫说本书的完成。

又本书的撰写，乃受惠于若干研究拨款与学术机构的支持。在美国国务院主办的富布莱特计划（Fulbright Program）研究奖助下，笔者有幸在美国波士顿大学神学院担任访问学者，从事与博士论文相关的研究。该计划由美国国务院教育和文化事务局、美国驻香港总领事馆、香港政府研究资助局、利希慎基金共同赞助，笔者于此一并致谢。尤其本书的主要部分，即是每早喝着冰咖啡，在太太的陪伴下，于哈佛大学医学图书馆埋首完成。这段心无旁骛做学问的美好日子，笔者时刻怀念。又笔者需要感谢密西根大学李侃如—罗睿驰中国研究中心，在其亚洲图书馆研究旅费资助下，得以使用该校极其丰富的图书馆资源；亦有机会向孟旦（Donald J. Munro）教授讨教。另外，哈佛大学燕京图书馆亦提供了本书需要参考的文献资源，大大提高了笔者在异地研究的便利。尤其重要的是，笔者需要感谢在波士顿大学神学院访问时的两位指导老师——"波士顿儒家"南乐山（Robert C. Neville）教授与白诗朗（John H. Berthrong）教授，教我在一个比较的视野下反思自己身处的传统。另外，博士论文的评审委员信广来教授（前任）、黄勇教授、吴启超教授、林宏星教授，以至杨祖汉教授、林月惠教授、沈享民教授、曾春海教授、陈佩君教授、梁涛教授、吴震教授、邓小虎教授、安靖如（Stephen C. Angle）教授、沙启善（Hagop Sarkissian）教授、蒋韬教授、司马黛兰（Deborah A. Sommer）教授、柏啸虎（Brian J. Bruya）教授等前辈学者，都在不同场合对本书的若干部分提供了非常深刻的意见，笔者都由衷感谢。

当然，家人的恩情，笔者永远铭记心底。双亲陈陵晖先生与刘少英女士多年来默默付予劬劳之恩，育我成人；现在我却因为工作未能时常陪伴身边，得让妹妹燕贞主力分担照顾。只求父母一切安好，让我一生报答。而太太凤宝对我的支持、关爱、牺牲、付出，当中谢意更非笔墨所能形容。从赛马会研宿到碧湖花园、从 115 St. Stephen Street 到岚山、从翠华阁到杭州南路二段六十一巷，一路上虽然不免高低起伏，但幸运地一直有你相知相守。你的支持，俾使我能无后顾之忧地在学术路上追寻奢侈的理想，偶尔育成一二微不足道的果实。现在本书快要问世，孕育在你怀中的爱女乐澄亦将紧接诞生，命予我俩人生崭新的使命。唯望未来的路上我们继续编出两双足印,时刻"陪着你走"。

最后,让三十出头的我,引用牟宗三先生以下一段话聊以自况:

> 三十岁得到了博士,以为也得到了学问。就想出大部头的书;事实上根本不行,才只是刚开始作学问。博士只是个入门,只表示你可以吃这行饭,并非表示你有学问。

于笔者而言,若本书有幸能为学界提供一点点贡献,便已是意想不到的额外"bonus"。笔者唯希望通过本书撰写过程中的各种训练,能为自己取得一张做学问的"入场券"。在香港中大和科大徘徊了两年过后,现在这张"入场券"把我带来了台大——一个重新的起点。文章错谬也许难免,只求将来能够不断学习与精进,以"学而不厌"时刻自勉。

陈志强

2015 年 8 月 20 日初书于香港中文大学图书馆

2017 年 2 月 6 日修订于西营盘翠华阁

2018 年 5 月 1 日定稿于台湾大学哲学系水源研究室

第一章

绪 论

一、研究主题与方向

人性非恶？恶从何来？如何去恶？——"恶"是一个贯通古今中外普遍的哲学问题。

众所周知，"性善说"是孟子以至儒家哲学中一大重要理论。然而，无论古往今来、学界内外，都不乏一种流行的质疑：认为"性善说"过分乐观地关注人性中善良的一面，却缺乏对人性丑恶面相的照察。早在先秦之世，儒门之内便有如荀子者质疑孟子的"性善说"。对于孟子"今人之性善，将皆失丧其性故也"的想法，荀子质疑曰："若是则过矣。今人之性，生而离其朴，离其资，必失而丧之。用此观之，然则人之性恶明矣。"（《荀子·性恶》）荀子的意思是，从现实的一面看来，失丧纯朴善良而犯下恶行往往是人生的常态；就着这一点而言，"性恶"比起"性善"似乎是对人性更为恰当的描述。[①] 时至今日，"性善说"

---

① 梁涛尝有专文探讨荀子质疑孟子性善说的相关问题，参看梁涛：

同样时常备受质疑。例如当代学者韦政通[1]便尝言：

> 儒家在道德思想中所表现的，对现实人生的种种罪恶，始终未能一刀切入，有较深刻的剖析。根本的原因就是因儒家观察人生，自始所发现者在性善，而后就顺着性善说一条鞭地讲下来。……基督教的人生智慧因来自对人类原罪的认识，所以从原罪流出的一些概念，是负面的，非理性的，如邪恶、贪婪、狠毒、凶杀、奸淫、偷盗、诡诈、仇恨、谗谤、怨尤、侮慢、狂傲、背约、妄证、说谎，基督教教义中，劝告世人的一些警句，无不是环绕这些概念说的。这一切所指控的事实，对资质醇厚，或善于自欺者来说，可能叫他们胆战心惊，但这是充满社会的事实，为儒家人生思想所不加措意的事实。[2]

殷海光先生亦说：

> 儒家所谓"性善"之说，根本是戴起道德有色眼镜来看"人性"所得到的说法。因为他们惟恐人性不善，所以说人性是善的。因为他们认为必须人性是善的道德才在人性上有根源，所以说性善。这完全是从需要出发而作的一种一厢情愿的说法。[3]

《荀子对"孟子"性善论的批判》，《中国哲学史》2013年第4期，页33—40。

[1] 为了行文简洁，本书正文部分除对已经逝世的前辈学者以"先生"敬称外，其余一律省略敬称。

[2] 韦政通：《儒家与现代化》（台北：水牛图书出版事业公司，1978年），页3。

[3] 殷海光：《中国文化的展望》下册（台北：桂冠图书公司，1988年），

这些学者同样认为儒家只关注人性之善，对人性中种种负面的、非理性的罪恶都未能予以正视。而即使是学界之外，对"性善论"抱有怀疑者亦不乏其人。例如填词人林夕便引述了坊间一些说法："孺子将溺于井，会有人帮忙；但时移地转，有人给车撞倒了，途人反而走避。一地现钞满地金牛，路人有不忍之心争相出手拾遗。你说那孟子，提倡什么性本善，本性若皆善良，孟慈母何必要为子女教育问题，搬来搬去？"①由此观之，孟子"性善"的想法，无论古往今来与学界内外，都是极受争议的议题。若然"性善"，世间何以有恶？

诚然，对于世间何以有"恶"的问题，儒学传统不乏零星的讨论。特别是儒学中所谓"气性一路"，②对"恶"的问题有着更为直接的论述。例如上面提到的荀子就认为："今人之性，生而有好利焉，顺是，故争夺生而辞让亡焉；生而有疾恶焉，顺是，故残贼生而忠信亡焉；生而有耳目之欲，有好声色焉，顺是，故淫乱生而礼义文理亡焉。然则从人之性，顺人之情，必出于争夺，合于犯分乱理，而归于暴。故必将有师法之化，礼义之道，然后出于辞让，合于文理，而归于治。用此观之，人之性恶明矣，

页 682。

① 林夕：《若性本善，那 689？》，《苹果日报》（名采论坛），2014 年 12 月 30 日。

② 按业师郑宗义教授的区分，儒学中"心性一路"以挺立道德主体性标宗，以之对扬者即是以气化言性的"气性一路"。所谓"气性一路"始于汉儒，但可向上追溯至荀子哲学之中。读者可参看郑宗义：《论儒学中"气性"一路之建立》，收入杨儒宾、祝平次编《儒学的气论与工夫论》（台北：台大出版中心，2005 年）。

其善者伪也。"(《荀子·性恶》)好利、疾恶、耳目之欲、好声色等是人性的自然倾向,单就此人性的自然倾向而言,往往会导致"犯分乱理,而归于暴"的"恶"果。所谓"善"的成就,只能诉诸依循"师法之化,礼义之道"的人为努力。在这一意义上,荀子直接将"恶"拨入"性"中了解。后来两汉学者,对"恶"的解释也甚为直接。例如董仲舒就说:"人之诚,有贪有仁。仁贪之气,两在于身。身之名,取诸天。天两有阴阳之施,身亦两有贪仁之性。天有阴阳禁,身有情欲栣,与天道一也。是以阴之行不得干春夏,而月之魄常厌于日光。乍全乍伤,天之禁阴如此,安得不损其欲而辍其情以应天。"①董仲舒将人之善恶与天之阳阴比配起来,将"仁"归入"阳"的一面了解,而将"贪""情""欲"归入"阴"的一面了解。在这一理解下,人要去恶为善便只有"禁阴"——所谓"损其欲而辍其情以应天"是也。如是,看来董仲舒甚为直接将"恶"拨入"情""欲"中了解。即使是同时代的《论衡》,亦提到:"下愚无礼,顺情从欲,与鸟兽同。谓之恶,可也。"②《白虎通》亦曰:"情生于阴,欲以时念也;性生于阳,以就理也。阳气者仁,阴气者贪,故情有利欲,性有仁也。"③表面上,这些文字都反映了两汉学者将"恶"

---

① 〔汉〕董仲舒撰,王心湛校勘:《春秋繁露集解·深察名号》(上海:广益书局,1936年),页91。

② 〔汉〕王充撰:《论衡·非韩》(上海:上海古籍出版社,1990年),卷十,页101。

③ 〔汉〕班固等撰:《白虎通·情性》(北京:中华书局,1985年),卷三下,页208。

放在"情""欲"中了解的风气。[①]是则至少在初步看来,一般"气性一路"的学者直将"恶"放在"性""情""欲"中了解;姑不论其解释是否称理,至少他们对"恶"之来源的解释,初看起来都甚为直接易明。

相较而言,孟子与心学学者对"恶"的解释则更为迂回隐晦。对于孟子而言,"心"指涉的恻隐之心、不忍人之心乃至四端之心,是人践行道德之所以可能的根本基础,其自身自然不会产生"恶"。素谓孟子即"心"言"性",[②]其言人"性"之善乃从四端之"心"的落实而言("乃若其情,则可以为善矣,乃所谓善也");[③]就此而言,"性"与"心"理当一致,同样不可能是"恶"

---

① 陈荣捷(Wing-tsit Chan)便说:"在西汉直到唐代一段接近千年的时期,儒者坚持一种将性与情分属于两个不同层面,并将善与恶分别归属其中的理论。""From the Western Han through T'ang, for a period of almost a thousand years, Confucianists adhered to the theory that human nature and human feelings form two separate levels and correspond to good and evil, respectively." Wing-tsit Chan, "The Neo-Confucian Solution to the Problem of Evil," in *The Bulletin of the Institute of History and Philology* 28, studies presented to Hu Shih on his sixty-fifth birthday, (Taipei: Academia Sinica, 1957), pp. 773-791.

② 唐君毅:《中国哲学原论·原性篇》(北京:中国社会科学出版社,2005 年),页 13—18。

③ 如牟宗三说:"'性'就是本有之性能,但性善之性却不是'生之谓性'之性,故其为本有或固有亦不是以'生而有'来规定,乃是就人之为人之实而纯义理地或超越地来规定。性善之性字既如此,故落实了就是仁义礼智之心,这是超越的、普遍的道德意义之心,以此意义之心说性,故性是纯义理之性,决不是'生之谓性'之自然之质之实然层上

的来源。孟子亦尝言："饮食之人无有失也，则口腹岂适为尺寸之肤哉？"（《孟子·告子上》）明言即便是饮食之"欲"，自其"无有失也"的状态而言，其自身亦无所谓"恶"。是则在孟子哲学中，"恶"的出现并不能归因于人性自身的"心""性""欲"任何一部分。心学学者顺乎孟子哲学的基本精神，亦不会将"恶"的出现诉诸"心"与"性"。毕竟如明儒王守仁（阳明）所言："心之本体即是性，性即是理。"①"心"与"性"即是"理"，其自身断不是"恶"。相较孟子哲学，心学学者更为推进之处，则在于他们在理论上将"心"的内部结构撑开，而进一步认为"心"内部的"意""知""物""情""念""欲"等环节，全都不是"恶"的来源。阳明便说："理一而已。以其理之凝聚而言，则谓之性；以其凝聚之主宰而言，则谓之心；以其主宰之发动而言，则谓之意；以其发动之明觉而言，则谓之知；以其明觉之感应而言，则谓之物。"②骤眼看来，"性""心""意""知""物"皆是"理"不同层面的表现，就此而言都不是"恶"。阳明又言："七情顺其自然之流行，皆是良知之用，不可分别善恶。"③"情"本然地亦是"良知"自然之用，这里没有"善""恶"之分。阳明高足王畿（龙溪）有曰："今人乍见孺子入井，皆有怵惕恻隐之心，乃其最初无欲一念，所谓元也。……元者始也，亨通、利遂、

的性……"牟宗三：《圆善论》，《牟宗三先生全集》（台北：联经出版事业有限公司，2003 年），卷二十二，页 22。

①〔明〕王阳明撰，吴光等编校：《语录一·传习录上》，《王阳明全集》（上海：上海古籍出版社，1992 年），卷一，页 24。

② 王阳明：《语录二·传习录中》，《王阳明全集》，卷二，页 76—77。

③ 王阳明：《语录三·传习录下》，《王阳明全集》，卷三，页 111。

贞正皆本于最初一念，统天也。"①直以为"念"的原初状态无
非是恻隐之心的表现，其作为"统天"者理论上亦当非"恶"。
而刘宗周（蕺山）作为"广义的王学者"（这一点将于下文再行
交代），甚至更将"欲"往高看，而以之为生生之理的表现（"生
机之自然而不容已者，欲也"）。②是则"欲"之自身不仅不是"恶"，
反而甚至可以是"善"的表现。由此观之，对于孟学与心学学
者而言，人"性"与"心"内部任何一个环节之自身——包括
"意""知""物""情""念""欲"等概念——全都不能直接用
以解释"恶"的产生；是则相较于前面提到的"气性一路"学者，
心学学者如何解释"恶"的出现，是儒学理论中亟待澄清的难
题。毕竟，"心"既然通于"性"与"理"而有善无恶，其所表
现发动而成之"意"理当亦是有善无恶，"知"与"物"相应地
亦当是有善无恶；既然"性""心""意""知""物"皆有善无恶，
那么"恶"从何来？——这可谓是承接孟子"'性'既然是善，'恶'
从何而来"这个问题而来的进阶版本。另一方面，阳明亦有言：
"盖心之本体本无不正，自其意念发动，而后有不正"，③"无善
无恶心之体，有善有恶意之动"。④这些将"恶"放在"意"念
发动处理解的文字，表面上看来又似与上文谓"意"并非"恶"
的想法冲突。凡此种种心学学者对"恶"的解释，不仅对于门

①〔明〕王龙溪撰，吴震编校：《南雍诸友鸡鸣凭虚阁会语》，《王畿集》（南京：凤凰出版社，2007年），卷五，页112。
②〔明〕刘蕺山撰，戴琏璋、吴光等编：《语类九·原旨》，《刘宗周全集》（台北："中研院"文哲研究所，1996年）第2册，页327。
③王阳明：《续编一·大学问》，《王阳明全集》，卷二十六，页971。
④王阳明：《语录三·传习录下》，《王阳明全集》，卷三，页117。

外汉而言极为晦涩难明，即使对于专门的研究者而言同是难懂理处。例如西方学者倪德卫（David Nivison）质疑：

> 何以有恶？我认为王阳明没有真正的答案。他只提供了一个命定论式的解释：只有少数的人是"生而知之"，但大部分的人生来却被严重"遮蔽"，并且必然经过长时间自我改善的过程才能重回正轨……王阳明并不真对恶的理论感兴趣。他的问题是指引我们远离于恶。[①]

艾文贺（Philip J. Ivanhoe）亦说：

> 他（笔者按：王阳明）没有提供解释，而跟一众佛学学者同样相信解答这些问题并不重要。如佛学般，他关注治疗远多于理论。他尝试为其理解的邪恶寻找疗法，但他对恶的本质与根源却没有令人信服的解释。[②]

[①] "Why evil at all? I think Wang has no real answer. He offers us a kind of deterministic account. Some few of us are 'born with understanding', but most of us are born heavily 'obscured', and must go through a long process of self-improvement before we are straightened out......Wang is not really interested in the theory of evil. His problem is to guide us out of it." David Nivison, *The Ways of Confucianism: Investigations in Chinese Philosophy* (Chicago: Open Court, 1996), p. 224.

[②] "While he did not have an explanation, he shared with many Buddhist thinkers the conviction that answering such questions was not important. Like them, his concern was much more therapeutic than theoretic. He sought a cure for the wickedness which he perceived, but he had no compelling explanation of its nature or origin." Philip J. Ivanhoe, *Ethics in the Confucian Tradition: The Thought of Mengzi and Wang Yangming* (Atlanta, Ga.: Scholars Press, 1990), p. 85.

至于中国学者陈来同样指出：

> 恶的问题对儒家特别是心学总是一个困难。如果说恶是善的过与不及，则"过"或"不及"又缘何发生？"心之本体原是一个天，只为私欲障碍"，姑息、残酷或可说仁之过与不及，而人的"私欲"如何归属呢？如果对于孝、弟而言，"心自然会知"，那么私意私欲是否同样是"自然会有"的呢？阳明说："喜怒哀乐本体自是中和的，才自家着些意思，便过不及，便是私。"人又为什么会"自家着些意思"呢？良知既然是心之自然条理，为何不能规范"过"或"不及"呢？这些问题在阳明哲学中都未得真正解决。①

王鹏甚至直以为阳明对"恶"的解释陷于理论上的矛盾，他说：

> 阳明对恶之安顿之所以如此矛盾，有着其深刻的必然性：首先，就阳明学内在的逻辑来讲，因为心、性、理三者统而为一，所以恶不可能存在一个独立的根源，它也就不是必然发生的。但同时，恶却活生生的存在，而恶之不能必然发生与现实的存在之间的矛盾，对于阳明乃至整个心学来说总是无法克服的。②

在王鹏的理解下，"恶"在阳明学中理论上不可能存在一个独立的根源（不存在于"心""性""理"之上），然在现实上"恶"

---

① 陈来：《有无之境——王阳明哲学的精神》（北京：人民出版社，1991年），页80。

② 王鹏：《论阳明的"善恶只是一物"》，《理论界》2008年第4期，页112。

却是活生生的存在，于此乃见阳明哲学在"恶"问题上的思想矛盾。如是，本书核心的问题意识，乃通过以晚明王学为中心，发现蕴含在心学传统中"恶"的系统理论。期望彰明儒学传统对"恶"的理解之后，能够建立回应相关质疑的基础。

事实上，单就理论而言，儒学的确较常论述"为善"的面相。但当知道，"去恶"与"为善"本来就是修德过程的一体两面。如张灏便说：

> 儒家思想是以成德的需要为其基点，而对人性作正面的肯定。不可忽略的是，儒家这种人性论也有其两面性。从正面看去，它肯定人性成德之可能，从反面看去，它强调生命有成德的需要就蕴含着现实生命缺乏德性的意思，意味着现实生命是昏暗的、是陷溺的，需要净化、需要提升。没有反面这层意思，儒家思想强调成德和修身之努力将完全失去意义。因此，在儒家传统中，幽暗意识可以说是与成德意识同时存在，相为表里的。[1]

张灏所指的"幽暗意识"，意思是对于"人性中或宇宙中与始俱来的种种黑暗势力"有所正视和省悟。[2]在基督教的语言中，所谓"黑暗势力"可以指涉"邪恶、贪婪、狠毒、凶杀、奸淫、偷盗、诡诈、仇恨、谗谤、怨尤、侮慢、狂傲、背约、妄证、说谎"等罪恶。而由于在基督思想的系统中，人类的始祖偷吃了知善恶树的果子，而世世代代的子孙都生而具有原罪，因此人性中

---

① 张灏：《幽暗意识与民主传统》（北京：新星出版社，2006年），页34。

② 张灏：《幽暗意识与民主传统》，页24。

的罪恶可谓是"与始俱来"。张灏尤具真知灼见的是，他注意到儒家传统中"成德意识"与"幽暗意识"乃相依互存："成德意识"乃是一种希望达到圣贤理想境界的意识，而这种意识是基于对现实生命是"昏暗的、是陷溺的，需要净化、需要提升"的自觉。若人缺乏这种"幽暗意识"，对生命中种种罪恶、陷溺、堕落不以为然，则大概亦不会生起志于转化生命的"成德意识"。因此，愈是对人性中"幽暗"的一面有真切的省悟，人愈会生起一种转化生命的"成德"要求。在此理解下，张灏明言儒家思想并非一味地乐观。[1]

然而，虽谓儒学在理论上不能欠缺"幽暗意识"的一面，但这些想法在论述上却始终没有充分的开展。张灏复说：

> 两者表现幽暗意识的方式和蕴含的强弱很有不同。基督教是作正面的透视与直接的彰显，而儒家的主流，除了晚明一段时期外，大致而言是间接的映衬与侧面的影射。[2]

唯独晚明刘蕺山的《人谱》，才可说是儒门直接论"恶"的经典：

> 《人谱》里面所表现的罪恶感，简直可以和其同时代西方清教徒的罪恶意识相提并论。宋明儒学发展到这一步，对幽暗意识，已不只是间接的映衬和侧面的影射，而已变成正面的彰显和直接的透视了。[3]

这里张灏明言，儒家主流对幽暗意识的论述只是一种"间接的

---

① 张灏：《幽暗意识与民主传统》，页 39—40。

② 张灏：《幽暗意识与民主传统》，页 40。

③ 张灏：《幽暗意识与民主传统》，页 39。

映衬与侧面的影射"，因而遂谓"幽暗意识虽然存在，却未能有充分的发挥"。[1] 唯有在"晚明一段时期"，儒学对幽暗意识才有空前的讨论。而宋明理学殿军刘蕺山的《人谱》，即是当中的佼佼者。

　　如是，要廓清儒家思想对人性黑暗面的态度，晚明以降直到蕺山的《人谱》为终的一段思想资源，可谓是个中的关键。[2] 学界对蕺山的《人谱》已有不少讨论，但大多集中在探讨蕺山论"恶"的内部理论。相较而言，学界鲜有从哲学史发展的角度，考察蕺山与前贤在"恶"的议题上的理论关联。欠缺这种哲学史向度的理解，或会使人误以为蕺山论"恶"乃儒门独树一帜的孤例，并使人不能恰当定位《人谱》的价值与意义。本书撰写的另一目的，即是从哲学史发展的角度，考察晚明一段时期——自阳明以降，下辖阳明后学，直到蕺山为终——"恶"的问题在理论上如何步步发展与转进。

---

　　① 张灏:《幽暗意识与民主传统》，页 42。

　　② 周启荣（Kai-wing Chow）尝从历史角度指出，晚明在社会与政治上面临种种危机，却在思想与宗教上呈现活跃发展。其时兴起一种综摄主义的多元性（the variety of syncretism），涉及了三教的频繁互动。笔者认为，这种历史社会的氛围，恰好也为"恶"的问题提供了多元的思考土壤。例如面对道德善恶的问题，一方面，佛教在儒家规范的影响下，得从强调宗教救赎转而思考俗世伦理问题，以至发展出"功过"的讨论；另一方面，儒家在佛教理论刺激下，亦得重新思考过恶的本质，刘蕺山反驳佛门《功过格》即是典例（本书第六章将会详论）。Kai-wing Chow, *The Rise of Confucian Ritualism in Late Imperial China: Ethics, Classics, and Lineage Discourse* (Stanford: Stanford University Press, 1994), pp. 25-26.

　　总之，本书是一项以廓清晚明儒者如何看待"恶"的哲学问题为中心的哲学史清理工作。一方面，本书将会扣紧"恶"的问题意识为中心，尝试整理出心学传统中"恶"的系统理论。而另一方面，本书将会集中在晚明王学，从哲学史发展的角度考察"恶"的问题如何步步展开，并如何结穴于蕺山的《人谱》之中。

　　由于本书内容将会大量涉及"过"与"恶"两个关键概念，现先厘清其异同以清眉目：[①] 在先秦典籍中，"过"与"恶"两个概念皆具有多重意涵，一些用法与本文并不相干（如"过"作助词用，意谓"走过"，《论语·微子》"楚狂接舆歌而过孔子"，及"恶"作疑问代词用，意谓"如何"，《孟子·梁惠王上》"天下恶乎定"等），这些用法姑且略去不谈。与本文直接相关者，则有作副词用的"过"，表示"超过"的意思（《论语·宪问》"君子耻其言而过其行"）。顺乎此义，"过"亦包含"过分""太过"的价值意涵；此用法与"不及"相对（《论语·先进》"过犹不及"），而暗涵特定标准的偏离。偏离于真理与伦理的标准，则成为名词的用法，意指理解与言说上的"过错"（《论语·季氏》"且尔言过矣"）、德行上的"过失"（《论语·学而》"过则勿惮改"）。同样地，"恶"亦具有多重意涵。先是可以作为动词用，意谓"憎恶"，如"恶之欲其死"（《论语·颜渊》）。"憎恶"的情感有驱

────────────────

[①] 徐圣心亦尝撰文涉及"过""恶"关系的厘清，参见徐圣心：《青天无处不同霞：明末清初三教会通管窥（增订版）》（台北：台大出版中心，2016 年），页 93。

动价值取向的作用，①而能形成名词的用法，意指审美上的"丑恶"（《荀子·非相》"美恶形相"）、伦理上的"罪恶"（《论语·里仁》"苟志于仁矣，无恶也"）。是则虽然"过"与"恶"的意思并不完全一样，但都有指涉伦理偏失的相通用法。基于两者的共通意义，战国前后已有将"过""恶"连言的用法（如《周礼·地官司徒》"纠其过恶而戒之"、《白虎通德论·诛伐》"极其过恶"）。在宋明理学的传统，"过恶"概念更被广泛使用（如张载〔横渠〕"使知过恶在彼，不敢妄动"、②朱熹〔晦庵〕"无显人过恶之意"、③王阳明"暴白其过恶"④等）。虽然宋明儒者时将"过""恶"连言，但同时亦非常自觉地辨明两者的关系，如周敦颐（濂溪）言"孰无过，焉知其不能改？改，则为君子矣。不改为恶"，⑤朱熹"恶是诚中形外，过是偶然过差""过非心所欲为，恶是心所欲为"，⑥

---

① 李晨阳：《荀子哲学中"善"之起源一解》，《中国哲学史》第 4 期（2008 年），页 87。

② 〔宋〕张横渠撰，朱熹注：《文集抄·与蔡帅边事画一第七》，《张子全书》（上海：商务印书馆，1935 年），卷十三，页 282。

③ 〔宋〕朱熹：《政事》，《近思录》（北京：中华书局，1985 年），卷十，页 287。

④ 王阳明：《续编一·教条示龙场诸生》，《王阳明全集》，卷二十六，页 975。

⑤ 〔宋〕周濂溪：《通书一·爱敬第十五》，《周敦颐集》（北京：中华书局，1985 年），卷五，页 102。

⑥ 朱熹撰，黎靖德编：《论语八·里仁篇上》，《朱子语类》（北京：中华书局，2004 年），卷二十六，页 646。

蕺山"过而不已，卒导于恶"[①]"有心，恶也；无心，过也"[②]等。可见"过"是圣人不免的偶然过差，亦是俗语所说的"无心之失"；作为酿成更为严重罪恶的始点，立地改正即是君子所为。但若"过"而不改、纵容不已，则会渐渐显现为行为上的"恶"；盖其是"心所欲为"，在犯过后更易文过饰非而积习难改。何俊即这样解释"过"与"恶"的差别："过只是用于人们落实工夫的虚设的靶的，而非现实性的存在；一旦当它由潜在的转成现实的，则便不复是过，而是恶了。……问题的重要处是在于，刘宗周并非因为过不是现实的，便轻视它的存在，而是正相反，他将工夫恰恰落实于这种潜在性的过的改正上。"[③]由此观之，相对于"恶"贯满盈的最后结果，以"过""恶"连言乃凸显了罪恶现象实可以探本穷源，而视为一系列由小到大、从微至显、由潜在转成现实的伦理偏失问题。"恶"的问题不待其积恶难改时始着手处理，而更应该防微杜渐，从"过"的问题便开始注目改正。儒者如是将罪恶问题的焦点，从"既成的事实"转往"自主的工夫"问题上；只有从微小的"过"入手，才能真正透视"恶"的根源及其根本对治之道。本书使用的"过""恶"概念，即是源于这种对罪恶现象从微到著的关怀。而关于"过""恶"问题的理论意涵，将在本书以后各章再进一步展开说明。

---

① 刘蕺山：《语类十三·学言中》，《刘宗周全集》，页501。

② 刘蕺山：《语类十二·学言上》，《刘宗周全集》，页438。

③ 何俊：《刘宗周的改过思想》，收入钟彩钧主编《刘蕺山学术思想论集》（台北："中研院"文哲研究所，1998年），页145。

二、研究进路的澄清

接下来，笔者将从方法论的探讨，澄清本书的研究进路。本书的定位是一项"即哲学史以言哲学，或本哲学以言哲学史"的"哲学诠释"工作，一方面会将"恶"视作一个普遍的哲学问题，思考与分析其所可能包含的方方面面的意涵；另一方面，本书将会扣紧晚明王学的原始文献，以之为文本依据，考察与"恶"相关的概念如何在晚明步步转进。具体而言，本书这种论述的方式主要启发自唐君毅先生与牟宗三先生。

唐先生曾在《中国哲学原论·原性篇》中，以"即哲学史以言哲学，或本哲学以言哲学史"的方法探讨中国哲学中"性"的问题。笔者将会借用这种方法，转而探讨"过恶"的问题。参看唐先生以下的方法反省：

> 克就此书之所有者而观，其论述方式，虽是依历史先后以为论，然吾所注重者，唯是说明：中国先哲言人性（笔者按：此于本书而言即是"过恶"）之种种义理之次第展示于历史；而其如是如是之次第展示，亦自有其义理上之线索可循。故可参伍错综而通观之，以见环绕于性（同上按）之一名之种种义理，所合成之一义理世界。此一义理之世界，固流行于历史之中，亦未尝不超越于历史之外，而无今古之可言者也。故吾此书，不同于：将一哲学义理，隶属于一历史时期之特定之人之思想，而观此思想与其前后之其他思想，及社会文化之相互影响之一般哲学史之著，亦不同于：面对永恒普遍的哲学义理而论之之纯哲学之著；唯是即哲学思想之发展，以言哲学义理之种种方面，与其

关联之著。故其能论述之方式，亦可谓之即哲学史以言哲学，或本哲学以言哲学史之方式也。

如上所言，本书其中一个撰写的目的，便是从概念层面探讨"恶"的问题。从这一面看，本书涉及"哲学"的元素。当知道，概念世界的思想自有其自身发展的理路，其义理与逻辑的转进乃"超越于历史之外，而无今古之可言"。例如在当代新儒家的眼中，中国文化在"历史上"或"现实上"也许没有充分发展出民主与科学；但既然中国文化素来提倡成德的理想，而民主与科学又是助成仁德在当代世界落实的要素，则儒学在"义理上"或"理论上"便当有"开出"民主与科学的要求。[①] 在这一意义上，"恶"的问题的步步展开，亦当有其内在的理路；涉及其中的概念之间的关联与发展，亦当有独立于历史的演进。

同时，笔者相信牛顿所言："如果说我看得比别人更远，那是因为我站在巨人的肩膀上。"通过发掘古代文献中关于"恶"的理论洞见，当可成为今人推进相关问题的思考基础。对此牟先生便说："中国哲学当然可有新的发展，但是随意凭空地讲并不能算是新发展。我们讲中国哲学虽是叙述前人已有的一些问题与观念，但是若要提出新的解释，或引发出新的问题，就必须先入乎其内，先作客观的了解。不了解问题就没有连续性的发展，必须要与前人已有的相通贯才能有新的发展，因此通过叙述而有的基础了解是必要的。黑格尔曾说哲学就是哲学史，

---

① 牟宗三、徐复观、张君劢、唐君毅：《中国文化与世界》，收入唐君毅著《中华人文与当今世界》（台北：台湾学生书局，1975 年），页895—904。

一部西方哲学史就是一个问题接着一个问题，互相批评而成的，因此不懂哲学史就不能懂哲学。这种讲法或许有些言过其实，但大体是不错的。"① 因此，虽然本书扣紧"恶"的普遍哲学问题意识，但论述的展开将会建基于中国先哲的相关文本之上。是则本书另外一个撰写目的，即从哲学史发展的向度，考察晚明王学对"恶"的问题的思考。从这一面看，本书涉及了"历史"的元素。当知道，思想义理的演进虽有其内在的理路，但先哲古人如何讨论这些问题却有其特定的历史进程。例如儒学学说在"理论上"也许不能忽视"情欲"的问题，但相关问题的探讨在"历史上"却有待于明末清初时期才真能大放异彩。② 如刘笑敢所言，中国哲学的诠释工作乃有历史的、文本的、客观的定向；研究者不能纯粹依据个人思考主观地创作，而应对古人的理论给予客观的了解。在这一意义上，在探求"永恒普遍的哲学义理"之同时，绝不能忽略客观的文本研究工作。由此可见本书所取"哲学"与"历史"既分且合的研究进路——一方面扣紧"恶"的问题意识进行思考，另一方面同时清理"恶"的问题在晚明时期的发展。此即本书所依循"即哲学史以言哲学，或本哲学以言哲学史"的研究方法是也。说明了本书"即哲学即历史"的研究进路后，下面将分别对"客观历史的了解"与"哲学反思的工作"作更进一步的厘清。

---

① 牟宗三：《中国哲学十九讲》，《牟宗三先生全集》，卷二十九，页223。

② 郑宗义：《明清儒学转型探析：从刘蕺山到戴东原》（香港：中文大学出版社，2009年增订版），页171—188。

如何才是对于文本负责任的、客观的了解？刘笑敢对中国哲学的文本诠释方法具有丰富的研究经验，他曾提出两项相关的原则：

> 为了确定文本的基本意义或所谓"原义"，我们必须提出两条操作性原则（working standard）。第一条，素朴性原则，也可以称为文本的直接性原则，即对原典只作文字学、语法规则所允许的最朴素的解释……第二条，相对的一致性原则，一致性即是不能接受逻辑上自相矛盾的解释，而相对的一致性原则则是反对过分地强调逻辑的一致性、进而试图将古代经典看作是一个十分严谨的理论专著，并用现代人的逻辑原则去消解一个复杂的思想体系内部无可避免的理论上的内在紧张和矛盾……[1]

这里牵涉到如何测定文本客观意义的问题。[2]刘笑敢提出了两条相关的原则：一是"素朴性原则"，二是"相对的一致性原则"。"素朴性原则"意指解读文字时应只采用文字学与语法规则所允许的最朴素解释，以防文字的解释溷杂了诠释者自己的想法。问题是，解释单一句子时，这条原则也许比较容易操作，但要解释一套经典的整体精神时问题就复杂得多。试以庄子哲学为例，怎样确定庄子哲学的基本精神？若单就《逍遥游》中

---

① 刘笑敢：《诠释与定向——中国哲学研究方法之探究》（北京：商务印书馆，2009年），页144。

② 笔者曾经撰文旁及中国哲学诠释的方法论问题，其中的观点同样适用于这里对于本书研究进路的反思，故借用于此。参看拙文《对郭象哲学所受质疑提出辩解》，《清华学报》新44卷第3期（2014年9月），页367—369。

"尧让天下于许由"等文字而言，庄子哲学很容易被理解为一种出世哲学，旨在引导心灵从纷杂的尘世中抽离出来。然而，若测定《应帝王》是庄子哲学的精神所在，也许会更倾向于将庄子哲学解读为一种关注人间政治的入世哲学。以此为基础阅读《逍遥游》的特定文字，也许亦会相应地把其中的逍遥概念解读得更为入世。由此可见，解读经典的整体精神难免涉及诠释者对文本重点的测定与判断，这便少不了涉及诠释者一定程度的理解。反过来说，不仅经典的整体精神涉及诠释者一定的理解，特定命题与字词的解读，同样受着诠释者对整体精神的理解所制约。以《孟子》"尽其心者，知其性也"一句为例：若只依最朴素的文字学解释，则古代言"性"的本义便只指与生俱来的自然性质。这样解读的话，则难以理解何以充尽发挥"心"的作用便能知"性"。反之，只有通过对《孟子》文本作整体的理解，才会知道这里的"性"概念应作仁义礼智之"性"解——"尽其心者，知其性也"的意思是：充尽发挥四端之"心"，才能证知仁义礼智之本"性"。明乎此，则可知纯然的"素朴性原则"很多时候不能帮助测定一套经典的整体精神，甚至亦不能帮助完全解释特定字词或命题的真正意思；在此意义上，诠释者一定程度的理解，在经典诠释的过程中不可或缺。

至于"相对的一致性原则"，指的是解读经典与了解一套思想体系时，不应强求其内部思想贯融与一致。这项原则道理上固然是正确的，解读经典不是盲目崇拜教条，诠释者无须歪曲文字的意思去强求经典思想的贯融与一致。然而，不应该歪曲文字去强求一致，不等于不可以如实地将看似矛盾的概念放回其应有的理论位置中了解，并进而消解其中表面的矛盾。有些情况是，只要将看似对立的概念或说法放回其恰当的理论位置，则两套概念或说法便都可以在不同层面中得以安立。例如佛家的整套思想体系中有言"真空"，却又言"妙有"，两种说法在表面上看起来矛盾不一；但事实上并不冲突——"真空"与"妙有"只是佛学基本精神"缘起性空"的两种表述，两者只是侧重点不同，不碍其背后的义理可以相通。是则诠释者解读经典时，首要的责任是如实地理解文本中各个概念的确切意涵；将每一个概念都置放于其恰当的理论位置后，方能善解文本每一个概念与说法。诠释者有这样将文本中每一个概念解释为最强义（最强义即"如实义"，而非"强求义"）的责任，从而尽量谋求对于文本与思想最恰当的了解。对此牟宗三先生尝言："相干的文献必须随时注意……都得一步一步地去了解。而这需要下工夫，工夫下得久了，每个概念自然会归到其恰当的地位。我们通常在开始研究一个问题时，概念都是浮动，到后来才逐渐定住。但其实浮动的并不是概念，而是我们自己。概念本身自有其恰当的地位。因此，主观的了解很难与客观的原意相合。这种工夫非作不可，这样才算学术，才能显出一个客观的地位。"[①] 就此而言，本书的论述尽量给予"恶"的问题贯融的解释，以至尝试建立一套心学传统中"恶"的系统理论——假定这个工作不是由强行曲解文本而来的话——则原则上亦未始不是尽了一个诠释者应有的责任。至于如何判断本书对于各个经典的解释是确解抑或曲解，最后的关键只能是回到每条特定的文本与每个具体的问题上作细致的探究，看看当中的解读有否充足的文

---

① 牟宗三：《中国哲学十九讲》，页408。

本佐证。如胡适所说"有几分证据，说几分话"——端看该种解读是否能够依于文本证据而如实地说话。本书能否达到这项标准，则唯待读者在阅读过程中卓裁矣。

由此观之，本书的论述过程无可避免地牵涉了笔者的理解——例如测定不同理学思想中与"恶"相关的中心问题、拈出思想中关键的概念以至将相关的概念在理论上进行排序联系等——但这并不代表本书的诠释便是"六经注我"般的笔者一己的创作。本书又尽力将晚明王学中相关的概念，置放于其恰当的理论位置；但这亦不代表本书便是违背严格学术研究精神的工作。而通过以上的澄清，方能知道唐先生在中国哲学的诠释上尝倡言的"无诤法"，绝非罔顾客观学术研究之谓，而未始不可看成是诠释者解释经典时首当克尽的责任：

> 综上所述，以观梨洲之所谓明代理学之盛于前代，更可见其千岩竞秀，万壑争流之概。然亦使人有"大道以多歧亡羊，学者以多方丧身"之感。此中儒者之相争，亦皆可谓出于其天理良知之是非。则天理良知之是非，又何以如此无定乃尔。今若于此，看作一场戏看，分别加以欣赏，自无所谓。若任取一家以为正宗，视余者皆为儒学异端，截断众流，一切不理，亦甚洒脱。然若欲见此千岩万壑，并秀平流，各得儒学一端，合以成此明代理学之盛，而不见诸家之学，唯是以互相辩难而相抵消，更见其永恒之价值与意义，则大难事。此则须知儒学之大，原有其不同之方向。其作始也简，将毕也巨。而此不同之方向，则初未必皆相违。唯学问之事，人各有其出发之始点，以其有自得之处，更济以学者气质之殊，及互为补偏救弊之言，故

不能不异。而于凡此补偏救弊之言，吾人若能知本旨所在，不在攻他之非，而唯以自明其是，更导人于正；则于其补偏救弊之言，其还入于偏者，亦可合两偏，以观其归于一正，览其言虽偏而意初无不正。人诚能本此眼光，以观此最多争辩之明代儒学，则亦未尝不可得其通，而见儒学中之无诤法也。①

唐先生指出，晚明王学的发展呈现了"千岩竞秀，万壑争流"的情况。阳明学者在良知观念、究竟工夫、知识、现成良知、无善无恶、格物等议题上，都有针锋相对的争辩。②对于这些各执一端的论辩，若以其中一家为正宗，将其以外者视为儒学异端，此在一义上犹是"洒脱"之事。如顺乎牟先生以钱德洪（绪山）、王龙溪、邹守益（东廓）、欧阳德（南野）、陈九川（明水）为真切于阳明哲学的嫡传，义理性格稍异如聂豹（双江）、罗洪先（念庵）者便会易被视为横生枝节、脱离王学之歧出。③唐先生于此的洞见是，虽然面对的是同一个广义的哲学问题（尤其儒者在道德实践中面对的问题），然则每一个学者从其自身救弊处出发，便都难免有不同自得之证词。对于如龙溪般的上根人而言，挺立良知便能去欲是其实践中最能体证之事；但对于念庵般的下根人而言，更为正面地处理欲根的问题才更是切

---

① 唐君毅：《中国哲学原论·原教篇》，页353。
② 彭国翔：《良知学的展开——王龙溪与中晚明的阳明学》（北京：三联书店，2005年），页320—436。
③ 牟宗三：《从陆象山到刘蕺山》，《牟宗三先生全集》，卷八，页323—326。

身之急务。① 是则若以偏于一效之药还入于对治偏于一弊之病，则对于同样追求治病的本旨来说，看似对立的说法未尝不能"言虽偏而意初无不正"——两者无不可以同是圣学应有之文章。进一步说，亦当知道同一个广义的哲学问题，本来就可以有不同层位的思考，如唐先生说："宛然之冲突矛盾，追源究本而论，唯起于吾人之心思，原有不同方向，不同深度之运用，而吾人又恒不免于依其所自限之某一深度、某一方向之心思运用之所知，以观他人沿其他方向，运用其心思之所知，而不能善会之故。则今欲以不同还之不同，亦以同还之同，使各当其位，其道又不在只直就其不同而观其不同、就其同而观其同；而更应先自察：同此一吾人之心思，原有此不同之方向之运用，足以分别与种种不同之义理相契会。"② 例如对于广义人性的了解，告子主张"以生言性"，孟子主张"以心言性"，两者至少从表面上看来乃对立冲突。但只要将两者还放不同的理论层位，则亦未尝不可以同时安立。唐先生便尝撰文实践这样的工作："依吾今之意，孟子之所以不以耳目口鼻四肢之欲声色臭味安佚，以及食色等自然生命之欲等为性之理由，乃在此诸欲，既为命之所限，即为人心中所视为当然之义之所限，亦即为人之心之所限。此即见此诸欲，乃在心性之所统率主宰之下一层次，而居于小者；而此心性则为上一层次而居于大者。故孟子有大体小体之分。此中大可统小，而涵摄小，小则不能统大而涵摄大。故以心言

---

① 具体的讨论请见本书第四章及第五章。

② 唐君毅：《中国哲学原论·原性篇》，页 6。

性之说，亦可统摄以生言性之说。"① 这里无须涉及孟子告子之
辨的具体讨论，但于此可以见到一种学术研究的可能态度——
毕竟表面上看来不同的说法未必必定是一者对一者错，有些时
候只要将两种说法还放于其相应的理论层位，则两者无不可以
同时肯定。本书的研究可说是基于这种信念的工作：王门后学
的研究固然是个争议多端的论题，但笔者认为其中若干人物的
想法与学说，置放于不同而相应的理论层位后，委实可以融会
贯通。② 尤其在"恶"的问题上，阳明后学如王龙溪、罗汝芳（近
溪）、罗念庵等看似义理性格迥然不同者，只要将他们的说法还
放于其相应的理论层位中理解，便可知其说分别在不同层位上
对应了常人与修道学者方方面面的弊病。晚明王学对"恶"的
相关讨论，委实可以合起来从一个整体系统的角度上了解。然
必须重申的是，尽量使不同的概念与说法在理论上各当其位并
求综合会通，绝不代表罔顾客观研究而强求牵合。"以不同还之
不同，亦以同还之同"，在诠释经典的过程中同时兼顾如此的两
面，才是本书自我期许的工作。

---

①　唐君毅：《中国哲学原论·原性篇》，页 15。

②　刘述先先生曾将唐先生的研究方法描述为"把锐角化成了钝角"
（与牟先生"把钝角化成了锐角"相对），主张"（在中国哲学的诠释上可
以相容并包）不同形态的思路，彼此不必互相冲突，而可以相反相成"。
刘述先：《朱子哲学思想的发展与完成》（台北：台湾学生书局，1984 年
增订再版），页 1—2。虽然刘先生的著作未取这种思路，但笔者认为这仍
是诠释中国哲学其中一个合法的进路。是则本书虽然更强调所论儒者间
的理论继承、发展、融通关系，但并没有对其中的差异性陈述其不足的
问题。笔者将会论证，不少表面上看起来的"差异性"，实际上是同大于异。

以下转而厘清所谓"哲学反思的工作",以结束本节的讨论。在当代学人中,劳思光先生对于如何理解"哲学"与"中国哲学"的概念,都有非常深刻的反省。劳先生这样理解所谓"哲学"工作:

> 让我们先问:"在什么时候,我们是在作哲学思考?"不是在我们报告外在世界中的事实,或者对我们所观察到的东西,拟定经验的解释的时候;只在我们反省自己的活动的时候,方是作哲学思考。[①]

此见哲学思考的特质是一种反省性思考,而不在于描述与解释经验世界中的事象。反省性思考旨在概念世界的层面,探问事象背后的理由与根据。例如,"一个社会中有多少人支持民主制度"是个社会科学的问题,可以通过问卷调查等方式探究。但"什么是真正的民主""民主制度是否合理"等哲学问题,则只能通过反省式思考进行反复的思考与辨明。如上文提及,概念世界的思想自有其自身的标准与理路,其合理与否乃有"超越于历史之外"的理性标准;是则历史与现实上存在的思想体系,并不直接就是合理的思想体系。将这种对于"哲学"的理解,运用于"中国哲学思想"的研究之上,便见劳先生眼中中国哲学研究的可能进路:

> 有些关心中国文化传统的学人,每每因为想强调中国文化的优越可贵之处,因此就在论及中国哲学思想的时候,一味只称赞古人,而不重理论得失的客观评定。这些先生

---

① 劳思光:《对于如何理解中国哲学之探讨及建议》,《思辩录——思光近作集》(台北:东大图书公司,1996年),页7—8。

们的用心，自然是不难了解的。可是，我写《中国哲学史》却不能取这种态度。我大致上是以客观了解与批评为主要工作……我对中国哲学的前途的看法，是中国哲学必须经过一番提炼淘洗，在世界哲学的配景中重新建构，排去那些封闭成分而显现其普遍意义。这个观点却是唐先生屡屡印可的。[①]

> 我们所关心的哲学的问题，它不能够是特殊的。出现在这里的哲学，不能说只是这里的哲学。哲学问题一定有一种所谓普遍性的要求……我们从这样的普遍性来说的话，讲中国哲学的未来的发展或者说我们讨论它的得失，这些都应该摆在世界的 perspective（配景）里面来看，这就是所谓 China in the world（在世界中的中国）。因为我是取这样的立场，这样一个态度一直是我做哲学问题的根本态度。[②]

劳先生治学的态度，为当代中国哲学研究者提供了一个极富参考价值的参照。以"哲学"的进路（而不是纯"文献"或"历史"的进路）探讨中国思想时，应当从事"理论得失的客观评定"工作，而绝对不能"一味只称赞古人"。古典文献所承载者，不仅是特定历史时空的古人的个人想法，而委实指向一个一个普遍的哲学问题。当研究者以普遍哲学问题的态度视之，便当知

---

① 劳思光：《新编中国哲学史》（桂林：广西师范大学出版社，2007年），卷三下，页661。

② 劳思光：《中国哲学之世界化问题》，收入劳思光著、刘国英编《危机世界与新希望世纪：再论当代哲学与文化》（香港：中文大学出版社，2007年），页50—51。

道该问题的探讨并不能限制于中国这个特定的文化传统。是则中国哲学研究并不纯是"在中国（或在中国历史）中的中国哲学"研究，而当理解为"在世界中的中国哲学"研究。具体落在本书而言，这种研究态度同样是全文撰写的终极目标。尤其本书自期以"恶"的普遍哲学问题作为核心的问题意识，便不可以纯是一味称赞古人在相关问题上的智慧。本书的一个终极目的，便是将晚明学者言"恶"的洞见"摆在世界的 perspective（配景）里面来看"，以见其对于"恶"这个人类普遍现象所能提供的理论贡献。就着这样一个研究目标而言，"理论评价"与"哲学比较"的工作自当是本书最终指向不可或缺者。然而，本书认为给予相关文本最强义恰当的"哲学诠释"，是进行"理论评价"与"哲学比较"以前所必不可少的工作基础：[①] 其一，若欠缺最强义恰当的诠释，一些所谓理论得失的评定便有成为误解的可能。例如，自阳明以降的心学学者倡言"良知"与"知识"之辨，很容易便会给人一种过分贬抑知识活动的印象。姚才刚便尝对阳明心学作出如下的"理论评价"，指出其中所谓的"理论缺失"："知识除了对道德有助缘作用之外，也有其自身独立的价值，因而无论以道德取代知识或以知识取代道德，都是不合理的。对于王阳明心学而言，前一方面的问题尤为突出：知识往往笼罩在道德的阴影之下。这可以说是王阳明心学的一个缺失，甚至可以说是中国传统思想的一个缺失。"[②] 然从笔者的

[①] 这个问题的澄清启发自笔者与孟旦（Donald J. Munro）教授的讨论。

[②] 姚才刚：《王阳明心学的理论缺失及其对中晚明儒学发展的影响》，《哲学研究》第 12 期（2010 年 12 月），页 44—49。

理解看来，心学学者从无否定知识——所谓"以道德取代知识或以知识取代道德"——之意（具体的分析与讨论请见第四章）。若笔者的判断正确的话，以上的"理论评价"便大可商榷。如是，本书首要的工作，便是尝试尽力给予相关文本最强义恰当的"哲学诠释"；只有在完成这项工作之后，更进一步的"理论评价"工作才有稳固的基础。而本书所谓"哲学诠释"的工作，亦非谓只是"依书直说"，一味为古人的想法背书；反之，笔者将会随文考察不同说法的理论意涵与效力。笔者相信这项以反省角度探求古典文献理论意涵与效力的工作，本身已经是一种"哲学"的工作，而不是纯然"文献"或"历史"的研究。其二，放在世界的脉络中与其他宗教传统对话之前，理当先对自身传统的特色有相干而恰当的了解。诚然，"恶"是一个通乎人类的普遍现象，更是一个具有普遍意义的哲学问题。道家、佛家、基督教、西方哲学等都在一定的意义上论及"恶"的议题，但他们谈论者与儒学所言之"恶"是否指涉相同（或至少相类）的现象？更为根本的是，儒学所言之"恶"具体而言究竟是何所指？廓清与恰当了解儒学所言之"恶"的确切意涵，理当是进一步与世界哲学进行对话的基础。是则乃见本书作为"即哲学史以言哲学，或本哲学以言哲学史"的"哲学诠释"工作之定位与价值。

三、章节结构的安排

本书的撰写主要包含七章，除了本章绪论与终章的结论外，正文各章将会以人物或派别为中心的方式考察晚明王学对"恶"的思考。为了廓清全文的眉目，以下将对各章分别作一总括的简介，指出其中心意旨，以及点明各章之间的关节与联系。

第二章"理论渊源——论先秦与宋代儒者的过恶思想"，可视作后文的预备讨论。首当说明的是，虽然儒学对"恶"的讨论在晚明时期才大放异彩，但个中的思考并非无中生有，委实可以追溯到更早的前贤思想之中。这一章首先通过清理蕴含在《论语》《孟子》《荀子》中讨论过恶的文字，从而抉发蕴含在先秦时期儒学传统中有关"恶"的问题的理论资源。简而言之，孔子主要将过恶的问题收归在自我修身的角度上理解。而不论是利益抑或德行的追求，一旦有"过"或"不及"的情况，都会酿成偏差的流弊。只要"过"而能改，则能从源头上防患于未然，避免"恶"的产生。至于孟子的性善论，则进一步说明了任何人——不论贤不肖——都有改过从善的充足能力，但他并没有天真地以为世间所有人都是天生的善人。反之，正因为相信人皆有改过从善的能力，是则恶人、坏人总可以不再自暴自弃，转而着力改善自己的品行。又孟子澄清了"恶"在人性中是无根的，"恶"出现的根本原因是人自我放失了本心的主宰作用，则任何人的犯过便都不能推诿于内在的人性或外在的环境，每个人自己都得为自己的行善作恶负上根本的责任。而荀子以《性恶》为中心的篇章，更是蕴涵了儒学传统少见的对"恶"的丰富探讨。虽然理学传统并没有自觉继承荀子哲学，但个中洞见仍然值得揭示。荀子对人"性"的了解，实包含了一个复合的多重结构；其中情欲内具遮蔽"心"的特性，使得"性"最有指向"恶"的可能。虽然荀子指出成为君子与小人取决于"注错习俗"的差异，但相对于"习"这个更为被动的元素，"陋"等更为自主的因素在"恶"的生成上更为关键。就此而言，笔者认为荀子与孟子及理学传统对"恶"的理解，具备一种融通的可能。至于北宋儒者周濂溪与张横渠，则同将过恶问题扣连于宇宙论形上学作讨论。周、张认为人性在现实的表现有所"偏""滞""累"，便会造成过恶的出现。他们亦从人心隐微的念虑处，探讨过恶的出现。程颢（明道）则重申了"恶"在人性中并没有源头，而只能视为人性在现实中"或过或不及"的表现。其对"自私""用智"之病的洞察，更为后来相关讨论之所资。南宋陆九渊（象山）从"识知""意见""空言"等流弊，进一步开拓对贤智与修道学者弊病的思考。凡此先秦与两宋儒者的说法，都成了晚明王学过恶思想的理论基础。

第三章"'意'的堕落——王阳明论'恶'之起源"，集中讨论王阳明对"恶"的问题的思考。阳明哲学对"恶"的理解，具有承先启后的作用：一方面，阳明对"恶"的思考，承接了孟子"恶乃无根"的想法；而另一方面，其以意念之"滞""著""杂"解释"恶"之来源的想法，则是后来阳明学者所依从的共法。具体而言，阳明以"意"概念的堕落为解释"恶"之出现的枢纽。阳明认为，根源于"心"所发动的"诚意"，其自身本来无有不善。然而，在现实中人会为"习俗"与"习气"所移，使得"意"念的表现有所"滞""著""杂"，继而步步堕落沦为"私意"。去恶工夫的关键，便是防治"意"念的歧出与堕落，并挺立良知以为人生的主宰。笔者亦尝试指出，阳明哲学中隐含了一种"理气一滚"的倾向，这种一滚倾向在塑造儒学人性善恶的理论上极具意义：一般学者向来以二元架构思考善恶关系，善归入"心""性"，恶则拨入"气""情""欲"等概念中理解。然据笔者的分析，阳明认为人"性"及"心"内部所有环节的原始状态皆是纯善无恶，"恶"只能从"心""性""过不及"的异化状态中了解。

第四章"'念'的歧出——浙中与泰州学者'恶'的理论研究"，主要探讨阳明后学中的重要流派——浙中、泰州学派——对"恶"之来源与去恶工夫的理解。事实上，阳明后学人物众多，难以完全考察所有学者对"恶"的想法。故第四章及第五章将会选择阳明后学中具有代表性的人物，以撷取其中的相关洞见。据唐君毅先生理解，阳明诸子可以区别为两大分流：其一主张"悟本体即工夫"，强调愈悟本体愈有致良知工夫，包括王龙溪、王艮（心斋）、罗近溪等人。其二则主张"由工夫以悟本体"，强调由去蔽工夫引致心体的证悟，包括钱德洪、季本（彭山）、邹东廓、聂双江、罗念庵等人。在这两大分流之中各选一二，当可分别代表阳明后学的基本论调。又在当代阳明后学的研究中，王龙溪与罗近溪常被视为王学嫡传，罗念庵则被视为歧出异见。如牟宗三先生谓："王龙溪与罗近溪是顺王学而调适上遂者，江右之双江与念庵则不得其门而入，恐劳扰攘一番而已。"[1]是则在"悟本体即工夫"一路以王龙溪与罗近溪为主，"由工夫以悟本体"一路以罗念庵为主，更可通过阳明后学中"主流"与"异见"人物的角度，揭示两大对"恶"的理解的视野。第四章即先以王龙溪与罗近溪为中心，考察此路学者对"恶"的思考。而由于唐君毅先生对过恶思考的义理性格同乎王龙溪与罗近溪一脉的阳明学者——两者同样集中在"念"的陷溺与超拔上讨论"恶"的产生与消除，是则此章将会通过唐先生的相关思考，帮助发

---

[1] 牟宗三：《从陆象山到刘蕺山》，页256。

明蕴含在浙中与泰州学者思想中"恶"的理论。此章讨论将会主要集中于以下两点：一、"念"的歧出与偏滞是解释"恶"出现的关键概念，而心知能力竟然是"恶"之出现的帮凶——心知功能不仅助成了贤者"用智"之病，在常人"纵欲"的过程中亦扮演了关键的角色。笔者将会重点讨论这种"知识"与"罪恶"之间错综复杂的关系。二、当下自反乃彻上彻下的去恶工夫，无论是常人抑或修道学者亦能依此改过去恶。通过以上两点讨论，此章旨在阐发"主流"阳明学者对"恶"的理解。

第五章"知见空言——罗念庵论'学者'之'过'"，将会转而讨论阳明后学中一个极富争议的人物——罗念庵——对过恶的思考。笔者认为，罗念庵关注修道学者之"过"的核心关怀，乃与龙溪和近溪的过恶思想并行不悖，而实可合起来视为一套贯融的理论——若说龙溪与近溪更关心常人如何在"知识"的助长下犯过，则念庵更关注的即是心知功能如何进一步助成修道学者"空言"的弊病。具体而言，此章亦会通过唐先生的洞见，发明念庵对修道者之"过"的想法：唐先生认为，"良知发见之揆和问题"是念庵之学的核心问题意识，并谓念庵之学"纯是一为己之学"。此章将建基于唐先生的思考，继而指出：对治贤智、高者、学者、修道者、聪明汉的种种知见空言之"过"，是念庵之学的核心关怀。在念庵眼中，阳明的致良知教必须落实在"致"的工夫过程中，方能真正实得。虽然对于念庵作为殊别的修道者来说，"静坐"工夫对之最为受用；但其重视"信""实"的"静功"却是通乎心学工夫实践不可或缺的面相，离乎此，则一切对良知的"知""见""言"都只会沦为虚妄。虽然这些弊病并不直接是道德意义上的"恶"（moral evil），但却是严重阻碍修道者成德的"过"失。笔者认为，王龙溪、罗近溪、罗念庵等阳明学者对过恶问题的洞见相辅相成，甚至通过对过恶问题的入手考察，更可旁及发现罗念庵对本体与工夫的理解，原则上并非有别于"主流"的"异见"。

第六章"集大成者——刘蕺山对'恶'的议题的总结"，是正文最后的部分，讨论刘蕺山思想如何总结晚明儒者对"恶"的种种思考。这里需要稍作说明的是，虽然蕺山时有辩难阳明的文字，[①]但在"特重本心的主体义"一义上，蕺山始终没有背离王学之精神。[②]在这一意义上说，蕺山仍然可说是"广义的王学者"，其思想亦将包括在本书"晚明王学"的研究范围之内。此章将分为两大部分：首先，由于阳明对"恶"的讨论与蕺山的相关论述具有高度的相关性，笔者将讨论蕺山恶论对于阳明恶论的继承与发展之处。简而言之，阳明与蕺山共同认为，在"本原"的层面而言，"心""理""气""意""情"都同一是"善"，任何一个环节之自身都不能被描述为"恶"的根源；"恶"的出现只能从意念的"流弊"状态（意念的留滞、外驰、转念）而言。而通贯于前面各章的讨论，蕺山在理论表述上将心知功能的误用更为明确地说明为"妄"的毛病，并以之为"恶"之所以出现的最根本起源；这是儒学恶论的一大推进，由此彻底廓清了儒学"恶"乃无根的传统。其次，笔者将探讨蕺山的《人谱》

---

① 详细可参看杨祖汉：《从刘蕺山对王阳明的批评看蕺山学的特色》，收入钟彩钧主编《刘蕺山学术思想论集》（台北："中研院"文哲研究所，1998年5月），页35—66。

② 参看郑宗义：《明清儒学转型探析：从刘蕺山到戴东原》，页42—44。

如何融会前贤种种对"恶"的问题的讨论。蕺山的《人谱》是晚明王学论"恶"的高峰，在儒学"恶"的理论中极具代表性。通过《人谱》的讨论理当可以以小观大，窥见整个王学传统对"恶"的问题的基本了解。希望此章的工作可以总结阳明学者与蕺山学说中过恶思想的理论关系，继而丰富学界对于儒学恶论的理解。

第二章

理论渊源
——论先秦与宋代儒者的过恶思想[*]

一、前言

　　诚然，儒学传统过去对"恶"的问题较少直接的论述，明末刘蕺山的《人谱》只能算是屈指可数的经典。[①] 然而，历史上"未曾说"不代表义理上"不能说"；儒学委实蕴涵着极为丰富的思想资源，值得开发与阐明。虽然相关讨论大盛于晚明，

　　* 本章第二节部分构思来自于笔者的硕士论文《〈论语〉中"过""恶""罪"的思想》，以及拙作《论孔孟的过恶思想》，收入郭齐勇主编《儒家文化研究》（长沙：岳麓书社，2017年12月）第9辑，页407—425。另外，本章第二节的初稿亦尝在2014年9月美国波士顿大学波士顿儒学社主办的"2014—2015秋季学期讲座"，及2014年11月美国康涅狄格州立中央大学主办的"2014东北地区中国思想会议"中以英文宣读，在此感谢各位前辈的指教。

　　① 学界对《人谱》已经累积了一定程度的讨论。可参考李明辉：《刘蕺山论恶之根源》，收入钟彩钧主编《刘蕺山学术思想论集》（台北："中研院"文哲研究所，1998年），页93—126。李振纲：《解读〈人谱〉：圣贤人格的证成》，《哲学研究》2006年第9期，页42—47。

但个中的理论源头实可追溯到先秦与宋代儒学之中。本章将会考察这两个时期中直接相关的人物与概念，以点明晚明恶论承先之处。

先秦儒学中的孔孟思想，乃整个理学传统的理论根据；蕴涵在孔孟思想中的过恶概念，同样影响着后儒的思考，而首当阐明。又虽然严格来说，本书的主要讨论范围在于阳明心学的传统，就此而言荀子思想并不直接相关；然而，由于荀子言"性恶"乃儒学传统中少见却重要的人性理论，因此个中洞见值得旁及彰明。[①] 是则笔者将于下面第二节，讨论作为"远因"的先秦儒学对"恶"的理解。[②] 而在第三节中，笔者将会转而讨论宋代儒学这个影响晚明恶论出现的理论"近因"。由于本书集中讨论的晚明王学主要是心学传统，故人物的选取将以尤其相关的周濂溪、张横渠、程明道、陆象山四者为中心。

二、先秦儒者过恶思想的简述

（一）孔子

孔子对自我修养的强调，奠定了后儒思考过恶议题的基本方向。且先借用《庄子·人间世》一个关于孔子与颜回的故

---

① 为了丰富先秦儒学的相关讨论，编审极力建议本书加入荀子对"恶"的分析，笔者感谢提醒。

② 黄秋韵亦尝撰文讨论孔孟荀哲学对"恶"的处理，参考黄秋韵：《先秦儒家道德基础之研究——兼论"恶"的问题》（新北：花木兰文化出版社，2011 年），页 85—133。

事：卫君是一个轻忽政事与人民的暴君，颜回欲赴卫国改正其恶行。儒家既以平治天下为政治理想，想必孔子会认可颜回之行。然而，孔子竟然出乎意料地劝阻了颜回。孔子曰："古之至人，先存诸己而后存诸人。所存于己者未定，何暇至于暴人之所行！"意思是，人应先将自己培养成有德之人，然后再去改正别人。若自己尚没有坚定的德行，则其政治理想很容易会在追求的过程中失败、扭曲、异化。若犯颜直谏而有勇无谋，成事之前便可能遭杀害（"若殆以不信厚言，必死于暴人之前矣"）；若缺乏言说技巧，在与暴君争辩的过程中可能会反被说服（"若唯无诏，王公必将乘人而斗其捷。而目将荧之，而色将平之，口将营之，容将形之，心且成之"）；若未建立坚定的德行，则原初的政治理想又可能会在不知不觉间掺杂名利的追求，而慢慢扭曲（"名、实者，圣人之所不能胜也，而况若乎"）。是以孔子明言自我尚未成德便急于改正别人，无非只是"以火救火，以水救水"，很可能错上加错。值得强调的是，这里不是说儒家否定改正别人恶行的社会理想，而是说使自己免于为恶的修身要求，理当在实践上更为优先。虽然以上文字乃《庄子》的描述（其修养的内容与目标亦与儒学不同），但《论语》中亦可找到意思相通的文本。例如孔子认为当人遇见不善不贤之人，首要者并非急于改正他人，而是应该以之为鉴反省自己（《里仁》"见不贤而内自省"），继而择"其不善者而改之"（《述而》）。此所以当子贡言人之过恶时，孔子乃严厉教训之曰："赐也,贤乎哉？夫我则不暇！"（《宪问》）[1]并且严正强调："攻

---

① 这里"言人之过恶"参考了郑玄对"方人"的解释。见程树德：《论

其恶，无攻人之恶，非修慝与？"(《颜渊》)事实上，基督宗教亦尝言："为甚么看见你弟兄眼中的木屑，却不理会自己眼中的梁木呢？你自己眼中有梁木，怎能对弟兄说：'让我除掉你眼中的木屑'呢？伪君子呀！先除掉你眼中的梁木，才可以看得清楚，去除掉弟兄眼中的木屑。"[①]可见改善自己("去掉自己眼中的梁木")优先于改正别人("去掉弟兄眼中的木屑")，乃是跨文化传统的共同智慧。顺乎儒家作为"君子求诸己"的"为己之学"，过恶的问题同样首先收入自我修身的范围内理解。

那么什么是过恶？在《论语》中，作为名词使用的"恶"(音è)凡五例："苟志于仁矣，无恶也"(《里仁》)，"伯夷、叔齐不念旧恶，怨是用希"(《公冶长》)，"攻其恶，无攻人之恶，非修慝与"(《颜渊》)，"君子成人之美，不成人之恶"(《颜渊》)，"尊五美，屏四恶，斯可以从政矣"(《尧曰》)。此中的"恶"有与"仁"及"美"相对的用法，可见"恶"同时包含了伦理道德及广义价值上的负面意涵。相对来说，"恶"(音wù)更常被使用为动词，用以指涉"厌恶""憎恶"的情感。而相应于君子与小人分别以"义"与"利"为行事准则(《里仁》"君子喻于义，小人喻于利")，两者的好恶亦有不同的表现：一般人的好恶取决于个人利害关系，随之而起的取态飘忽不定，孔子以之为"惑"的表现(《颜渊》"爱之欲其生，恶之欲其死。既欲其生，又欲其死，是惑也")。

语集释》(北京：中华书局，2010年)，页1012。

　　① 中文圣经新译会：《马太福音第七章》，《新约全书（新译本）》(香港：中文圣经新译会，1979年第五版)，页10。

君子的好恶，则能恒常依据道义为准则，故其好恶不仅是情感，也同时是道理的展现（《里仁》"唯仁者能好人，能恶人"）。

　　然则"义"与"利"在孔子眼中，是否为一者善一者恶、非此则彼的对立关系？非也。以物欲与美色等利益追求为例，孔子固然有"枨也欲，焉得刚""血气未定，戒之在色"等语，表面上似乎极力加以警惕。然而，孔子并没有一概否定"欲"与"色"的追求，利害好恶的恰当与否，并非一律以是否合乎道义为判准。因此，若对于富贵的喜好与追求有违道义，固然君子并不强求（《里仁》"富与贵是人之所欲也，不以其道得之，不处也"）、（《述而》"不义而富且贵，于我如浮云"）；但若利益的实现没有脱离道义，则君子亦不反对（《宪问》"见利思义……可以为成人矣"、《季氏》"君子……见得思义"、《子张》"士……见得思义"）。甚至于，利益的追求内具一种驱动力，能够助成进德与治国的实现。例如好色的追求真实而迫切，若人能以同一种方式进德，则能获得莫大的助力（《学而》"贤贤易色……必谓之学矣"、《子罕》"好德如好色"）；好利的追求乃人民基本的要求，能够"因民之所利而利之"（《尧曰》），则亦是一种从政之美。换句话说，孔子并不泾渭二分地以"义"为善，以"利"为恶；孔子正面提倡与肯定的是"合义之利"，反对与否定者只是有违于义的利益追求。

　　《论语》中所谓合义的追求，同时亦涵蕴着恰如其分——没有过多（excess）、没有不足（deficiency）——之义。反过来说，所谓不义，同时即是一种偏差的情况（deviation）。如孔子曰："君子惠而不费，劳而不怨，欲而不贪，泰而不骄，威而不猛。"（《尧曰》）强调实践"惠""劳""欲""泰""威"，而不致"费""怨""贪""骄""猛"过分的情况,即是美政。而从"过犹不及"(《先进》)一语,可知"不及"与"过多"是同等严重的偏失。值得注意的是,不仅是利益的追求,即使初看是德行者,若有过分与不足的情况,亦会一律沦为种种不同的弊害。兹看以下文字:

> 子曰:"由也,女闻六言六蔽矣乎?"对曰:"未也。""居!吾语女:好'仁'不好学,其蔽也'愚';好'知'不好学,其蔽也'荡';好'信'不好学,其蔽也'贼';好'直'不好学,其蔽也'绞';好'勇'不好学,其蔽也'乱';好'刚'不好学,其蔽也'狂'。"(《阳货》)

> 子曰:"恭而无礼则劳;慎而无礼则葸;勇而无礼则乱;直而无礼则绞。"(《泰伯》)

> 子路曰:"君子尚勇乎?"子曰:"君子义以为上。君子有勇而无义为乱,小人有勇而无义为盗。"(《阳货》)

以"勇"为例,孔子以之为君子三大品德之一(《宪问》"君子道者三,我无能焉:仁者不忧,知者不惑,勇者不惧"),初看自然是一个正面的实践。但上引第一及第二则原文中,孔子即指出好勇却缺乏"学"与"礼"的规约,则其"勇"便会沦为"乱"的流弊。[1] 第三则引文更表明,偏离了正当的行事标准("无

---

[1] 又如对于亲人攘羊之事,孔子认为"父为子隐,子为父隐"更能表现"直"的品性。此说近年来在学界引发了激烈争论,见郭齐勇:《儒家伦理争鸣集——以"亲亲互隐"为中心》(武汉:湖北教育出版社,2004年)。这里孔子所说,能够为以上争论提供一些理论补充:一般而言,"直"固然是一个正面的品性,至少本身无病;但若偏离标准而无规范("不好学""无礼"),则"直"亦会流为"绞"的过失。换言之,孔子并没有

义"），则不仅有勇的小人会犯下"盗"的弊病；即使是有勇的
君子，亦会产生"乱"的流弊。如子路素以其刚强直率闻名（《先
进》"子路，行行如也"），但由于其过分好勇而失裁度事理的分
寸，其刚强易于沦为莽撞（《先进》"由也喭"）。亦因此，孔子
对子路的好勇并不认可（《公冶长》"由也好勇过我，无所取材"、
《述而》"暴虎冯河，死而无悔者，吾不与也"）。孔子尝言："人
之过也，各于其党。"（《里仁》）无论君子抑或小人，一旦行事
有所偏差，其结果即会导致不同党类的过失。事实上，一如《论
语》中的用法，现代汉语中"过"的概念亦同时具有"超过"
和"过失"的意思。从以上的分析可见，当人的行事有所偏差，
则无论是利欲抑或是德行的追求，都会流为弊害。只是在现实
情况中，大概气质情欲的过分泛滥（"过"）比起不足（"不及"）
更易构成祸患，使得"过"在进德上成为更加迫切需要面对的
课题。

　　虽然人无完人，贤愚行事皆有偏差的可能，但人总可以通
过不断的学习与修身，使自己减少过犯。因此，即使蘧伯玉常
常犯下不同的过失，但只因其有努力减少自己过失之心（《宪
问》"夫子欲寡其过而未能也"），孔子对之亦大加认可。[①] 颜回

将"直"的原始表现，一往视为最终恰当的德行。"直"仍然有待修养，
才能不偏不倚恰当地表现。

　　① 朱子对此即注解曰："言其但欲寡过而犹未能，则其省身克己，
常若不及之意可见矣。……按：庄周称'伯玉行年五十而知四十九年之非'。
又曰：'伯玉行年六十而六十化。'盖其进德之功，老而不倦。是以践履笃实，
光辉宣著。不惟使者知之，而夫子亦信之也。"朱熹撰，徐德明点校：《四
书章句集注》（上海：上海古籍出版社，2001 年），页 183。

作为孔子得意之徒，不免偶有过犯，充其量只能做到"三月不违仁"（《雍也》）。但只因颜回做到"不贰过"，孔子亦称颂他为"好学者"（《雍也》）。有趣的是，孔子甚至认为别人指出自己的过失，亦不失为一件幸事（《述而》"丘也幸，苟有过，人必知之"）。此义不难理解，盖能意识到自己的过犯，是能够加以改正的先决条件。如是，若人不忌惮改正过失（《学而》"过则勿惮改"），有过不再犯，则可以如颜回般是个好学之人。反之，若人犯错后选择寻找借口加以文饰（《子张》"小人之过也必文"），则会构成真正的过失（《卫灵公》"过而不改，是谓过矣"）。后来宋儒周濂溪尝言："孰无过，焉知其不能改？改，则为君子矣。不改为恶，恶者天恶之"。[1]"过"而不改以致酿成真正的过犯，乃"恶"之所以出现的根本缘由。由此观之，对于儒家而言，犯过与否本身并非阻碍成德的问题所在；如何面对自己生命的过失——采取"纵容过失"抑或"勇于改过"的态度——这才是决定贤与不肖的关键。

总而言之，无论是利欲抑或德行的追求，凡有"过"与"不及"的情况，皆会酿成偏失的弊害。但孔子相信，"过"而能改，则立地成圣成贤；"过"而不改，才会沦为真正的过犯，以至成为"恶"滥觞的原因。孔子以"过"与"不及"入手探讨罪恶问题，深深影响了后来儒者论"恶"的方向。例如王阳明以情的"过"与"不及"论障蔽的浅深（"质有清浊，故情有过不及，而蔽有

---

① 周濂溪撰，梁绍辉、徐荪铭等校点：《通书·爱敬第十五》，《周敦颐集》（长沙：岳麓书社，2007年），卷四，页73。

浅深也"），① 乃至刘蕺山的《人谱》以六种"过"的划分讨论"恶"的起源等等。② 这些深化孔门思想而来的讨论，将在后文详述。

（二）孟子

顺乎孔子开启的理论方向，孟子同样将过恶问题收入自我修养的范围内理解，并且同样强调一己抉择是过恶产生与防治的关键。只是对比孔子哲学而言，孟子更着重从人性论的角度探讨善恶问题。虽然孟子的性善论为人熟悉，但向来不乏质疑的声音。尤其孟子主张人性是善，那么"恶"的出现又如何解释？

要说明孟子哲学对"恶"的问题的理解，首先得厘清"心"和"性"这两个关键概念的意思。孟子认为，"心"可以有"恻隐""羞恶""辞让""是非"四种不同的方式表现，而这些"心"的不同表现便是道德修养的基础。兹看以下文字：

> 是故所欲有甚于生者，所恶有甚于死者，非独贤者有是心也，人皆有之，贤者能勿丧耳。一箪食，一豆羹，得之则生，弗得则死。呼尔而与之，行道之人弗受；蹴尔而与之，乞人不屑也。（《孟子·告子上》）

> 人皆有不忍人之心。先王有不忍人之心，斯有不忍人之政矣。以不忍人之心，行不忍人之政，治天下可运之掌上。所以谓人皆有不忍人之心者，今人乍见孺子将入于井，皆有怵惕恻隐之心。非所以内交于孺子之父母也，非所以要

---

① 王阳明：《语录二》，《王阳明全集》，卷二，页68。
② 刘蕺山：《语类一·人谱》，《刘宗周全集》，页10—15。

誉于乡党朋友也，非恶其声而然也。由是观之，无恻隐之
心非人也，无羞恶之心非人也，无辞让之心非人也，无是
非之心非人也。恻隐之心，仁之端也；羞恶之心，义之端也；
辞让之心，礼之端也；是非之心，智之端也。人之有是四
端也，犹其有四体也。有是四端而自谓不能者，自贼者也；
谓其君不能者，贼其君者也。凡有四端于我者，知皆扩而
充之矣，若火之始然、泉之始达。苟能充之，足以保四海；
苟不充之，不足以事父母。(《孟子·公孙丑上》)

在第一则引文中，孟子指出维护尊严——无论对于贤者抑
或地位低下的乞丐来说——都是人性的普遍要求。因此，即使
是一个饥饿的乞丐，面对以侮辱的方式给予的食物，亦会不屑
进食。孟子表明这种不屑进食，以至羞于进食的羞恶之心是"义"
的端倪，亦是培养"义"的开端与基础("羞恶之心，义之端
也")。[①]在第二则引文中，孟子指出时人惊见小孩快要掉进井
中，都会即时生起怵惕恻隐之心。这个不忍他人受害的心并非
为了任何自利的目的，而是对他人无条件关爱的表现("非所以
内交于孺子之父母也，非所以要誉于乡党朋友也，非恶其声而
然也")。孟子表明这个恻隐之心便是"仁"的端倪，亦是培养
"仁"的开端与基础("恻隐之心，仁之端也")。恻隐之心、羞
恶之心，推之辞让之心与是非之心皆是人皆有之，只要人将此

---

① 所谓"四端之心"之"端"，就其是良知本体之呈现而言为"端倪"，
就其是修证工夫之始点而言为"开端"。参见李明辉：《对于孟子"性善说"
的误解及其澄清》，《康德伦理学与孟子道德思考之重建》(台北："中研院"
文哲研究所，1994年)，页113—114。

四端之心推扩开去，便能关爱与安定四海之内的任何对象。齐
宣王尝不忍杀害一只将要牺牲以供祭祀用的牛，孟子明确指出
此"心"便足以成为推行仁政的基础（《孟子·梁惠王上》"是
心足以王矣"）。齐宣王只要将其关爱牺畜之心扩充至关爱天下
万民，便能成为关爱人民的仁君（《孟子·梁惠王上》"推恩足
以保四海"）。一个为政者愿意推扩四端之心，则能成为关爱万
民的仁君；同理，只要常人愿意推扩四端之心，亦能成为具有
仁德的君子。

进一步，孟子用以下文字将"心"与"性"两个概念扣连起来：

> 乃若其情，则可以为善矣，乃所谓善也。若夫为不善，
> 非才之罪也。恻隐之心，人皆有之；羞恶之心，人皆有之；
> 恭敬之心，人皆有之；是非之心，人皆有之。恻隐之心，
> 仁也；羞恶之心，义也；恭敬之心，礼也；是非之心，智
> 也。仁义礼智，非由外铄我也，我固有之也，弗思耳矣。
> 故曰："求则得之，舍则失之。"或相倍蓰而无算者，不能
> 尽其才者也。《诗》曰："天生蒸民，有物有则。民之秉夷，
> 好是懿德。"孔子曰："为此诗者，其知道乎！故有物必有则，
> 民之秉夷也，故好是懿德。"（《孟子·告子上》）

这里孟子表明，顺乎其有为善能力（四端之心）的实情，人就
足以成就善行，这就是"性善"的意思。[①]换言之，孟子言性
善之意无非是指：任何人都具备实践仁义礼智的性能，只要人
能奋力培养与扩充自己的四端之心，则理论上任何人都能够成
为具有仁德的君子。对于人性问题而言，孟子首要关注的不在

---

① 参见牟宗三：《圆善论》，页21—26。

于人"现实是什么",而更在于人"可以是什么",以至"应该是什么"。是则人生下来虽有清浊、厚薄、刚柔等不同,但这从来不是孟子着眼的地方;反而,孟子更重视人是否善用内在的禀赋,继而"变化气质"(宋明儒语),转化自己以成为更理想的君子。诚如葛瑞汉(A. C. Graham)所言,孟子言"性"总是动态的(dynamic),[1]并且"从不回看生来的事实,而总是展望涵养至成熟"。[2]或谓道德善性与食色之性理当同是人皆有之的性能,何以孟子单取道德性能一面而主张性善?于此孟子指出,虽然感官的爱好也是天生而有的性能,但其实现与否主要取决于天性以外的命限成分,因此君子不以之为"性"(《孟子·尽心下》"性也,有命焉,君子不谓性也")。反之,虽然仁义礼智的追求亦有一定的命限成分,但从根本而言是人理所当然并能自主的性分,因此君子并不以之为"命"(《孟子·尽心下》"命也,有性焉,君子不谓命也")。更重要的是,人与禽兽同有食色之欲,但唯有人才有道义的追求(《孟子·离娄下》"人之所以异于禽兽者几希")——只有道德善性才能使人与禽兽在价值上区别开来,突显人之所以为人的价值,并使人真能"活得像个人"。[3]因此,孟子乃以追求仁义礼智的道德善性为人的根本之性。由此观之,孟子的性善说具有如下的理论意涵:任何人皆内具足以实践善行的性能,此性能实现与否,根本

---

① A. C. Graham, "The Background of the Mencian Theory of Human Nature," *Tsing Hua Journal of Chinese Studies* 6.3 (Dec. 1976): 245.

② Graham, "never to be looking back towards birth, always forward to the maturation of a continuing growth." 1976: 216.

③ 牟宗三:《圆善论》,页 9—10。

地取决于人一己的决定；而只有实现其本有的善性，人才能贵于禽兽而真成其为人。①

厘清了孟子哲学中"心""性""性善论"的意涵后，以下便可以据之反驳一种对于孟子性善说的流行误解。一般而言，论者或谓孟子性善的主张与现实中不乏恶人的现象互相矛盾；单单是恶人的存在，便说明了人性并非全幅是善。然而，必须强调的是，孟子从来没有主张所有人在现实中都是善人、完人。性善论无非是指任何人——不论是贤人、常人、乞丐，乃至恶人——都具有改善自己的道德性能。任何人皆完全可以自主地发挥自己的道德禀赋，改过从善，进而以有德君子的目标奋斗。反之，若人"自暴自弃"（《孟子·离娄上》），舍去对于道德禀赋的培养，则现实上完全可以沦为恶人。所谓"人之有道也，饱食、暖衣、逸居而无教，则近于禽兽"（《孟子·滕文公上》），若人只关心"饱食""暖衣""逸居"的生理需要，而无修养自己的德性要求，则人性的表现便只剩下与禽兽相同的倾向。

如上所论，孟子从来没有无视人于现实作恶的可能。然则孟子如何正面解释"恶"的来源？毋庸置疑，孟子明显不以"心"

---

① 值得注意的是，方岚生（Franklin Perkins）尝撰专著讨论中国哲学中"恶"的问题（the problem of evil）。相较而言，方岚生更着重从西方神学语境出发，将"天道既善，何以有恶"的问题转而叩问于中国思想传统。虽然关注问题的入路不尽相同，但其同样以为"性"的概念是孟子回应以上"恶"的问题的关键。参见 Franklin Perkins, *Heaven and Earth Are Not Humane: The Problem of Evil in Classical Chinese Philosophy* (Bloomington: Indiana University Press, 2014), pp. 116-150.

或"性"为不善之源。上文尝引:"乃若其情,则可以为善矣,乃所谓善也。若夫为不善,非才之罪也。"显然不善的出现,不能归罪于四端之心与善性等良能之才。四端之心与善性是善行的基础,只会指引吾人实践道德的行为。例如"乍见孺子将入于井"而生起的恻隐之心,在理论上只会指向畅遂孺子之生的拯救行为;不忍孺子受害的恻隐之心本身,断不会指向杀害孺子的行为。可见"心"与"性"不可能是不善的来源。

再者,孟子亦不以感官欲望为不善之源。由于食色等感官欲望的纵容容易使人犯下过失,是以感官欲望很自然地会被想成不善之源。然而,食色等欲望本身何罪之有?孟子尝言:

> 人之于身也,兼所爱。兼所爱,则兼所养也。无尺寸之肤不爱焉,则无尺寸之肤不养也。所以考其善不善者,岂有他哉?于己取之而已矣。体有贵贱,有小大。无以小害大,无以贱害贵。养其小者为小人,养其大者为大人。今有场师,舍其梧槚,养其樲棘,则为贱场师焉。养其一指而失其肩背,而不知也,则为狼疾人也。饮食之人,则人贱之矣,为其养小以失大也。饮食之人无有失也,则口腹岂适为尺寸之肤哉?(《孟子·告子上》)

此言饥而欲食无非是人之常情,其追求本身并不是"恶"。但当满足欲望("养小")时,悖逆了诸如公义的道德价值("失大")——例如抢夺属于他人的食物——"恶"才因而出现。只顾满足饮食欲望的人为人所鄙贱,只因其"养小以失大"也。反过来说,若人在不失本心的情况下追求饮食欲望,则此追求亦不足为过。朱子的注解便谓:"若使专养口腹,而能不失其大体，则口腹之养，驱命所关，不但为尺寸之肤而已。"① 葛瑞汉同样指出："欲望的本身无所谓恶；例如暴食之所以不当，只能诉诸其对更重要者（笔者按：此指'大体'而言）的妨碍。是则为善并非对抗人性内恶的部分；如同养其肩背而非养其一指更能保养整全的身体，养其大者而非小者同样更能调合人性的整体。"② 如是，孟子表明了不善的出现，并不根源于人性之内任何一部分：既不源于本心本性，亦不源于感官欲望本身。

既然"恶"的出现不源于人性之内，相对地，我们很自然会将不善的出现归因于外在环境。如《告子上》以下文字曰：

> 人性之善也，犹水之就下也。人无有不善，水无有不下。今夫水，搏而跃之，可使过颡；激而行之，可使在山。是岂水之性哉？其势则然也。人之可使为不善，其性亦犹是也。（《孟子·告子上》）

这里表明，人性之善正如水之就下一样，是其本然之天性。虽然水与人性一样偶有偏离常轨的可能，但只能归因于水性和人性以外外在环境（"势"）的影响。孔子便尝言："性相近也，习相远也。"（《论语·阳货》）可以想象，一个生长在败坏习俗与形势底下的人，很容易便会"近墨者黑"，误入歧途。然而，孟子相信："周于德者，邪世不能乱。"（《孟子·尽心下》）若人主动坚守自己的德性，则外界环境如何恶劣，都不能扰乱人的信念。就如生于纳粹德国的工人奥古斯特·兰德梅赛（August

---

① 朱熹：《四书章句集注》，页394。

② Graham, "The Background of the Mencian Theory of Human Nature," 1976: 215-271.

Landmesser），即使在社会风气的熏染下，旁人都服从纳粹党，并行礼如仪，他却可以始终听从自己的良心，坚守道德，并拒绝行纳粹礼。顺乎此，孟子认为人自己始终是行善作恶的最终决定者。其言：

> 夫志，气之帅也；气，体之充也。……志壹则动气，气壹则动志也。今有蹶者趋者，是气也，而反动其心。（《孟子·公孙丑上》）

> 耳目之官不思，而蔽于物；物交物，则引之而已矣。心之官则思，思则得之，不思则不得也。此天之所与我者。先立乎其大者，则其小者不能夺也。此为大人而已矣。（《孟子·告子上》）

第一则引文指出，"志"是引导躯体的主宰，"气"则是充盈躯体的力量。这两股力量充满张力，时常处在竞争的状态：当本乎道德价值的"志"向主宰生命，则躯体欲望的追求皆可合理；但当充盈躯体的力量过于炽盛，盖过心志，则"气"便会"反动其心"，使人的行为越出正轨。[1] 是则歧出行为的出现，并不源于躯体欲望本身，而只源于一种价值追求的颠倒；心志放失了作为人生主宰的角色，而让躯体欲望控制自己（此亦上谓"养小以失大也"）。第二则引文中，孟子指出人的五官"不思"，而易于为外在环境的事物所牵引。然而，心具有"思"的能力，只要人能树立、发用这能力，则行事便能合乎道义；即

---

① 郑宗义：《恶之形上学——顺唐君毅的开拓进一解》，收入郑宗义编《中国哲学研究之新方向》（香港：香港中文大学新亚书院，2014年），页281—283。

使有耳目之欲的动摇，亦不能使人出轨。由此可见，虽然人的或善或恶有被外在环境影响的可能，但归根结底，"心"始终是决定善恶的关键。人为善作恶的关键，取决于"心"处于发用抑或放失的状态——"心"能发用而居生命的主宰地位，则行动合乎道义而为善；"心"放失而被五官夺其主宰，则"气"便会"反动其心"，使人的行为越轨，而作种种恶行。而又由于"心"的操存舍亡是人"求则得之，舍则失之"者，则人显然须对自己犯下的过错负上根本的责任。《孟子》尝有"失其本心"（《孟子·告子上》）使人放弃礼义、"放其心"（《孟子·告子上》）而不知求乃可哀之事等文字，申明了"心"的放失是使人堕落的关键。是则反过来说，无怪乎孟子会主张本心的复反，乃圣学改过从善的根本法门（《孟子·告子上》"学问之道无他，求其放心而已矣"）。

如是，孟子表明了不善的出现在人性中是无根的。不善出现的根本原因，只在本心的放失，以致未有发挥主宰生命的作用。孟子这种对善恶和人性的理解，有着一种十分重要的理论意涵：孟子之世，业已流行着不同的人性论。《告子上》便提到了"性无善无不善""性可以为善，可以为不善""有性善，有性不善"凡三种。若果真有人是天生的恶人，又或人性中有不善的成分使人不得不为恶，则犯过之人便总可以诿过于其人性，借词其犯过是"本性如此"，推诿自己犯过为俗语所云"江山易改，本性难移"。现在孟子的性善论严格廓清了"恶"的出现在人性中无根；而又如上文所述，本心的操存舍亡乃至人的行善作恶同是"求则得之，舍则失之"，完全由人自决者。是则人的为非作歹，根本地便只能归罪于其自己的选择，人得对自己的行恶负上根本的道德责任！

孟子对"恶"的理解，具有承先启后的意义。其认为"恶"于人性中无根，可说承于孔子以为弊病起自"过"与"不及"的偏差状态；其性善说往后引申，则可发展为中晚明认为人性所有部分本身皆善的说法。而其强调善恶是人自主选择的结果，则亦承袭了孔子提出贤不肖取决于个人改过与否的精神；同时本此孟学的论调，如王阳明等后儒亦相信心志之立与不立，乃决定善恶的关键。

（三）荀子

对于如何理解荀子哲学中的人性论，学界仍然时有争议。一般流行的阅读，自是认为荀子主张"性恶"。但晚近不少学者即指出，"性朴"的描述更能够恰当代表荀子人性论。[①] 甚至于，不乏学者认为荀子哲学蕴藏某种意义上的"性善"论。[②] 究竟荀子人性论是"性恶""性朴"抑或"性善"，学界并未达成共识。然全面考察荀子人性论，并非本文篇幅与论旨所能及与所应及。以下只能扣紧"恶"的来源作为中心问题，以"性""习""陋"三个关键概念为焦点，阐明荀子对"恶"的理解。

从《性恶》开宗明义的"人之性恶，其善者伪也"一语，

---

① 如周炽成：《荀子乃性朴论者，非性恶论者》，《邯郸学院学报》第 22 卷第 4 期（2012 年 12 月），页 24—31。

② 如刘又铭：《从"蕴谓"论荀子哲学潜在的性善观》，《"孔学与二十一世纪"国际学术研讨会论文集》（台北：台湾政治大学文学院，2001 年 9 月 28—29 日），页 50—77。

可见"恶"与"性"两个概念的密切联系。然则两者有何确切关系？是"性"包含"恶"的元素？"性"有导致"恶"果的倾向？抑或"性"自身为"恶"？对此梁涛在近年一系列的研究中独具慧眼地指出，相关问题必须要放在一个发展的脉络中，才能得到善解。[①] 梁涛认为，荀子的人性论实有一个前中后期的历时性发展过程，而所属文献基本上可以分为三组：一、《富国》《荣辱》代表了荀子人性论的早期理解，其特点是情欲与知能并列而同称为"性"；此中"性"基本上是个规范性概念（如《富国》"纵欲害性"及后来《正名》"性伤谓之病"的用法），而不直接是"恶"的来源。二、中晚期的《礼论》《正名》《性恶》逐渐严分"性""伪"概念，"知"归入"伪"，而"欲"则确定为"性"的描述内容。于是，"性"便从规范性概念，最终过渡为描述性概念。"性"不仅等同于"欲"，甚至与"好利""疾恶""好声色"等"明显属于恶"的内容扣连起来，是则荀子"性恶"的立场于焉成立。三、《修身》《解蔽》《不苟》时间跨度较长，表现了荀子后期有回归思孟之学的倾向。特别是三篇强调人有通过养心、治心来完善自己的能力，更见荀子人性论中情欲以外的另一个重要方面。

---

① 梁涛：《荀子人性论的历时性发展——论〈富国〉〈荣辱〉的情性—知性说》，《哲学研究》第 11 期（2016 年），页 46—53；《荀子人性论的中期发展——论〈礼论〉〈正名〉〈性恶〉的性—伪说》，《学术月刊》第 49 卷（2017 年），页 28—41；《荀子人性论的历时性发展——论〈王制〉〈非相〉的情性—义／辨说》，《中国哲学史》第 1 期（2017 年），页 5—11；《荀子人性论的历时性发展——论〈修身〉〈解蔽〉〈不苟〉的治心、养心说》，《哲学动态》第 1 期（2017 年），页 59—68。

如是，荀子所言的人性是个内涵极为丰富的概念。综括而言，根据直接的文本证据可以分为以下四大方面：

1. 今人之性，目可以见，耳可以听。（《性恶》）

2. 今人之性，饥而欲饱，寒而欲暖，劳而欲休，此人之情性也。（《性恶》）

3. 人之性恶，其善者伪也。今人之性，生而有好利焉，顺是，故争夺生而辞让亡焉；生而有疾恶焉，顺是，故残贼生而忠信亡焉；生而有耳目之欲，有好声色焉，顺是，故淫乱生而礼义文理亡焉。然则从人之性，顺人之情，必出于争夺，合于犯分乱理，而归于暴。（《性恶》）

4. 凡以知，人之性也……学也者，固学止之也。恶乎止之？曰：止诸至足。曷谓至足？曰：圣王。圣也者，尽伦者也；王也者，尽制者也；两尽者，足以为天下极矣。（《解蔽》）

先从引文四开始分析：荀子认为，"心"有思虑辨识的能力，此即是"知"；从其作为普遍于人的内在能力而言，则可描述为人之"性"。人通过"知"加以学习圣王之道，最终即能达致完善的境界。固然，在荀子后期严分"性""伪"的理论下，如此一整个通过人为努力追求完善的过程，原则上应该描述为"伪"，而不是"性"；亦即《性恶》中"其善者伪也"一语所示。唯值得注意的是，"伪"概念在荀子哲学中——一如"性"的概念般——具有多重的结构。根据庞朴对于出土文献的研究，《正名》中"心虑而能为之动谓之伪"中的"伪"字，本来的写法是"愚"（为心）；与后句"虑积焉，能习焉，而后成谓之伪"

中的"伪"字，乃有区别。[①]顺乎这个观察，冯耀明即指出第
一义的"伪"(原作"愳")指"人所内具的一种心灵能力或心态"，[②]
这种内在本有的能力可以归入广义的"性"。[③]只是第二义的"伪"
字所表示的人为事功必待积靡强学的过程，从其并非"无待而
然""不事而自然"而言，始必须与"性"严分，而归于"伪"。
与此一致，梁涛细致地将"心"分为"先天的知能""知能的运
用""后天获得的能力"三个层面，而将后两个层面归为"伪"。[④]
至于第一个层面"先天的知能"作为"人人皆有求善之根据和
动力"，则可涉足"性"概念的范围。亦因此，梁涛乃说："心
是介于性和伪之间的概念，就心是天官或天君而言，它可归于性，
就心的作用而言，它又属于伪了。"[⑤]虽然有学者指出作为知之
官的"心"有"所可失理"的可能而不必是善，而不如梁涛般

[①]　庞朴：《郢燕书说——郭店楚简中山三器心旁文字试说》，武汉大
学中国文化研究院编《郭店楚简国际学术研讨会论文集》(武汉：湖北人
民出版社，2000 年)，页 39。

[②]　冯耀明：《荀子人性论新诠——附〈荣辱〉篇 23 字衍之纠谬》，《台
湾政治大学哲学学报》第 14 期 (2005 年)，页 183。

[③]　同前注，页 224。

[④]　梁涛：《荀子人性论的中期发展——论〈礼论〉〈正名〉〈性恶〉的性—
伪说》，页 33。

[⑤]　同前注。必须强调的是，此言荀子将"心"归入"性"的范围，
与孟子即"心"言"性"仍然不同。关键是，孟子认为(四端之)"心"
乃仁义礼智之"性"的端倪，"心"即是善；但荀子所言的"心"作为思
虑能力只是达成善的必要条件，必待学习礼义的过程才能达致于善。参
考萧振声：《荀子性善说献疑》，《东吴哲学学报》第 34 期 (2016 年)，页
87—93。

直以"心"为善的根源，乃至提出荀子"心善说"；[①]即便如此，"心"以至其所代表的"性"这一方面，其自身不即是"恶"大概无须赘论。换言之，引文四中所言"知"作为"性"的其中一方面，本身并不是"恶"的来源。

至于引文一和二，则分别指涉人性中的"生理本能"与"情感欲望"，对应《正名》"生之所以然者谓之性；性之和所生，精合感应，不事而自然谓之性"一句中关于"性"的两层定义。[②]第一义的"性"指涉生之现象（"然"）之所以如此背后的内在原因与根据（"所以然"）；正是生理本能作为人生而具有的禀赋与资具，使人得以延续生存。第二义的"性"则指在和谐状态下，精神与外物相合感应而自然产生的反应。具体而言，这种反应首先以"情"的方式表现，故荀子定义"性"的两层意思之后有谓："性之好、恶、喜、怒、哀、乐谓之情。"又从《正名》"说、故、喜、怒、哀、乐、爱、恶、欲以心异"一语，梁涛指出"喜、怒、哀、乐"等"情"与"欲"密切相关，因而"欲"可以包含于广义的"情"之中。只是相对于"情"是外感于物而来的反应，"欲"则更是由生理机能内感引发的需要。由此可见，第二义的"性"主要限定在情欲之上，而着眼于第一义的"性"（生理机能）的作用与表现。就着"性"本能与情欲的方面而言，不少学者已经指出其本身皆不是"恶"。[③]"心"能够发动好恶

---

① 梁涛：《荀子人性论辨正——论荀子的性恶、心善说》，《哲学研究》2015年第5期，页72、77—80。

② 这里的分析参照梁涛：《荀子人性论的中期发展——论〈礼论〉〈正名〉〈性恶〉的性—伪说》，页32—33。

③ 如庄锦章：《荀子与四种人性论观点》，《台湾政治大学哲学学报》

的情欲，在特定意义上甚至助成了礼义的制作。例如李晨阳即认为，圣人对于悖乱产生"憎恶"之"情"，正是这样的情绪驱使其求知制作礼义，由此改善种种现实的状况。[①]黄百锐（David B. Wong）则指出，"欲"（desire）是一个行动得到认可的唯一基础。[②]非道德的感官欲望（nonmoral sensual desires）本身无病，不必摒除；只要加以规限而与道德情欲（moralized emotions and desires）相容，甚至即是道德的展现。[③]如是，引文一和二所代表"性"的本能与情欲方面，本身不必是"恶"的来源。

　　相对地，引文三强调情欲不被人为规范而"顺是"的状态下，有归于暴乱结果的倾向。韦政通对此的诠释是，"恶"只出现于情欲"顺是"而来的结果，而"顺是"乃后天的文化取向，而非先天的"性"本身；因此，"性"在荀子哲学中犹如白纸，荀子实际上并不主张"性恶"。[④]然而，基于一些文本与义理上

第 11 期（2003 年），页 206。

　　① 李晨阳：《荀子哲学中"善"之起源一解》，页 87。

　　② "The only basis for approval of an action given in his philosophy is desire." David Wong, "Xunzi on Moral Motivation," *Chinese Language, Thought and Culture: Nivison and His Critics*, ed. P. J. Ivanhoe (Chicago and La Salle: Open Court, 1996), p. 208.

　　③ "Morality does not eliminate nonmoral sensual desires but limits them in such a way that they are more compatible with moralized emotions and desires. " Ibid., 220.

　　④ 韦政通：《开创性的先秦思想家》（台北：现代学苑，1972 年），页 163—164。

的考虑，有学者认为荀子实际上确有情欲本身是"恶"的主张。如梁涛即指出，《性恶》"所谓恶者，偏险悖乱也"一句中，"偏险"侧重原因，"悖乱"则强调结果。是则"恶"不仅可以描述情欲"顺是"而来的恶果，同样可以归属于情欲的原因而视之为恶端。[1] 梁涛明言是则文字："突出了'好利''疾恶''好声色'这些欲望中属于恶的内容，好利就其会导致冲突、争夺而言，显然可以看作是恶的，或至少可能是恶的；疾恶也就是嫉妒憎恶是一切纷争的根源，当然是恶的；耳目之欲可以是中性的，但加上好声色则显然是恶了。"进而将荀子的性恶说更明确地描述为"性有恶端可以为恶说"，[2] 强调分别在情欲作为"因"与悖乱作为"果"两面而言，皆可言"恶"。邓小虎抱持同样的立场，认为情欲本身已经具有内在驱动力（motivating power），驱使"心"作出不中理的"可"，而导致"恶"。如其谓："我并不认为当荀子在《性恶》为善恶下定义时，他只是针对行为后果……荀子的确有理由指'性'本身'偏险悖乱'——'性'的要素'情欲'有自然的倾向蒙蔽'心'的思虑，使其'唯利之见'，'所可'不中理。"[3] 由是，情欲本身有遮蔽"心"的内在特性，偏险悖乱的恶果乃能溯源于这样的恶因。这个意义上的情欲之"性"，因而最有可能被视为"恶"的来源。

然而，冯耀明反对这种将情欲之"性"本身视为"恶"的观点。

---

① 梁涛：《荀子人性论的中期发展——论〈礼论〉〈正名〉〈性恶〉的性—伪说》，页 37。

② 同前注。

③ 邓小虎的论点乃引述自冯耀明一篇文章中对其的回应。冯耀明：《荀子人性论新诠——附〈荣辱〉篇 23 字衍之纠谬》，页 214—215。

其理由有二：[①] 一、根据《正论》所言，子宋子认为"人之情，欲寡"而有主张禁制情欲的倾向。但荀子回应："今子宋子以是之情为欲寡而不欲多也，然则先王以人之所不欲者赏，而以人之所欲者罚邪？乱莫大焉。"明言这种禁欲的观点，一如纵欲一样，同会导致暴乱的结果。荀子认为，对待情欲的恰当态度既非放纵亦非禁绝，而是"养情""养欲"。因此，情欲本身实非罪咎所在，罪咎乃在对待情欲的错误方式。二、根据《乐论》所言，"人不能不乐，乐则不能无形，形而不为道，则不能无乱。先王恶其乱也，故制《雅》《颂》之声以道之，使其声足以乐而不流"，一如情欲一样，形于音乐的快乐之情若无礼义规范之，同样会引致"乱"与"流"的恶果。甚至于，不仅情欲而已，血气、意志、知虑的运用若无礼义的规范，不也同有流为恶果的可能倾向？如是，情欲本身所代表的"性"，在荀子哲学中能否直接归属为"恶"的根源，至少在学界中仍然极富争议。

下面转过来讨论另一个荀子哲学中"恶"的可能来源："习"。一般对荀子哲学中"恶"的来源的讨论，主要集中在"性"的概念之中。但事实上，"习"乃一个相对较少被注目，却又极为重要的概念。如下文所言：

> 小人莫不延颈举踵而愿曰："知虑材性，固有以贤人矣。"夫不知其与己无以异也。则君子注错之当，而小人注错之过也。……是非知能材性然也，是注错习俗之节异也。（《荣辱》）

---

① 皆见于冯耀明：《荀子人性论新诠——附〈荣辱〉篇23字衍之纠谬》，页216。

> 人之生固小人，又以遇乱世，得乱俗，是以小重小也，
> 以乱得乱也。（《荣辱》）

前段引文强调，在先天特质（"知能材性"）的层面上，君子与小人无异。两者之异唯在后天修为（"注错习俗"）之上：君子能够以恰"当"的方式措置自己（"注错之当"），故无论任何处境，总能转化本性，免于沦为小人。正如《仲尼》所云："福事至则和而理，祸事至则静而理。富则广施，贫则用节。可贵可贱也，可富可贫也。"反之，小人却以"过"分的方式立身处世（"注错之过"），故尤其在逆境乱世之中，更易坠落为"恶"。因此后段引文指出，不加人为努力规范的话，人生而固有"小"和"乱"并作为"小人"的先天特质；若在此先天特质上，又加以"遇乱世，得乱俗"的后天影响，则"恶"的表现即会加剧（"以小重小也，以乱得乱也"）。基于这样的理解，冯耀明、邓小虎、梁涛等学者都认为错误的"注错习俗"这个后天因素，是使得人成为小人甚至桀、跖等大奸大恶之辈的成因。[①]众所周知，荀子哲学中有"可以"与"能"的区分，认为小人具有如同君子般的能力与可能，故原则上"可以"为君子；但小人却无君子的努力与实践，因而现实上不"能"为君子。东方朔于此更进一步，甚至指出后天习染环境的力量具有"决定性"的影响，以至"似乎使人相信足于销蚀'小人君子可以相为'的

---

① 冯耀明：《荀子人性论新诠——附〈荣辱〉篇23字衍之纠谬》，页213—214。邓小虎：《荀子：性恶和道德自主》，收入刘国英、张灿辉编《求索之述：香港中文大学哲学系六十周年系庆论文集·校友卷》（香港：中文大学出版社，2009年），页458。梁涛：《荀子人性论的中期发展——论〈礼论〉〈正名〉〈性恶〉的性—伪说》，页39。

言说，而'不能相为'倒好像成了唯一的现实"。[1]刘殿爵尝这样解释"习惯"的力量："我们生而能够养成习惯（habituation）。当习惯形成，便成为第二性（second nature），比起心灵更能控制我们的行为。"[2]换言之，后天的"习"所形成另一层面的"性"，将凌驾"心"对于行为的主宰角色；而由于"习"的形成非经自觉审视，故其"顺是"导致的行为结果亦易于倾向偏险悖乱。是则如孔子所谓"性相近也，习相远也"（《阳货》），败坏之"习"亦是一大导致小人出现的可能因素。

　　然而，对于积习活动本身是否即"恶"，亦非毫无争议。根据"积善成德，而神明自得，圣心备焉"（《劝学》）、"积其凶，全其恶"（《正论》）等语，荀子哲学中所言的积累，同时可以具有正面与负面的力量。故冯耀明即指出，正如积累可以适用于求真与偷窃的正反活动，荀子哲学中之"'积'，皆有积累或积习之义，所积无分于为礼义、圣人或非礼义、圣人的"。[3]邓小虎则关注到，积习活动在荀子哲学中通常特指礼义的积习，更多是正面的用法。故其说："荀子只是指出'君子'是'注错习俗'的结果，却没有说'小人'也是。"衡之荀子所言，"注错习俗，所以化性也；并一而不二，所以成积也。习俗移志，安久移质。并一而不二，则通于神明，参于天地矣"（《儒效》）、"圣人积思虑，

---

　　① 东方朔：《"可以而不可使"——以荀子〈性恶〉篇为中心的诠释》，《邯郸学院学报》第 22 卷第 4 期（2012 年），页 9—10。

　　② D. C. Lau, "Theories of Human Nature in Mencius and Shyuntzyy," *Bulletin of the School of Oriental and African Studies* 15.3 (1953): 558.

　　③ 冯耀明：《荀子人性论新诠——附〈荣辱〉篇23字衍之纠谬》，页 211。

习伪故，以生礼义而起法度"（《性恶》）等语，这个观察亦非无的放矢。由此观之，"习"在荀子哲学中不必然完全就是"恶"的来源。又若太过强调后天习俗决定人的贤不肖，则善恶问题便有被理解为命定主义的可能，荀子哲学中强调"善伪"——人为努力追求完善——的意义将被减杀。荀子虽然将"注错习俗"连言而倡其为判分君子小人的关键，但相对"习俗"这个被动的力量而言，"注错"（人如何措置自己）作为一个更为主动的元素，在"恶"的问题上理应担当更为重要的角色。所谓"小人注错之过"，似乎是人自身的错误措置真正导致自己沦为小人。

笔者认为，"陋"这个更为强调主动的概念，在荀子哲学"恶"的问题中更为关键：

> 今以夫先王之道，仁义之统，以相群居，以相持养，以相藩饰，以相安固邪？以夫桀跖之道，是其为相县也，几直夫刍豢稻粱之县糟糠尔哉！然而人力为此，而寡为彼，何也？曰：陋也。陋也者，天下之公患也，人之大殃大害也。（《荣辱》）

这里荀子明言，人选择奉行"桀跖之道"而非"先王之道"，关键的原因在于"陋"。因此，"陋"是人最大的祸害。从《修身》"少闻曰浅""少见曰陋"等语，可见浅陋的弊病首先在于见闻的缺乏。配合《解蔽》曰："欲为蔽，恶为蔽，始为蔽，终为蔽，远为蔽，近为蔽，博为蔽，浅为蔽，古为蔽，今为蔽。凡万物异则莫不相为蔽，此心术之公患也。"则知见闻的缺乏使人的知虑偏于一端，而产生各种各样的"蔽"。也因此，荀子有曰："人伦并处，同求而异道，同欲而异知。"（《富国》）乃"知"的缺陋，使得与君子同欲之人沦为小人。梁涛指出："如果说'异知'属于智性，可以从见闻的广博、浅陋加以解释和说明的话，那么'异道'则显然是意志的问题，只能归于个人的选择。"[①]值得注意的是，正如"知虑"不被礼义规范乃有负面的作用，"志意"缺乏礼义同样可带劣义（《修身》"凡用血气、志意、知虑，由礼则治通，不由礼则勃乱提僈"）。因此，梁涛郑重提醒："志向可大可小，知能可智可愚，这些都是中性的，故君子与小人的差别，不在于意志、智慧本身，而在于'心术'的善恶，即是否志于善和遵循道。"[②]根据梁涛的分析，荀子后期吸收了思孟学说中"诚"的概念，并提出"养心莫善于诚"（《不苟》）的说法。[③]这里的"诚"意指："心"真实地接纳"道"作为原则，并坚守其"仁义"的实质内容。在这种思想发展下，"心术"所代表的意志作用，则必须扣紧"道"或礼义作为定准而言。换言之，乃是否具备真诚坚守于"道"的意志——而非泛言的意志——决定人的或善或恶。如梁涛言，"所谓君子、小人，实际是个人的选择和不同'心术'的结果"，而"'心术'的善与不善就是意志的抉择"。[④]荀子哲学中"恶"的来源乃真正水落石出：

[①]　梁涛：《荀子人性论的历时性发展——论〈修身〉〈解蔽〉〈不苟〉的治心、养心说》，页 60。

[②]　同前注，页 65。

[③]　同前注，页 65—68。关于荀子哲学中的"诚"可进一步参考佐藤将之：《荀子哲学研究之解构与建构：以中日学者之尝试与"诚"概念之探讨为线索》，《台湾大学哲学论评》第 34 期（2007 年），页 87—128。

[④]　梁涛：《荀子人性论的历时性发展——论〈修身〉〈解蔽〉〈不苟〉的治心、养心说》，页 60。

人的情欲（情）与知能（知）本来相同（如上文关于"性"的概念所述），小人出现的根本原因，唯在其缺乏坚守善道的意志（意）。也因此，"陋"作为人最大的祸害，并不是命定被动的结果。人总可以"无所不用其极"（《大学》语），坚持意志追求礼义，免于浅陋而沦为小人。话说回来，人若没有这种意志自主的空间，理论上又何有"劝学"与"化性"的可能？①

　　总括而言，荀子哲学对"恶"的来源的解释，主要从"性""习""陋"三个概念入手。经过笔者的分析，注错错误、知虑浅陋、心术疏失等更为自主的元素，乃"恶"与小人之所以出现的关键成因。若然，荀子哲学与孟学及理学传统虽在众多议题上存有差异，但在理解"恶"的问题上则甚为一致：如同荀子哲学一样，孟子指出感官情欲（《公孙丑上》"气也而反动其心"）与习俗环境（《告子上》"人之可使为不善……其势则然也"）都有染污常人的负面影响。荀子对"性"概念的多重分析，亦对应于理学家对"气"的理解：在荀子哲学中，"性"一方面本身可以是生理机能而为中性，另一方面可以有驱动"心"违理的负面倾向；同理，在理学传统中，"气"一方面作为物质力量本身不必是"恶"（"气是形而下者"②"气，如有能守职者，有不能守职者"③），另一方面则与心志有相竞的张力而总有致"恶"的可能（"盖曰志专一，则固可以动气；而气专一，亦可

---

　　① 邓小虎亦尝有专文探讨荀子哲学中"道德自主"的可能，参见邓小虎：《荀子：性恶和道德自主》，页445—463。

　　② 朱熹：《性理二·性情心意等名义》，《朱子语类》，卷五，页97。

　　③ 朱熹：《性理一·人物之性气质之性》，《朱子语类》，卷四，页63。

以动其志也"[①]"既是此理,如何得恶。所谓恶者,却是气也"[②])。
至于荀子晚年借鉴思孟学说,重视"诚"的概念,而以善恶为
意志选择的结果;[③]这本来就是孟子以至理学家一贯的信念。如
孟子相信善恶的成就"求则得之,舍则失之"(《告子上》),朱
子亦相信"人若能持得这个志气定,不会被血气夺。凡为血气
所移者,皆是自弃自暴之人耳"。[④]基于上述并行不悖的理解,
无怪乎后来王阳明就着"性"的问题上,认为"荀子性恶之说,
是从流弊上说来,也未可尽说他不是"。[⑤]而对于荀子"养心莫
善于诚"的主张,更谓"此亦未可便以为非"。[⑥]荀学与孟学及
理学对"恶"的理解的异同,固然值得进一步仔细探究;但为
免错失焦点,初步的讨论姑且就此打住。唯从以上的简述,当
可了解荀学与孟学、理学对"恶"的理解,并没有想象中那么
巨大的差异。

三、两宋儒者过恶思想的简述

以下转而讨论蕴含在两宋儒学中的过恶思想,论述将会以
周濂溪、张横渠、程明道、陆象山为中心。从芸芸宋代儒者中

---

① 朱熹:《孟子二·公孙丑上之上》,《朱子语类》,卷五十二,页1240。

② 朱熹:《性理一·人物之性气质之性》,《朱子语类》,卷四,页65。

③ 梁涛:《荀子人性论的历时性发展——论〈修身〉〈解蔽〉〈不苟〉
的治心、养心说》,页65—68。

④ 朱熹:《朱子一·自论为学工夫》,《朱子语类》,卷一〇四,页2623。

⑤ 王阳明:《语录三·传习录下》,《王阳明全集》,卷三,页115。

⑥ 王阳明:《语录一·传习录上》,《王阳明全集》,卷一,页35。

择取这些人物，理由是他们的思想在理论上最为影响了晚明王学的心学思想发展。虽然北宋的周濂溪、张横渠、程明道尚未在明确分系下归属心学传统，但这些思想都成了后来理学家——不论心学抑或理学传统——的共同理论背景。南宋的陆象山作为心学传统明确的开山祖，其思想在义理上更是与晚明王学接近。两宋儒者对"恶"的讨论本就已是一个大课题，唯由于本书的主题在于晚明王学中"恶"的理论，两宋儒者的相关思想只是预备讨论。为免喧宾夺主，这里的讨论只会就大关节处，指出两宋儒者一些特别影响后人相关思考的要点。是以下文将以这四位宋代儒者为中心，考察更为贴近晚明恶论的理论源头。

（一）周濂溪

北宋儒者自周濂溪以降，思想的构成往往涉及大量形上学宇宙论的元素。就着"恶"的问题而言，周濂溪亦从形上学宇宙论的角度论之：

> 无极而太极。太极动而生阳，动极而静，静而生阴。静极复动。一动一静，互为其根；分阴分阳，两仪立焉。阳变阴合，而生水、火、木、金、土。五气顺布，四时行焉。五行一阴阳也，阴阳一太极也，太极本无极也。五行之生也，各一其性。无极之真，二五之精，妙合而凝。乾道成男，坤道成女，二气交感，化生万物。万物生生，而变化无穷焉。惟人也，得其秀而最灵。形既生矣，神发知矣，五性感动，而善恶分，万事出矣。圣人定之以中正仁义，而主静，

立人极焉。故圣人与天地合其德，日月合其明，四时合
其序，鬼神合其吉凶。君子修之吉，小人悖之凶。故曰：
立天之道，曰阴与阳；立地之道，曰柔与刚；立人之道，
曰仁与义。又曰：原始反终，故知死生之说。大哉易也，
斯其至矣！[①]

濂溪认为，宇宙的生化背后乃有"太极"与"乾道"不已地起作用。
缘于"太极"与"乾道"的作用，万物能够生生不已、变化无
穷地运行。个体之"生"无非是其生化过程之"始"，"死"无
非是其生化过程之"终"，而从整体宇宙之生化来说，则是始
终不断、于穆不已的过程。就此而言，宇宙的生化并没有所谓
的"恶"存乎其中。然而，唯当人存在于世，"形既生矣，神
发知矣，五性感动"，则"善"与"恶"便于焉而生。换言之，
"恶"的出现只能存乎人所具有"形""知""感"的活动与特性。
濂溪强调，人之善恶根本地取决于自己的选择：当人能够依循
宇宙化生万物之道，参与位育万物的工作，则是"君子修之吉"
而为"善"；相反，若人违背宇宙这样的原则，则是"小人悖
之凶"而为"恶"。此中的"修"与"悖"，即是人能自觉控制
的抉择。濂溪进一步描述"小人悖之凶"而为"恶"的具体过程：

　　天以春生万物，止之以秋。物之生也，既成矣，不止
　则过焉，故得秋以成。圣人之法天，以政养万民，肃之以
　刑。民之盛也，欲动情胜，利害相攻，不止则贼灭无伦焉。
　故得刑以治。[②]

---

① 周濂溪：《太极图说》，《周敦颐集》，卷一，页2。

② 周濂溪：《通书·刑第三十六》，《周敦颐集》，卷六，页126。

承接上面有始有终之说，这里更是表明宇宙化生万物之道有行有止。"乾道"的运行始于万物之生，经过元、亨、利、贞等不同阶段，而终乎万物之成。而殊别的万物既成，乾道的运作便有所止。是故春生之后，四时运行趋向秋成；"乾道"继之以"坤道"。反之，若乾坤运行过程中，任何一个阶段停滞不止，则会"不止则过"，导致灾异的产生。试想象，夏之长虽是万物亨通的阶段，但严夏一往不停即成灾异；冬之藏虽是万物休养的阶段，但严冬持续不去亦同酿灾异。顺乎此，人的情欲利害就其自身而言，从一义看也无不可看成是生命繁盛的表现。问题在于情欲利害的无穷增长而无休止，就此一面而言才会"不止则贼灭无伦"。于此初步可见"恶"的生成机制："恶"不产生于人性情欲自身的运行，而在于其"不止则过"的情况。这种以"过"言"恶"的论述，可说是上接孔子，下启阳明诸子的理论共识。

如是，人逆乎宇宙的原则而容让"不止则过"的情况，则是"恶"之出现的滥觞；反乎此而使"过"的情况停止、复原，则是重回宇宙生化万物本来原则的君子之道。濂溪说：

> "有善不及？"曰："不及，则学焉。"问曰："有不善？"曰："不善，则告之不善。且劝曰：'庶几有改乎，斯为君子。'有善一，不善二，则学其一，而劝其二。有语曰：'斯人有是之不善，非大恶也。'则曰：'孰无过，焉知其不能改？改，则为君子矣。不改为恶，恶者天恶之。彼岂无畏耶？乌知其不能改！'故君子悉有众善，无弗爱且敬焉。"[①]

这里濂溪明言，所谓"善"，即是人依循宇宙生化之道，而与之

---

① 周濂溪：《通书·爱敬第十五》，《周敦颐集》，卷五，页101—102。

一致（"有善一"）；"不善"的出现，即是人背离生化之道，而与其为二（"不善二"）。人由于有"形""知""感"的存有特性，生命的表现偶有偏差在所难免。与上文提及者一致，只要人能重回宇宙无有偏滞的特性（"学其一""修之"），一改其超过、偏差的情况，则能成为君子（"改，则为君子矣"）。反之，一旦容让这种偏离的状况继续下去，以致偏离宇宙原来无有偏滞的生化原则，则"恶"便会由此萌生（"不改为恶"）。明乎此，当知濂溪何以亦言："闻过，则可贤。"[①] "诚心，复其不善之动而已矣。不善之动，妄也；妄复，则无妄矣；无妄，则诚矣。"[②] "君子乾乾，不息于诚，然必惩忿窒欲，迁善改过而后至。乾之用其善是，损益之大莫是过，圣人之旨深哉！"[③]事实上，濂溪这种"改，则为君子矣。不改为恶"的想法同是承先于孔子，启后了往后儒者的儒门共法；其理论突出者，无非是扣紧于宇宙生化的原则而说而已。

最后值得一提的是，濂溪思想已经有深入于人心念虑处论"恶"的征兆：

> 诚，无为；几，善恶。德：爱曰仁，宜曰义，理曰礼，通曰智，守曰信。性焉安焉之谓圣。复焉执焉之谓贤。发微不可见，充周不可穷之谓神。[④]

> 寂然不动者，诚也；感而遂通者，神也；动而未形、

---

① 周濂溪：《通书·幸第八》，《周敦颐集》，卷五，页93。

② 周濂溪：《通书·家人睽复无妄第三十二》，《周敦颐集》，卷六，页123。

③ 周濂溪：《通书·乾损益动第三十一》，《周敦颐集》，卷六，页121。

④ 周濂溪：《通书·诚几德第三》，《周敦颐集》，卷五，页81。

> 有无之间者，几也。诚精故明，神应故妙，几微故幽。诚、
> 神、几，曰圣人。①

如上所论，天道作为无有偏滞的生化原则，总是真"诚"无妄
地表现于宇宙运行当中。唯有对人的存有而言，才有偏离宇宙
生化原则，进而形成不善"妄"动（如上谓"不善之动，妄也"）
的可能。濂溪于此的洞见是，"妄"动的出现，乃源自于人心内
部隐微处的念虑；正是念虑这个"几"微之处，乃有"善"与"恶"
的分野。如牟先生所说："其动之几纯承诚体而动者为善，以不
为感性（物欲）所左右故，纯是顺应超越之诚体而动故。若不
顺应诚体而动，而为感性所左右，则即为恶。此处所言之'几'
即后来所谓'念'也（阳明所谓随躯壳起念，刘蕺山严分意与
念之念）。"② 又曰："'意念'也就是我们平常所说的'念头'，你
的念头刚发动的时候，你就要省察一下，你的念头是好的或是
坏的，假若是坏的念头，赶快把它化掉，要是好的念头，赶快
把它表现出来，这就叫工夫……念头是我们用功所在地，念头
是被对治的东西，属形而下。"③ 同样，这个从念虑入微处言"恶"
的想法，影响了后来晚明儒者相关的讨论。如王龙溪以一"念"
陷溺言"恶"的出现，以知"几"言去恶工夫；以至刘蕺山严
分"意"与"念"，而从"念"的"妄"动言"微过"。凡此讨论，
都可溯源于濂溪这里的想法。唯当指出的是，虽然濂溪以"几"

---

① 周濂溪：《通书·圣第四》，《周敦颐集》，卷五，页 87。

② 牟宗三：《心体与性体（一）》，《牟宗三先生全集》，卷五，页
348—349。

③ 同前注，页 48。

与念头言"恶"的想法极富洞见，但其论述仍然十分原始、初步。念头何以会成为"恶"？是其一旦在感性中表现即为"恶"？抑或是其动用过程中偏差才是"恶"？念头为"恶"的个中机制为何？凡此，都在后来儒者中才有更进一步较为仔细的讨论。又若"几"所指涉的是形而下被对治的感性念头，那么何以濂溪又言"诚、神、几，曰圣人"？"诚"与"神"无疑是圣人的表现，但"几"本身何以亦是圣人的表现？此亦可见濂溪思想启人疑窦处，这些问题都有待于后儒的厘清。

（二）张横渠

同为北宋儒者，张横渠对"恶"的讨论亦充满形上学宇宙论的色彩。与濂溪"不止则过"的想法一致，横渠亦从"偏""滞""过""累"等角度解释"恶"出现的过程。其曰：

> 体不偏滞，乃可谓无方无体。偏滞于昼夜阴阳者物也，若道则兼体而无累也。以其兼体，故曰"一阴一阳"，又曰"阴阳不测"，又曰"一阖一辟"，又曰"通乎昼夜"。语其推行故曰"道"，语其不测故曰"神"，语其生生故曰"易"，其实一物，指事异名尔。[①]

横渠明言，相对于偶有偏滞的现实之"物"，宇宙生化之"道"则具有"体不偏滞""兼体而无累"的特性。"道"的运行必然是"一阴一阳""一阖一辟""通乎昼夜"般循环不已，并不会偏于一

[①] 张横渠撰，章锡琛点校：《正蒙·乾称篇第十七》，《张载集》（北京：中华书局，1985 年），页 65。

端。顺乎此，"恶"的出现，即是从"偏""滞""过""累"的角度而言。林永胜说之明矣："何以作用上的偏滞与欲求的产生会被视为恶？因为张横渠的思考架构不但以'湛一'为气之本，而且此种湛一还是由阴阳（或乾坤）两个对立的概念所合成的，如前引的'其阴阳两端循环不已者，立天地之大义'，因此张横渠极为强调的'兼体无累'之说，正是其尽性而天工夫的关键，而偏滞于一隅，甚至为物欲所惑，则是忘其所本，遂被张横渠视之为恶。"[①] 这个想法在解释"恶"出现的问题上，具有尤其重要的理论意义。盖唯由于此，方可见到"恶"的出现在理论上不能归咎于人的形下生命本身。横渠即说："情未必为恶，哀乐喜怒发而皆中节谓之和，不中节则为恶。"[②] "耳目虽为性累，然合内外之德，知其为启之之要也。"[③] "体物体身，道之本也，身而体道，其为人也大矣。道能物身故大，不能物身而累于身，则藐乎其卑矣。"[④] "能以天体身，则能体物也不疑。"[⑤] "湛一，气之本；攻取，气之欲。口腹于饮食，鼻舌于臭味，皆攻取之性也。知德者属厌而已，不以嗜欲累其心，不以小害大、末丧本焉尔。"[⑥] 凡于此等文字，皆见"情""耳目""身""欲"等人形下生命的表现，只要能与"道"一致便是无可咎罪；唯其"以小害大""末

---

① 参阅林永胜：《恶之来源、个体化与下手工夫——有关张横渠变化气质说的几点思考》，《汉学研究》第 28 卷第 3 期（2010 年 9 月），页 6—7。

② 张横渠：《语录中》，《张载集》，页 323—324。

③ 张横渠：《正蒙·大心篇第七》，《张载集》，页 25。

④ 同前注。

⑤ 同前注。

⑥ 张横渠：《正蒙·诚明篇第六》，《张载集》，页 22。

丧本焉",偏差悖逆于"道",这偏差悖逆的状态才会沦而为"恶"。值得注意的是，偏滞所成之"恶"不仅只落于物欲上说，德性的表现稍有偏滞，亦同会形成流弊。此即所谓："义，仁之动也，流于义者于仁或伤；仁，体之常也，过于仁者于义或害。"[①]"仁"与"义"固然是儒门德性的表现，但若偏滞于任何一者，则于另一面便会产生流弊。例如过于仁或成溺爱偏私之"过"，流于义则或成冷酷不仁之"过"等。由是可见，儒门从"偏滞"言"过"的传统，事实上早已启于北宋儒者濂溪与横渠的思想之中。唯在理论的表述上，由于横渠之学尤其注重宇宙论形上学的讨论，则其学说往往亦有易启误解的滞词。如"人之刚柔、缓急、有才与不才，气之偏也"[②]"莫非天也，阳明胜则德性用，阴浊胜则物欲行"。[③]——若过于侧重从气化阴阳的偏滞情况言"恶"，于人为努力"修之""悖之"自主抉择的一面义理稍为虚歉，则"恶"的议题便有倾向成为决定论之虞。

若撇开横渠之学理论表述的未尽善处，对之进行最强义同情的阅读，则可见横渠之学除了在宇宙论的角度言"恶"之外，其理论精彩处更在其进一步通过"性""心""知"等概念，描绘"恶"在人事活动中出现的过程。相关文字如下：

> 性于人无不善，系其善反不善反而已。过天地之化，不善反者也。命于人无不正，系其顺与不顺而已；行险以侥幸，不顺命者也。形而后有气质之性，善反之则天地之

---

① 张横渠：《正蒙·至当篇第九》，《张载集》，页 34。
② 张横渠：《正蒙·诚明篇第六》，《张载集》，页 23。
③ 同前注，页 24。

性存焉。故气质之性，君子有弗性者焉。[1]

徇物丧心，人化物而灭天理者乎！存神过化，忘物累而顺性命者乎！[2]

大其心，则能体天下之物，物有未体，则心为有外。世人之心，止于闻见之狭。圣人尽性，不以见闻梏其心，其视天下，无一物非我。孟子谓尽心则知性知天，以此。天大无外，故有外之心不足以合天心。见闻之知，乃物交而知，非德性所知；德性所知，不萌于见闻。[3]

以上三则引文表现了横渠之学中"天地之性／气质之性""心／物""德性所知／见闻之知"的概念区分与对扬。从第一则引文中，明确可见"性"于人是无有不善的，配合横渠另说："有无虚实通为一物者，性也；不能为一，非尽性也。饮食男女皆性也，是乌可灭？"[4] 可见人的天地之性固然无不善；即使是人的气质之性，若能够与天地之化"通为一物"，则其自身亦无不善可言。相对而言，"恶"的出现只能从"气质之性"与"天地之性""不能为一"上说。换言之，只要人能通过工夫的努力善反之，则"气质之性"便能充尽其与"天地之性"在内容上"通为一物"的意义；不善之所以出现，则只因人不善"反"、不"顺"应天地生化无有偏滞的原则。第二则引文指出，当"心"徇于"物"时，便会"灭天理"而造成"恶"的出现。唯当注意的是，横

---

① 张横渠：《正蒙·诚明篇第六》，《张载集》，页 22。

② 张横渠：《正蒙·神化篇第四》，《张载集》，页 18。

③ 张横渠：《正蒙·大心篇第七》，《张载集》，页 24。

④ 张横渠：《正蒙·乾称篇第十七》，《张载集》，页 63。

渠亦说过："天体物不遗，犹仁体事无不在也……无一物之不体
也。"① 正如天道的运行从不会遗弃任何事物；人在践行仁德时，
同样不可能遗弃应事接物的面相。应事接"物"本来就是"心"
所不能或缺的动用，就此而言，"物"与应物活动本身皆无有不
善。明乎此，方见"心"及"物"与"恶"之间的理论关系：
只要人应物时，"心"不为"物"所累，则应物可以是如天道般
存神过化的表现；反之，若人在应物的过程中"心"化于"物"
（此化乃心之"物化"），灭天理之"恶"才会因而产生。而从第
三则引文中，则见"见闻"活动乃有"梏其心"的可能。横渠
有言："'顺帝之则'，此不失赤子之心也，冥然无所思虑，顺天
而已。"② "大率天之为德，虚而善应，其应非思虑聪明可求，故
谓之神。"③ 凡此皆见"天"与"心"的内容与求取过程，都是
无所思虑、无用聪明的。是以上面引文乃说："德性所知，不萌
于见闻。"甚至从"'不识不知，顺帝之则'，有思虑知识，则
丧其天矣"④ 一语，更见通过思虑知识不仅不能求道，在特定的
意义上说，甚至更会造成"丧其天"的结果。总而言之，"天地
之性""心""德性所知"既然是天理与生化原则的表现，在理
论上理当是"善"；相对而言，"气质之性""物""见闻之知"，
则反过来很容易会被想成"恶"。例如"气质之性"是"君子有
弗性者焉"，"物"能"丧心"，以至从"见闻之知"是"物交而

---

① 张横渠：《正蒙·天道篇第三》，《张载集》，页 13。
② 张横渠：《经学理窟·诗书》，《张载集》，页 255。
③ 张横渠：《正蒙·乾称篇第十七》，《张载集》，页 66。
④ 张横渠：《正蒙·诚明篇第六》，《张载集》，页 23。

知"等语，很容易会使人联想起孟子"物交物则引之"的说辞。但当知道，"气质之性""物""见闻之知"就其自身而言，本都无有不善；不善的出现只能理解为人事活动一往偏滞陷溺其中，以致其反制本心本性的结果。这里的讨论后来都为晚明学者一一继承。尤其横渠言"思虑知识"有丧心可能的想法，更在阳明学者的相关讨论中得到充分发扬。

最后需要指出的是，一如濂溪所关注，横渠同样深入意念的环节探讨过恶之萌生：

> 毋意，毋常心也；无常心，无所倚也；倚者，有所偏而系着处也。率性之谓道则无意也。性何尝有意？无意乃天下之良心也，圣人则直是无意求斯良心也。颜子之心直欲求为圣人。学者亦须无心，故孔子教人绝四，自始学至成圣皆须无此，非是圣人独无此四者，故言"毋"，禁止之辞也。所谓倚者，如夷清惠和，犹有倚也。夷惠亦未变其气，然而不害成性者，于其气上成性也。清和为德亦圣人之节，于圣人之道取得最近上，直邻近圣人之德也。圣人之清直如伯夷之清，圣人之和直如下惠之和，但圣人不倚着于此，只是临时应变，用清和取其宜。若言圣人不清，圣人焉有浊？圣人不和，圣人焉有恶？[1]

> 观其几者，善之几也，恶不可谓之几。如曰"几者动之微，吉之先见"，亦止言吉尔。且如孝弟仁之本亦可以言几，造端乎夫妇亦可以言几，亲亲而尊贤亦可以为几，就亲亲尊贤而求之又有几焉。又如言不诚其身，不悦于亲，

---

[1] 张横渠：《语录钞》，《张载集》，页318。

　　亦是几处。苟要入德，必始于知几。[①]

第一则引文指出，圣人之教即是"毋意"之教。能做到"毋意"，即能无常心、无所倚、无所偏。常人固然最为容易偏倚系着于气质物欲之上，亦即上文所谓气质之偏、"心"系着于"物"是也。而偏倚系着于见闻之上，亦会造成"见闻梏其心"的结果。这里横渠进而指出，圣人固然有"清""和"之不同，但却不会偏倚系着于"清"或"和"；反之，圣人总是"临时应变"，因应不同的处境而"取其宜"。是则可见心意不容任何偏倚系着，此教于圣凡皆然。横渠这里的"毋意"之教，不仅在晚明儒者的相关讨论中得到继承，事实上，在南宋杨简（慈湖）"不起意"的思想中便已有发挥。至于第二则引文，则更明显地在理论上廓清了濂溪"诚，无为；几，善恶"之说。横渠明言，"几"所指的乃是"善"之几，"恶"并不可以谓之"几"。理由是，一方面，"几"是践履孝弟、夫妇、亲亲、尊贤、诚身、悦亲等善德的基础。又从其说"恶不仁，故不善未尝不知；徒好仁而不恶不仁，则习不察，行不著。是故徒善未必尽义，徒是未必尽仁；好仁而恶不仁，然后尽仁义之道"，[②]更知仁义之道的充尽不仅包含在孝弟、夫妇、亲亲、尊贤、诚身、悦亲等处"好仁"，更必然在另一方面包含在一切不善之处"恶不仁"。毕竟，好仁而恶不仁，自始就是成德之教的一体两面。由此观之，知几工夫以至"几，善恶"之"几"，并不落在形而下感性的念头上说，而当收在本心好善恶恶的特性而言。唯由此，方能善解濂溪"诚、

---

①　张横渠：《系辞下》，《张载集》，页 222。

②　张横渠：《正蒙·中正篇第八》，《张载集》，页 29—30。

神、几,曰圣人"一语。事实上,突显本心好善恶恶两面特性"一机而互见"的想法,尤为晚明儒者刘蕺山所推崇。至于儒门"知几"之教,更是王龙溪哲学之胜场。[①]凡此皆会在正文中讨论。

(三)程明道

二程哲学对宋明儒学的发展影响甚大,于过恶的问题上理当亦有其精彩处。然而,二程兄弟中哪些说法是阳明心学所据,则是有待澄清的问题。在当代二程哲学的研究中,牟宗三先生独具慧眼地指出二程兄弟截然不同的义理性格。[②]牟先生认为,程明道哲学虽然尚未明确归入"心学"的系统中,却是宋明理学中"圆教的模型";[③]在义理上,与传统陆王"心学"是"一圆圈之两来往",可会通而为一大系。[④]而程颐(伊川)哲学则是宋明儒学的歧出,其义理能够承接者只是朱子而已。[⑤]姑勿论牟先生的理解是否无可争议——本书始终并非探讨宋明儒学分系的研究——然谓二程兄弟中程明道的思想在义理性格上贴近晚明王学,则大概较少争议。是则下面笔者将会以明确标示为明道所撰的文字为主要文本根据,考察其对晚明王学过恶思想的影响。

---

① 彭国翔:《良知学的展开——王龙溪与中晚明的阳明学》,页136—140。

② 牟宗三:《心体与性体(一)》,页45—64。

③ 同前注,页47。

④ 同前注,页53。

⑤ 同前注,页48—49。

先看明道对人性善恶的论述：

> 天下善恶皆天理，谓之恶者非本恶，但或过或不及便如此，如杨、墨之类。[①]

> "生之谓性"，性即气，气即性，生之谓也。人生气禀，理有善恶，然不是性中元有此两物相对而生也。有自幼而善，有自幼而恶，是气禀有然也。善固性也，然恶亦不可不谓之性也。盖"生之谓性""人生而静"以上不容说，才说性时，便已不是性也。凡人说性，只是说"继之者善"也，孟子言人性善是也。夫所谓"继之者善"也者，犹水流而就下也。皆水也，有流而至海，终无所污，此何烦人力之为也？有流而未远，固已渐浊；有出而甚远，方有所浊。有浊之多者，有浊之少者。清浊虽不同，然不可以浊者不为水也。如此，则人不可以不加澄治之功。故用力敏勇则疾清，用力缓怠则迟清，及其清也，则却只是元初水也。亦不是将清来换却浊，亦不是取出浊来置在一隅也。水之清，则性善之谓也。故不是善与恶在性中为两物相对，各自出来。此理，天命也。顺而循之，则道也。循此而修之，各得其分，则教也。自天命以至于教，我无加损焉，此舜有天下而不与焉者也。[②]

以上两则文字皆来自《河南程氏遗书》之中。第一则文字标明为明道语，提及了"天下善恶皆天理"。第二则文字虽然未有标

---

① 〔宋〕程明道、程伊川撰，朱熹编：《二先生语二上》，《河南程氏遗书》（上海：商务印书馆，1935 年），第二上，页 14。

② 程明道、程伊川：《二先生语一》，《河南程氏遗书》，第一，页 11。

明作者,但从"理有善恶""善固性也,然恶亦不可不谓之性也",则知两段文字的义理相通,而可合起来看成是明道语。明道认为,"气"本是(至少即于)"性"的表现,是则"恶"的出现固然不能归属于"性",并且同样断不能归属于"气"。世间所谓"恶"者本不是恶("谓之恶者非本恶"),"性"与"气"就其本然状态来说皆无恶可言;唯有从其在现实上"或过或不及"的表现中,才有"恶"的出现。就如源头清水与末流浊水,单就其现实的表现来看,固然是截然二者;但事实上,两者只是"同一"水源在本然与流弊状态"不同"的表现。同理,暴食之所以成为流弊,并不因为其是"气"的表现——"气"或饮食之欲本身何罪之有?暴食之所以沦为弊病,只能从其"过"度失节处理解。是则明道明言,不能将"善"与"恶"的出现视为各有源头,宛似"善"从"性"出,"恶"从"气"出("不是善与恶在性中为两物相对,各自出来")。反之,所谓人事活动中不善的表现,只能视为本然可以是善者(饮食以畅遂人之生)或过或不及(饮食"过"度而成暴食)的流弊表现。如是,方可善解明道"天下善恶皆天理""善固性也,然恶亦不可不谓之性也"等看似难懂的话头。由此,明道重申了儒学"恶乃无根"的传统:"恶"的出现在人性中并没有源头,而只能视为人性在现实"或过或不及"的流弊表现。这个想法后来成了晚明王学的共法,王阳明与刘蕺山等都对此有不同层面的继承与发挥(详见正文部分)。

"恶"的出现只能归因于人性"或过或不及"的流弊表现。然则是什么因素使得"或过或不及"的流弊情况出现?明道明言过恶出现的根本原因,乃在人的"自私"与"用智",而不在于外物的引诱。他说：

> 人之情各有所蔽，故不能适道，大率患在于自私而用智。自私，则不能以有为为应迹；用智，则不能以明觉为自然。今以恶外物之心，而求照无物之地，是反鉴而索照也。《易》曰："艮其背，不获其身。行其庭，不见其人。"孟氏亦曰："所恶于智者，为其凿也。"与其非外而是内，不若内外之两忘也。两忘，则澄然无事矣。无事则定，定则明，明则尚何应物之为累哉！圣人之喜，以物之当喜；圣人之怒，以物之当怒。是圣人之喜怒，不系于心而系于物也。是则圣人岂不应于物哉？乌得以从外者为非，而更求在内者为是也？今以自私用智之喜怒，而视圣人喜怒之正，为何如哉？夫人之情易发而难制者，唯怒为甚。第能于怒时遽忘其怒，而观理之是非，亦可见外诱之不足恶，而于道亦思过半矣。[①]

从这则文字可见，人与外物接触的活动本身，并不是"恶"的来源。承接上文横渠所言，明道指出"心"明鉴的功用正在照"物"时显；应事接"物"本来就是"心"所不能或缺之动用。若人反过来以外物为"恶"，而求不应物之心，则犹如离开明鉴照物的时刻，而就明鉴自身求索其照物之用一样——两者皆是断不可得也。是则可见人应物的活动就其自身而言，不可直接视之为"恶"。反过来说，明道认为过恶出现的首要条件，在于人自身"自私"与"用智"的毛病。盖人在应事接物

---

① 程明道、程伊川：《答横渠张子厚先生书》，《二程文集》（北京：中华书局，1985 年），卷二，页 13—14。

时,本应各因其宜,无有一毫私己之见（此亦上面横渠所谓"只是临时应变……取其宜"者也）。但若人犯下"自私"的弊病,则不能廓然大公应对事物,是以"不能以有为为应迹"。而若人犯下"用智"的弊病,则其心智活动便会着于其一己之见,是以"不能以明觉为自然"。"自私"与"用智"皆妨碍了物来顺应的表现,在明道眼中是助成"恶"之出现的两大原因。于此需要强调者,则是这里道理上非谓"我"或"智"的本身是"恶"之出现的来源。毕竟一切道德活动中,都需要有"我"作为行动者参与其中;就着"智"作为能够助成仁德的能力（所谓"知者利人"）而言,亦无有不善。因此,"我"之所以构成"自私"之弊,只能从我"执"上说;而"智"之所以构成"用智"之弊,亦只能从其成为穿凿的"凿"智上说。如是,明道明确点出人情之所以有蔽,其关键在于一己的"自私"与"用智",而不在"应物"的活动本身。而相应的去蔽工夫,则从来不在禁绝外物,而只需要"内外两忘":忘却"内"在己执与避免一往"外"驰。当本心回复明觉的状态时,一切应事接物亦不碍其静定。明道这里对"自私"与"用智"弊病的关注,在义理上对晚明的过恶思想大有启发。例如龙溪、念庵等便指出,常人固然易为物欲所诱而起"私欲";对于贤者学者而言,"私意"的流弊更会潜伏在其求道过程之中,而更难照察克治。此所以晚明学者广泛强调"无有作好,无有作恶"的道理,极力警惕工夫上任何己私我执的可能。又心知能力的歧出与误用,在晚明王学中更有丰富的发挥。心知能力所表现的"知识"活动,本质上有"执""滞""着"的倾向;其落实到"语言"的运用上,又易使人执于言说,而长胜心。凡此启于明道的洞见,都在晚明王学的过恶思想中有着更进一步的讨论。

（四）陆象山

　　传统上"陆王心学"的说法，标示出陆王两套思想在整体理论上的亲近性。不仅整体的学问性格，即就着过恶的理解上，象山思想与晚明王学亦密切相关。如唐先生便说："此象山之工夫，为一依于人之'正面的自信其心之灵、理之明，原非一切蔽障之所能障'，而更依此自信，以亦包涵一'对此心之蔽障，加以超拔之一反面工夫'者。对此象山之正面工夫中，所包涵之反面工夫，如只以孟子之寡欲工夫言之，亦不切。孟子所谓欲，不过小体耳目五官之欲，此虽可为大体之心之害，其害尚浅而易见。宋明儒之言私欲，其义已远深于此。而象山言此心之障蔽，则于私欲之外，更重意见之害。此乃非孟子之明言所及者。吾尝谓对一切人在道德生活中一切反面之物，如私欲、意见、习气等之正视，乃宋明儒学之共同精神。此在象山，亦不能例外。"[①]是则可见发明超拔蔽障的反面工夫，乃蕴含于象山之学中的一大理论胜场。于此亦见象山有进于前贤，以至启发后来学者的理论精彩处。

　　具体而言，象山在"自私"和"用智"的概念上，都有进于前贤的发挥。象山这样理解"自私"的弊病：

　　　　以颜子之贤，虽其知之未至，善之未明，亦必不至有

---

　　① 唐君毅：《中国哲学原论·原教篇》（北京：中国社会科学出版社，2001 年），页 155。

> 声色货利之累，忿狠纵肆之失，夫子答其问仁，乃有"克己复礼"之说。所谓己私者，非必如常人所见之过恶而后为己私也。己之未克，虽自命以仁义道德，自期以可至圣贤之地者，皆其私也。①

这里象山明言，所谓"己私"的毛病不仅表现于常人"声色货利之累"，更为微妙的是，志于圣贤之道的修道学者，往往亦会犯下"己私"的弊病。若一个修道学者未能如颜子般践行"克己"的工夫，则其求道过程便易有"己私"的隐伏。在朱子学的论敌刺激下，象山尤其以"私智""意见"描绘时人"己私"的弊害。相关的文字在象山之学中不胜枚举，当中例子如：

> 学者大病，在于师心自用。师心自用，则不能克己，不能听言。虽使羲皇唐虞以来群圣人之言毕闻于耳，毕熟于口，毕记于心，只益其私、增其病耳。为过益大，去道益远。非徒无益，而又害之。……古之所谓曲学诐行者，不必淫邪放僻，显显狼狈，如流俗人、不肖子者也。盖皆放古先圣贤言行，依仁义道德之意，如杨墨乡原之类是也。②

> 若其心正，其事善，虽不曾识字，亦自有读书之功；其心不正，其事不善，虽多读书，有何所用？用之不善，反增过恶耳。③

---

① 〔宋〕陆象山撰：《书·与胡季随》，《陆九渊集》（北京：中华书局，1980年），卷一，页2。

② 陆象山：《书·与张辅之》，《陆九渊集》，卷三，页36。

③ 陆象山：《讲义·荆门军上元设厅皇极讲义》，《陆九渊集》，卷二十三，页284。

最大害事，名为讲学，其实乃物欲之大者。所谓邪说诬民，充塞仁义。质之懿者，乃使之困心疲力，而小人乃以济恶行私。……然近来讲学，大率病此。①

今谓之学问思辨，而于此不能深切著明，依凭空言，傅著意见，增疣益赘，助胜崇私，重其狷忿，长其负恃，蒙蔽至理，扞格至言，自以为是，没世不复，此其为罪，浮于自暴自弃之人矣。此人之过，其初甚小，其后乃大；人之救之，其初则易，其后则难，亦其势然也。②

愚不肖者之蔽在于物欲，贤者智者之蔽在于意见，高下污洁虽不同，其为蔽理溺心而不得其正，则一也。然蔽溺在污下者往往易解，而患其安焉而不求解，自暴自弃者是也。蔽溺在高洁者，大抵自是而难解，诸子百家是也。③
第一则引文中，象山将学者之不能克己——此指向修道者"己私""自私"之病——明确归因于"师心自用"的问题。"师心自用"的具体表现，在于表面上运用智巧于圣贤之言上，但内里却是畅遂一己自私的目的。例如，古今不乏为政者大举复兴圣贤之言的旗帜，但事实上却只是以之掩饰其私。以孟子的话来说，这无非是"以力假仁"的霸者。虽然修道的学者未必内藏政治的目的，但任何修道过程中的"师心自用"，亦会构成求胜、自恃等"自私"的弊病。第二、三则引文，则更说明学者读书讲学的活动稍有偏差，都会增加其所犯的过恶。值得注意

---

① 陆象山：《书·与徐子宜》，《陆九渊集》，卷五，页67。
② 陆象山：《书·与邵叔谊》，《陆九渊集》，卷一，页2。
③ 陆象山：《书·与邓文范》，《陆九渊集》，卷一，页11。

的是，与象山"先立其大"的工夫一致，这里象山所言乃读书讲学必须以"心"的挺立作主（"若其心正，其事善，虽不曾识字，亦自有读书之功"）；象山并没有一概反对读书讲学的活动。读书讲学的活动之所以有偏差，并不从其自身来说，而当从其本末倒置反制本心的情况来说。第四则引文，则表示学者"师心自用"于学问思辨的活动之上时，更会指向"依凭空言，傅著意见"的弊病。配合象山之言："古人质实，不尚智巧。言论未详，事实先著。知之为知之，不知为不知。所谓'先知觉后知，先觉觉后觉'者，以其事实觉其事实。故言即其事，事即其言，所谓'言顾行，行顾言'。周道之衰，文貌日胜，事实湮于意见，典训芜于辨说。"[①]则可见古人所尚者，首先是真实地践行其道德心性，在这过程中不涉穿凿的智巧。当人能够真实地践行其道德心性，则其一言一行便无非都是德性的表现；不单其行是"实行"，其言亦是"实言"。而此成德者的"实言""实行"，即有"先知觉后知，先觉觉后觉"，启发他人的功效。反之，若缺"言论未详，事实先著"的实修过程，则人所说之言便只会沦为"空言"，圣学的道理亦只会湮于"意见"。而这些"空言""意见"对于学者的修道来说，便是"非徒无益，而又害之"也。是则在第五则引文中，象山明言常人易犯蔽于物欲之病，而修道贤者亦易堕蔽于意见的问题，两者同样蔽理溺心。又从象山言："此道与溺于利欲之人言犹易，与溺于意见之人言却难。"[②]更见贤者意见之蔽，相对而言乃更难改正的成德障蔽。此义不难了解，

① 陆象山：《书·与朱元晦》，《陆九渊集》，卷二，页27。
② 陆象山：《语录上》，《陆九渊集》，卷三十四，页398。

对于一般人而言，其犯过后只要旁人稍加提点，通常较易感到羞恶而觉醒；但对于贤智之士而言，其犯过后更会运用种种智巧言说文过饰非，是故其蔽锢的见解更难被人说服，改正亦更难。

顺乎此，象山在工夫上强调剥落"识知"的面相：

> 人能知与焉之过，无识知之病，则此心炯然，此理坦然，物各付物，会其有极，归其有极矣。①

对于象山等心学学者来说，本心通过自反的方式便能复得。在这过程中，无容任何识知智巧的运用。如象山引述儒学经典谓："'不知不识，顺帝之则。'此理岂容识知哉？'吾有知乎哉？'此理岂容有知哉？"②故离乎此而以识知智巧的方式求道，对于象山来说反易犯下"与焉之过""识知之病"。

事实上，象山这里对"识知之病"的诊断，以至对剥落识知工夫的强调，都与晚明儒者的相关思想一脉相承。如阳明言："学问最怕有意见的人，只患闻见不多。良知闻见益多，覆蔽益重。反不曾读书的人，更容易与他说得。"③"后世不知作圣之本是纯乎天理，却专去知识才能上求圣人。……不务去天理上着工夫，徒弊精竭力，从册子上钻研，名物上考索，形迹上比拟，知识愈广而人欲愈滋，才力愈多而天理愈蔽。"④凡此，可见对于"识知之病"的关注，是横跨宋明两代儒者的共同关怀。以至龙溪强调"空空""养蒙"等剥落拟议的工夫，念庵深切反省

---

① 陆象山：《书·与赵监》，《陆九渊集》，卷一，页10。

② 陆象山：《书·与张辅之》，《陆九渊集》，卷十二，页163—164。

③ 王阳明：《传习录拾遗五十一条》，《王阳明全集》，卷三十二，页1172。

④ 王阳明：《语录一·传习录上》，《王阳明全集》，卷一，页28。

修道者"空言""知见""意见"之"过"等讨论,都可在象山之学中看出端倪。此中理论关联处,将在正文部分详细探讨。

四、小结

通过本章的清理,可知自先秦儒学到两宋儒学,过恶问题已经累积了极为丰富的理论资源。孔子将过恶问题收归于自我修身的领域之上,把"过"视为义利追求上的偏差情况;只要知"过"能改,立地即能防范"恶"的出现。孟子就着四端之"心"以言"性",并说明不善的出现不能归咎于人性本身,由此开启儒学"恶乃无根"的传统。周濂溪将人的过恶扣连起宇宙运行的原则,指出事象与情欲的滞着不止是"过"之所以出现的原因;并已宛然从念头的层面理解善恶之萌生。张横渠同乎周濂溪的思路,以"性""心""知"陷入"偏""滞""累"的状态言"恶"之出现;并提出了"毋意"与"知几"之教。程明道指出"恶"的出现在人性中没有源头,而只是人性在现实上"或过或不及"的表现,重申了儒门"恶乃无根"的传统。而以"自私"与"用智"探讨"恶"的出现,更是明道思想精彩处。陆象山承接程明道的思考,将"自私""用智"的问题明确打开,点出种种"识知""意见""空言"的问题,如何构成障碍贤智与修道者成德的难题。以上种种前贤讨论过恶的思想资源,都在晚明王学的相关讨论中大放异彩。凡此将于以下各章详议。

第三章

"意"的堕落
——王阳明论"恶"之起源[*]

一、前言

从上一章的讨论，可见自先秦至两宋时期，儒者便对"恶"的问题有着一些初步的反省。接下来，笔者将会探索明代大儒王阳明对"恶"的理解，由此彰明晚明恶论的基本论调。本章的讨论主要分为四部分：除了本节前言外，笔者将会在第二节扼要清理阳明哲学中讨论"恶的出现"的文字。简言之，阳明认为：直接根于良知所发的意念乃纯善无恶，只因意念受后天

---

[*] 本章的初步构思曾在 2013 年"中央大学"中文系及哲研所主办的"第二届当代儒学国际学术会议：儒学的全球化与在地化"及 2015 年香港中文大学哲学系主办的"国际中国哲学学会第十九届国际会议：中国哲学与当代世界"中报告，后收于《第二届当代儒学国际学术会议论文集》，谨此感谢主办单位的邀请及与会者的指教。又本章第二节及第三节的部分想法，亦曾发表于《阳明与蕺山过恶思想的理论关联——兼论"一滚说"的理论意涵》，《台湾政治大学哲学学报》（2015 年第 33 期），页 149—192。于此一并感谢《台湾政治大学哲学学报》编委会及审查人的指教。

的"习"所影响而有留滞外驰,过恶才会产生。在第三节,笔者将会指出阳明的去恶工夫具有"一滚"倾向,[①]而这种"一滚"倾向同时蕴涵在其人性理论之中。在第四节,笔者将会进一步指出"一滚"倾向是通乎不少宋明儒者的理论共识,并彰明"人性圆融说"在善恶问题上的理论意义。最后,笔者将在第五节总结本章。

二、阳明论"恶"的来源

从孟子点出"气"能"反动其心"一义,便知"气"会扰乱和障蔽"心"的发用。在此意义上,"气"仿佛就是造成"恶"出现的来源。问题是"气"如何(特别在什么意义上)是"心"的障蔽?阳明尝说:

> 夫圣人之心,以天地万物为一体,其视天下之人,无外内远近,凡有血气,皆其昆弟赤子之亲,莫不欲安全而教养之,以遂其万物一体之念。天下之人心,其始亦非有异于圣人也,特其间于有我之私,隔于物欲之蔽,大者以

---

① 这里所谓"一滚说"乃转手自牟宗三先生的"圆融一滚说",用以描述蕺山学说中有将种种分别概念溷而一之的观点。见牟宗三:《心体与性体(一)》,页389—404。学界对此观点另有其他的表述,如刘述先先生名之曰"内在一元论"、李明辉谓之"超越内在一元论"、劳思光先生则谓之"合一观"。笔者采用"一滚说"的表述只因方便故。但无论如何,这里必须首先澄清的是:蕺山学说的"一滚说"乃将形上形下世界紧吸,并非否定经验或超越任何一面而言"一滚"。对此内文将有详述。

小，通者以塞，人各有心，至有视其父子兄弟如仇雠者。① 这里的意思是：圣人关爱的对象不限于自己，而能及于天地万物，忧戚与共。反之，常人则为形骸所隔而有我他之分，关爱的只是一己私利。个体物欲的追求，固然有在现实上沦为"私欲"的可能；殊别个体的意念，同样可以构成"私意"，而造成本心的昏蔽。是故阳明说："在常人不能无私意障碍，所以须用致知格物之功胜私复理。"② 值得注意的是，无论是"私欲"或"私意"，"私"的毛病之所以产生，与"气"的概念密切相关。唐君毅先生说之明矣："气原是一无形而又能凝聚以表现为形者。当其表现为形质时，即可谓之为气之特殊化或个体化。当其特殊化个体化时，他即与其他个体之人物相对，因相对遂互为碍。人之一切罪恶，皆不外由人之自私执我，与其他人或万物互相对峙阻碍而生。"③ "气"是构成形下世界的物质，当其表现为人的形质生命，则成为一个个特殊的个体。由于特殊个体的物欲满足都具有"私人性"——"我的"饥饿感受本身只会驱使我满足自己的饮食之欲，并不驱使我满足他人的饮食之欲；"我的"饮食行为亦只会消除自己的饥饿感受，并不消除他人的饥饿感受——则纯然个体物欲的追求，自然指向人我通感的阻隔，继而酿成"私"的弊病。凡此看来，"气"与个体性初看之下俨然是"恶"之所以出现的元凶。

---

① 王阳明：《语录二·传习录中》，《王阳明全集》，卷二，页54。

② 王阳明：《语录一·传习录上》，《王阳明全集》，卷一，页6。

③ 唐君毅：《张横渠之心性论及其形上学之根据》，收入氏著《哲学论集》，《唐君毅全集》（台北：台湾学生书局，1990年），卷十八，页229。

然而，虽然气质与物欲有限制本心发用的一面，但吊诡的是，自另一面言，"气"与个体性却同是"理"之所以能够表现的必然媒介。阳明便认为，道德心理必须通过"气"来表现："性善之端须在气上始见得，若无气亦无可见矣。恻隐、羞恶、辞让、是非即是气。"①顺乎恻隐而来的道德行动，同样不能离乎身体运动的助成："良知亦只是这口说，这身行，岂能外得气，别有个去行去说？"②又一般而言，当人与"物"交接之时，本心往往易被外物所牵引，而有所歧出。如孟子说："耳目之官不思，而蔽于物，物交物，则引之而已矣。"（《孟子·告子上》）虽然如此，阳明对"物"本身同样未持否定的态度："至善是心之本体，只是'明明德'到'至精至一'处便是，然亦未尝离却事物。"③事实上，儒门格物致知的工夫，正需要即于人伦物理中的"见在之物"才能落实。早于程明道便有言："圣人岂不应于物哉？乌得以从外者为非，而更求在内者为是也？"④试想，如阳明所言"如意在于事亲，即事亲便是一物"，⑤离乎此事亲之物，又何有孝道的实践？

宋明儒者"即于气质而言天理"的精神，在唐君毅先生与牟宗三先生的思想中皆有继承。如唐先生说：

> 吾人必须肯定任何人之人格皆为一特殊之个体，其

---

① 王阳明：《语录二·传习录中》，《王阳明全集》，卷二，页61。

② 王阳明：《语录三·传习录下》，《王阳明全集》，卷三，页101。

③ 王阳明：《语录一·传习录上》，《王阳明全集》，卷一，页2。

④ 程明道、程伊川：《答横渠张子厚先生书》，《二程文集》，卷二，页13—14。

⑤ 王阳明：《语录一·传习录上》，《王阳明全集》，卷一，页6。

成就皆有一特殊之历程。亦如宇宙间任何事物之成就,皆
有一特殊之历程。自然之宇宙为无数特殊事物之集合体。
天地之盛德,即表现于使此无数特殊之事物之分别成就
上。……吾人欲使人之人格依一特殊之历程而成就,则吾
人须肯定人之身体之特殊性。……自精神眼光观之,则此
身体亦是实现吾人之精神理想于吾人之行为,而表现吾人
之精神活动于客观世界及他人之精神之一媒介,亦即成就
吾人之文化生活道德生活之一资具。①

　　我在此是以道德价值,隶属于形上自我。我所谓形上
自我,亦实即是中国哲人所谓本心本性。故我所谓道德价
值表现于现实自我限制之超越之际,实乃中国哲人所谓反
身而诚,尽心知性之注解。②

这两段文字清楚表明了道德价值之所以能够表现,必须以
现实自我及身体之特殊性为媒介。道德价值的构成,表现于现
实自我被超越"之际";德性与道德人格的成就,只能从每个
个体各自气质之变化、己私之克去来了解。"普遍"天理之所以
能够彰显("知天"),必须通过"个体"心性的充尽与彰显("尽
心知性")。这在唐先生而言,无非是儒者言"尽心知性""反身
而诚"之注解。牟宗三先生更尝精辟发明此义,指出离开"气",
"理"只是一个"抽象的空概念";"真理必须要通过这(笔者

---

① 唐君毅:《文化意识与道德理性》(北京:中国社会科学出版社,
2005 年),页 86—87。

② 唐君毅:《道德自我之建立》(桂林:广西师范大学出版社,2005
年),页 8。

按:此指'感性')限制来表现,没有限制就没有真理的表现"。[①]以至直言人的精神生活"通过一个通孔来表现"是一个形而上的必然(metaphysical necessity)。[②] 明乎此,当更清楚何以唐先生谓:"吾人必须肯定任何人之人格皆为一特殊之个体,其成就皆有一特殊之历程……天地之盛德,即表现于使此无数特殊之事物之分别成就上。"[③] 由此可见,"气"与个体性虽一方面限制"理"的表现,但另一方面却同是"理"之所以能够表现的必然载体。[④] 现在问题是,理论上应该如何解释"气"这正反两面的作用?"气"如何是"理"的载体,又在什么意义上会成为"理"的限制?于此,问题即不在于"气"自身是否"恶",而当在"气"如何转变成"恶"。换言之,本然是"理"之表现的"气",如何会歧出而沦落为"理"的限制?[⑤] 其流弊、歧出、

---

① 牟宗三:《中国哲学十九讲》,页9—10。

② 同前注,页9。

③ 唐君毅:《文化意识与道德理性》,页86。

④ 此义牟宗三先生论之甚明:"因此理学家也很看重这个气,气虽然是形而下的,它阻碍、限制我们,但同时你要表现那个理也不能离开气。离开气,理就没表现。所以气这个成分有它正反两面的作用。我们这个身体当然是个限制,讨厌的时候你当然也可以自杀,把它毁掉。但是它也有它的作用,就是'道''真理'必须通过这生命来表现。这是人的悲剧性,人的悲壮性就在这个地方。道必须通过它来表现,它是个通孔。"牟宗三:《中国哲学十九讲》,页10。

⑤ 黄勇尝区分"主气"(host qi)与"客气"(alien qi)的概念,复以为后者才是"恶"的来源,这个说法可以呼应本书的分析。换言之,禀赋于人的"纯气"(pure qi)即是"性"的表现,本身不必是"恶";唯有沦落为"客气"的状态,才与物欲扣连而有偏失的倾向。本章分析"主

变态的个中机制为何?

　　一般而言,"气"与"心"是相对的概念;"恶"的出现既不能归因于"气"自身,很自然地便会反过来被归因于与"气"相对的"心"之上。耆那教学者在"身""口""意"三者中以"身"为恶业生起的源头;相对于此,佛陀以为"意"才是产生恶业最根本的元素,其曰:"此三业如是相似,我施设意业为最重,令不行恶业,不作恶业。身业、口业则不然也。"[①] 优婆离居士甚至直言:"若思者有大罪,若无思者无大罪也。"[②] 此皆明谓"心"与心意活动是造成罪恶与恶业的关键。顺乎佛学中的这些文字,林建德在《佛教"意业为重"之分析与探究》一文中,便清楚指出:"佛典均强调心念在业造作的关键性,因意念之发动才有身口之造作,业的核心是意念心思,意是构成业造作的骨干或主体。"[③] 值得注意的是,类似的想法在理学传统中亦不胜枚举。如朱熹"过非心所欲为,恶是心所欲为",[④] 王龙溪"过

气"转为"客气"的生成机制,可说是对黄文的一个补充。Yong Huang, "A Neo-Confucian Conception of Wisdom: Wang Yangming on the Innate Moral Knowledge (*Liangzhi*)," *Journal of Chinese Philosophy*, 33.3 (Aug. 2006): 396-401.

　　① 〔东晋〕僧伽提婆译,中国佛教文化研究所点校:《优婆离经第十七》,《中阿含经·中册》(北京:宗教文化出版社,1999 年),卷三十二,页 556。

　　② 同前注,页 559。

　　③ 林建德:《佛教"意业为重"之分析与探究》,《台大文史哲学报》第 80 期(2014 年 5 月),页 153。

　　④ 同前注。

者，圣贤所不免，但辨有心无心，从一念取证"，[①]刘蕺山"有心，恶也；无心，过也"。[②]此皆指出偶尔犯"过"是圣贤亦难免之事，亦即俗语所谓"无心之失"；但若是有"心"参与其中，则过犯便会酿成严重得多之"恶"。是以呼应于佛学学者林建德所言，儒学学者郑宗义亦尝依唐先生的文字而指出："自我的颠倒之所以能造成人的高级罪恶，人之主体自己的某些特性赫然竟是帮凶。"[③]虽然细致的异同分合仍待进一步的探讨，但儒佛在"恶"的生成的议题上，两者基本立场一致：在"恶"（"气"从表现"理"转为限制"理"）的生成过程中，"心"与心念活动扮演了重要的角色。

顺乎这样的思路，阳明对"恶"的探讨，亦是从"心"的内部结构说起。[④]"心"的内部蕴含众多面相，而阳明明言"恶"出现于"意"这个环节之上——"意"在阳明"恶"的理论中具有枢纽的地位。阳明说：

> 然心之本体则性也。性无不善，则心之本体本无不正也。何从而用其正之之功乎？盖心之本体本无不正，自其

---

① 王龙溪：《与徐龙寰》，《王畿集》，卷十二，页313。

② 刘蕺山：《学言上》，《刘宗周全集》第2册，页438。

③ 郑宗义：《恶之形上学——顺唐君毅的开拓进一解》，《中国哲学研究之新方向》，页300。

④ 吴震亦尝提出与笔者相同的观点："阳明也并没有无视'恶'的问题……与朱子分义理与气质来解释善恶各自的根源所在这一做法不同，阳明则把善恶的问题归结到'心'这一点上……"吴震：《阳明后学研究》（上海：上海人民出版社，2003年），页18—19。

意念发动，而后有不正。^①

对于心学而言，心之本体纯善无恶是一个基本的肯定。阳明明确表示心之本体无有不善，为学工夫亦不能在此着力。虽然心之本体自身无有不善，但"心"在现实世界中通过"意"发动，便有不正出现的可能。阳明晚年四句教中"无善无恶心之体，有善有恶意之动"^②更充分表明了善恶的萌生，乃出现在"意"的环节之上。问题是什么是"意"？"意"为什么（及如何）会产生"恶"？对此，当先知道"意"概念在儒家传统上具有二重性。^③一方面，"意"可指"诚意"，如《大学》"所谓诚其意者：毋自欺也，如恶恶臭，如好好色"。另一方面，"意"亦可指"私意"，如《论语》所谓"毋意，毋必，毋固，毋我"。从这两条儒家经典的思路出发，后来的儒者便对"意"概念生起两种不同的理解：明末刘蕺山将"意"提高到本心的层次，而提出"意根"概念，复以"诚意"为圣学工夫的根据。如其谓："若果以好善恶恶者为意，则意之有善而无恶也，明矣。然则诚意一关，其止至善之极则乎？"^④在这种理解下，"恶"固然不可能发源于"意"。反过来，理学传统亦不乏将特定意义之"意"低看者，直以为种种的"恶"皆是源出于"意"。如杨慈湖言："千失万过，孰不由意虑而生乎？意动于爱恶故有过，意

① 王阳明：《续编一·大学问》，《王阳明全集》，卷二十六，页971。

② 王阳明：《语录三·传习录下》，《王阳明全集》，卷三，页117。

③ 钱明：《儒学"意"范畴与阳明学的"主意"话语》，《中国哲学史》（2005年2期），页11—18。

④ 刘蕺山：《刘宗周全集》，页522。

动于声色故有过，意动于云为故有过。"①顺理成章地，杨慈湖
便以"不起意"为根本的成德工夫。诚然，阳明哲学中同时蕴
含"意"概念这两种截然不同的面相，一方面，阳明有言："心
者身之主也，而心之虚灵明觉，即所谓本然之良知也。其虚灵
明觉之良知，应感而动者谓之意。"②又曰："理一而已。以其理
之凝聚而言，则谓之性；以其凝聚之主宰而言，则谓之心；以
其主宰之发动而言，则谓之意。"③直以为"意"是本心、良知、
理直接发动的表现，这种意义上的"意"理应没有不正的可能。
但在另一方面，阳明亦言："盖心之本体本无不正，自其意念发
动，而后有不正。"④此又见意念之动有不善不正的情况。阳明
哲学中，"意"概念包含"诚意"与"私意"两个意思——"诚意"
直接根源于心而有善无恶，"私意"乃意念之动而有不正不善。
问题是：作为"至善者"的心之本体，其发动的好善恶恶之"意"
理当是纯善无恶。那么，"私意"或恶的意念从何而来？

对于阳明而言，意念之所以有弊，只能从其
"滞""留""着""杂"等偏失状态来说。阳明尝曰：

> 先生尝语学者曰："心体上着不得一念留滞，就如眼
> 着不得些子尘沙。些子能得几多？满眼便昏天黑地了。"
> 又曰："这一念不但是私念，便好的念头，亦着不得些子。

---

① 〔宋〕杨慈湖撰：《乐平县学记》，《慈湖遗书》，《文渊阁四库全书》
集部 95 别集类（台北：台湾商务印书馆，1986 年），卷二，页 617。

② 王阳明：《语录二·传习录中》，《王阳明全集》，卷二，页 47。

③ 同前注，页 76—77。

④ 王阳明：《续编一·大学问》，《王阳明全集》，卷二十六，页 971。

如眼中放些金玉屑,眼亦开不得了。"①

先生曰:"你真有圣人之志,良知上更无不尽。良知上留得些子别念挂带,便非必为圣人之志矣。"②

问道心人心。先生曰:"'率性之谓道'便是道心。但着些人的意思在,便是人心。道心本是无声无臭,故曰'微'。依着人心行去,便有许多不安稳处,故曰'惟危'。"③

爱问:"'道心常为一身之主,而人心每听命。'以先生精一之训推之,此语似有弊。"先生曰:"然。心一也,未杂于人谓之道心,杂以人伪谓之人心。人心之得其正者即道心;道心之失其正者即人心:初非有二心也。程子谓人心即人欲,道心即天理,语若分析而意实得之。今日道心为主而人心听命,是二心也。天理人欲不并立,安有天理为主,人欲又从而听命者?"④

第一则引文表明,"一念留滞"便足以使人满眼昏天黑地。有趣的是,阳明指出正如无论"尘沙"抑或"金玉屑",留着些子的话,都会障蔽眼睛;无论是"私念"抑或"好的念头",任何意念只要一有留滞,都会构成对人的障蔽。"私念"蒙蔽良知不难理解,何以"好的念头"亦会构成障蔽?盖阳明尝说:"然不知心之本体原无一物,一向着意去好善恶恶,便又多了这分意思,便不是廓然大公。"⑤又曰:"心之本体即是天理,天理只是一个,更

---

① 王阳明:《语录三·传习录下》,《王阳明全集》,卷三,页124。

② 同前注,页104。

③ 同前注,页102。

④ 王阳明:《语录一·传习录上》,《王阳明全集》,卷一,页7。

⑤ 同前注,页37。

有何可思虑得？……若以私意去安排思索,便是用智自私矣。"①
良知原能呈现好善恶恶的作用，为学工夫只当顺之而行便是；
但若一味"着意"于此，心中挂带着好善恶恶的念头，则这"有
所作好"的念头即于本体上有所增益,而非出于廓然大公之心。②
第二则引文中，阳明指出良知上一旦夹杂些子"别念挂带"，便
不是圣人之志。如上所述，由于良知自身所发的意念纯善无恶，
则妨碍人投身圣学的意念便只能是有别于良知自身所发之"意"
的"别念"。第三则引文中，阳明则指明"道心"是率性者；相
对而言，率性以外而加点"人的意思"，"道心"便成为"人心"。
阳明认为，道德实践中一旦夹杂"人的意思"，则其实践便有"不
安稳处"、有沦为私心的可能倾向。因此，依人心而行，即有堕
落之"危"。第四则引文中，更明确表示"道心"与"人心"原
则上并非截然不同的"二心"；"道心"与"人心"只是同一个
心"得其正"与"失其正"的状态差别而已。顺乎此，"诚意"
及"私意"亦不在人性中各有根源——并没有"恶性"或"恶心"
作为"私意出现的根源"——"私意"只能从"诚意"的偏失

---

① 王阳明：《语录二·传习录中》,《王阳明全集》，卷二，页 63—64。

② 必须注意的是，虽然阳明明确指出着意为善本身有沦为"用智自
私"之病的可能，但其良知教仍然重视着意为善作为初学工夫，如其曰：
"虽曰何思何虑，非初学时事。初学必须思省察克治，即是思诚，只思一
个天理。到得天理纯全，便是何思何虑矣。"(《语录一·传习录上》,《王
阳明全集》，卷一，页 17）亦曰："初时若不着实用意去好善恶恶，如何
能为善去恶？这着实用意便是诚意。"(《语录一·传习录上》,《王阳明全
集》，卷一，页 37）是则可见"无心为善"与"有心为善"在不同层面同
是阳明之学所认可者。

状态中索解。凡此皆可见,阳明认为"心"的本然状态"道心"是纯善无恶的;只当"心"有所"留滞","留得些子别念挂带""着些人的意思""杂以人伪""失其正","心"才会沦为昏蔽的"人心"。依此,良知初发之"诚意"原亦是纯然至善的,但当"诚意"有所留滞、增益些子人为的意思于其上,则意念便会一滚而下,沦为"私意"。上面尝提及"意"概念在阳明学说中具有"诚意"与"私意"之分的"二重性",于此可以更进一步说明两者的理论关系,解释"意何以有偏",此即:由良知自身所发的意念乃纯善无恶的"诚意";但当任何意念有所"留滞"、离乎良知自身而挂带"别念"、在心上加点"人为"的意思,则意念便会有所偏失而沦为"私意"。而顺乎此义,情欲之所以有蔽,亦不能从其自身来说,而只能归因于"着"的结果。如阳明说:"七情顺其自然之流行,皆是良知之用,不可分别善恶,但不可有所着;七情有着,俱谓之欲,俱为良知之蔽。"[1]

至于"意"念何以会有留滞的情况,则与"习"的概念密切相关。于"天泉证道"中,阳明尝说:"人心本体原是明莹无滞的,原是个未发之中。利根之人一悟本体,即是功夫,人己内外,一齐俱透了。其次不免有习心在,本体受蔽,故且教在意念上实落为善去恶。功夫熟后,渣滓去得尽时,本体亦明尽了。"[2]此段直接的意旨,在于正面辨明致良知工夫的根本内容:利根之人一悟本体,即能达致一齐俱透的境界;常人则需要在意念上实落为善去恶之功,才能消除渣滓回复本体。以致后来

---

① 王阳明:《语录三·传习录下》,《王阳明全集》,卷三,页111。

② 同前注,页117。

阳明统合两者，而提炼出"四句教"，强调根据本体着实为善去恶，才是真正彻上彻下没有病痛的功夫。虽然此段正面探讨的是工夫问题，但从侧面亦可透露出"恶"之出现的成因：本体原是明莹"无滞"，并无"恶"的问题；唯有本体受蔽，意念离开"无滞"的状态而形成"渣滓"，"恶"的问题才会滋生。值得注意的是，这里阳明明确以"习心"的概念，形容意念留滞并形成"渣滓"的状态。于此乃见留滞与"习"概念的内在联系。

阳明对"习"的讨论，可以分为"习俗"与"习气"两者。"习俗"主要从社群角度，探讨社会上善人与恶人的形成。"习气"则集中于心性论而言，探讨个体行善作恶的原因。先看以下关于"习俗"的原文：

> 天下之患，莫大于风俗之颓靡而不觉。夫风俗之颓靡而不觉也，譬之潦水之赴壑，浸淫泛滥，其始若无所患，而既其末也，奔驰溃决，忽焉不终，朝而就竭。是以甲兵虽强，土地虽广，财赋虽盛，边境虽宁，而天下之治，终不可为，则风俗之颓靡，实有以致之。古之善治天下者，未尝不以风俗为首务。[①]

> 与不善人居，如入鲍鱼之肆，久而不觉其臭，则与之俱化。孔子大圣，尚赖"三益"之资，致"三损"之戒。吾侪从事于学，顾随俗同污，不思辅仁之友，欲求致道，恐无是理矣。非笑诋毁，圣贤所不免。……维贤温雅，朋友中最为难得，似非微失之弱，恐诋笑之来，不能无动；

---

① 王阳明：《外集四·表·拟唐张九龄上千秋金鉴录表》，《王阳明全集》，卷二十二，页866。

谇为所动，即依阿隐忍，久将沦胥以溺。①

不难理解，恶劣的地理及社会环境容易迫使人们铤而走险，行凶作恶，如阳明说："大兵必有荒年，民穷必有盗贼。"②天灾与战乱令人民生活困苦，为势所迫之下易于沦为盗贼。然而，阳明认为败坏的"习俗"，才更是驱使人堕落的要素。前则文字即表明天下最大的祸患，莫过于败坏的风俗。败坏的风俗"其始若无所患"，只潜移默化地影响着每一个人的性格；但由流俗所塑造出的败坏人格，久而久之却会酿成溷乱天下的严重祸患。是以即使没有使民陷溺的恶劣环境，甚至"甲兵虽强，土地虽广，财赋虽盛，边境虽宁"，但只要风俗颓靡，则天下终会归乱。从"民俗之善恶，岂不由于积习使然哉"、③"人生初时，善原是同的。但刚的习于善则为刚善，习于恶则为刚恶；柔的习于善则为柔善，习于恶则为柔恶，便日相远了"④等语，可见积习对于民俗的善恶而言，是个关键的影响因素。后则文字则表明，不仅普罗民众易受社会风俗影响，即使是"从事于学"的有识之士，在败坏的朋辈邻里氛围下，亦会易为所动，同甘堕落。是以阳明向来警惕："习俗移人，如油渍面，虽贤者不免，况尔曹初学小子

---

① 王阳明：《续篇一·赣州书示四侄正思等》，《王阳明全集》，卷二十六，页 1036。

② 王阳明：《别录五·计处地方疏》，《王阳明全集》，卷十三，页 430。

③ 王阳明：《别录九·南赣乡约》，《王阳明全集》，卷十三，页 599。

④ 王阳明：《语录三·传习录下》，《王阳明全集》，卷三，页 123。

能无溺乎？"① 无论任何人——不论贤愚——都很容易受"习俗"影响而同流合污，同归堕落。又从阳明说："霸术之传积渍已深，虽在贤知，皆不免于习染，其所以讲明修饰，以求宣畅光复于世者，仅足以增霸者之藩篱，而圣学之门墙遂不复可睹。于是乎有训诂之学，而传之以为名；有记诵之学，而言之以为博；有词章之学，而侈之以为丽。"② 可见其时知识分子因循过去霸术流传的恶习，重视名利多于修德。是以愈加沉溺巧言令色之学，反倒距离圣学日远。此等贤知陷溺于"习染"的情况，乃阳明深恶痛绝之事。值得注意的是，"习俗"对人的影响乃"久而不觉其臭"，潜移默化地使人在不知不觉间逐渐堕落。从个体的层面来说，受外在败坏习俗的影响，同时即会慢慢养成内在根深蒂固的坏习惯。亦正是这样一个长时间不自觉的改变过程，使人难以在习惯后回复警觉。由此即可以从"习俗"转到以下"习气"的部分。

三、阳明的去恶工夫及其"一滚"面相

虽然在社群层面而言，外在的"习俗"易使贤愚同在不知不觉间堕落；但在个体层面来说，人却总可以通过"立志"工夫自觉防治"习气"的产生，从而避免"恶"的进一步形成。

---

① 王阳明：《续篇一·赣州书示四侄正思等》，《王阳明全集》，卷二十六，页 1036。

② 王阳明：《语录一·传习录中》，《王阳明全集》，卷二，页 55。

阳明即说："夫恶念者，习气也；善念者，本性也。"[①]直接根于本性而发的意念纯善无恶，是谓"善念"；唯人受"习气"的影响，意念才渐次沦为"恶念"。是见相对于"善"的出现以本"性"为根据，"恶"的产生则只能诉诸行为与思想留滞而来之"习"，而并无人"性"上的源头。阳明随即强调："本性为习气所汩者，由于志之不立也。故凡学者为习所移，气所胜，则惟务痛惩其志。久则志亦渐立。志立而习气渐消。"[②]由此观之，人固然会为"习气"所移生起"恶念"，继而衍生出种种恶的行为；然而，从根本而言，人被"习气"所汩，只因"志之不立"。由于人完全掌握"立志"的权柄——"立志"与否完全是一己自主之事——而"立志"是"恶念"形成与否的关键，则"恶"的形成根本地不能推诿为外在"习俗"的影响，人需要为"恶"的出现负起根本的责任。于阳明而言，人放弃良知的挺立（"志之不立"）而容让"习气"滋生，这内在的因素方是"恶"之所以出现的根本原因。[③]若复追问导致"志之不立"的原因又何在？则只

---

① 王阳明：《续篇一·与克彰太叔》，《王阳明全集》，卷二十六，页1032。

② 同前注。

③ 陈立胜尝撰文分析"恶"的问题，其结论与本书接近："为什么会有'恶意'呢？答案只能在'应物起念处'这句话上。'应物'是'心'感于物而动，一不小心便会'动了气'（习气），便会有'私欲'牵涉进来，便会昏蔽于物欲。所以严格讲来，'恶'的出现是在应物之际，私欲萌动之结果……恶即不在于良知之'心体'，亦不在于'物体'（物本身亦无善恶）。恶确实没有本体，只是在由'心'而发之'意'在应物起念的时候，才表现出善念、恶念的区别。"陈立胜：《王阳明思想中"恶"之问题研究》，

能答曰这完全是"志"之自身自主决定的结果，不能往外再找其他的原因。试想，"笔"作为物件本身不会移动，其移动的原因乃在"手"的活动；"手"作为肢体本身亦不会移动，其移动的原因乃在"脑"的命令。换言之，"笔"与"手"作为被决定者，其活动可以诉诸外在的原因。但心志作为决定者自身，其活动则是完全自由、不被决定的。就此而言，"志"之立与不立即是善恶的终极原因，理论上不能无穷后退再求外在的原因。

"恶"的出现主因在"志之不立"，而"立志"乃人能自觉从事的工夫概念。是则以下转而探讨"立志"这种根本去恶工夫的实义，以进一步丰富阳明言"恶"的理解。

阳明尝说：

> 凡一毫私欲之萌，只责此志不立，即私欲便退；听一毫客气之动，只责此志不立，即客气便消除。或怠心生，责此志，即不怠；忽心生，责此志，即不忽；懆心生，责此志，即不懆；妒心生，责此志，即不妒；忿心生，责此志，即不忿；贪心生，责此志，即不贪；傲心生，责此志，即不傲；吝心生，责此志，即不吝。盖无一息而非立志责志之时，无一事而非立志责志之地。故责志之功，其于去人欲，有如烈火之燎毛，太阳一出，而魍魉潜消也。[1]

《中山大学学报（社会科学版）》第 45 卷第 1 期（2005 年），页 19。换言之，在阳明哲学中，"恶"并无人性内部的根源，而只能诉诸应物起念时所产生之"习气"。值得注意的是，陈文在人性论的角度以外，更从社会、制度面相分析了"恶"的问题，此可见于陈立胜：《王阳明思想中"恶"之问题研究》，页 21—23。

[1] 王阳明：《文录四·示弟立志说》，《王阳明全集》，卷七，页 277。

阳明指出，人要克治一切私欲客气，工夫的关键在于"立志责志"。阳明言："只念念要存天理，即是立志。能不忘乎此，久则自然心中凝聚，犹道家所谓结圣胎也。"[①] 换言之，"立志"无非便是挺立合乎天理的意念，而不致忘失。只要此志此意能够挺立而念念不忘，则种种私欲便自会消去。道德价值与感官欲望并非处于非此则彼的对立关系，对道德的追求并不需要排斥或摒除欲望的实现。当感官欲望能够遵循道德原则的指引，则欲望的满足亦可以合理，而不必是私欲。是则为学工夫的关键在于挺立良知的指引，而从来不在刻苦地禁制感官的欲望。阳明尝说："'弘毅'之说极是。但云'既不可以弃去，又不可以减轻；既不可以住歇，又不可以不至'，则是犹有不得已之意也。不得已之意与自有不能已者，尚隔一层。程子云：'知之而至，则循理为乐，不循理为不乐。'自有不能已者，循理为乐者也……心体本自弘毅，不弘者蔽之也，不毅者累之也。故烛理明则私欲自不能蔽累；私欲不能蔽累，则自无不弘毅矣。"[②] 由此可见，若人性中天理与欲望是对峙关系，为学工夫侧重以抽象义理"不得已"地强行抑制自然欲望，则这种为学的过程仍然与圣学"尚隔一层"。反之，循乎天理的心体本自悦乐，根于它所直接发动的意念欲求本亦无有蔽累，则挺立心体的工夫过程本身便具有"乐"的意味。工夫过程的"乐"使得道德实践不单是"不得已"，而更是"不能已"；而以其具有"乐"为动力故，则道德实践

---

① 王阳明：《语录一·传习录上》，《王阳明全集》，卷一，页12。

② 王阳明：《文录一·答王虎谷》，《王阳明全集》，卷四，页160—161。

便自能"弘毅"矣。阳明尝有诗曰:"莫谓天机非嗜欲,须知万物是吾身。"①"嗜欲"之所以是"恶",并不因为"欲望"或"气质"本身是"恶",而只能从其偏离心体的规约指引说来。若所嗜之欲能以良知心体为根据,则"嗜欲"无非亦是"天机"的表现。由此可见阳明哲学中去恶工夫的一大特色:正如人们不需要特意独立地践行某种驱除黑暗的工夫,只"太阳一出,而魑魅潜消";同理,对于恶念私欲的克治而言,人们亦不需要特意践行一项外乎良知的工夫,只要良知立而不忘,恶念私欲便会自然消去。是则在工夫的层面而言,立志"一项"工夫便具去恶的效果;对阳明而言,"良知挺立"与"消除恶念"并非"两项"不同的工夫。

一般来说,一套学说的"工夫论"往往与其"人性论"密不可分。对应着阳明为善去恶工夫上的"一元论"主张,其人性论亦涵蕴着一种"一元论"的倾向。下面笔者将会进而指出:在一种特定的意义下,阳明认为人的"善"与"恶"、"天理"与"人欲"、"性"与"气"无非都是"同一"种人性"不同"状态的表现。兹引录相关文字如下:

> 气即是性,人生而静以上不容说,才说气即是性,即已落在一边,不是性之本原矣。孟子性善,是从本原上说。然性善之端须在气上始见得,若无气亦无可见矣。恻隐羞恶辞让是非即是气。程子谓"论性不论气不备,论气不论性不明",亦是为学者各认一边,只得如此说。若见得自

---

① 王阳明:《外集二·碧霞池夜坐》,《王阳明全集》,卷二十,页822。

性明白时，气即是性，性即是气，原无性气之可分也。①

问："古人论性，各有异同，何者乃为定论？"先生曰："性无定体，论亦无定体，有自本体上说者，有自发用上说者，有自源头上说者，有自流弊处说者。总而言之，只是一个性，但所见有浅深尔。……孟子说性，直从源头上说来，亦是说个大概如此。荀子性恶之说，是从流弊上说来，也未可尽说他不是，只是见得未精耳。众人则失了心之本体。"②

问："先生尝谓'善恶只是一物'。善恶两端，如冰炭相反，如何谓只一物？"先生曰："至善者，心之本体。本体上才过当些子，便是恶了。不是有一个善，却又有一个恶来相对也。故善恶只是一物。"直因闻先生之说，则知程子所谓"善固性也，恶亦不可不谓之性"。又曰："善恶皆天理。谓之恶者本非恶，但于本性上过与不及之间耳。"其说皆无可疑。③

问有所忿懥一条。先生曰："忿懥几件，人心怎能无得？只是不可有耳！凡人忿懥着了一分意思，便怒得过当，非廓然大公之体了。故有所忿懥，便不得其正也。如今于凡忿懥等件，只是个物来顺应，不要着一分意思，便心体廓然大公，得其本体之正了。且如出外见人相斗，其不是的，我心亦怒。然虽怒，却此心廓然，不曾动些子气。如今怒

---

① 王阳明：《语录二·传习录中》，《王阳明全集》，卷二，页66。
② 王阳明：《语录三·传习录下》，《王阳明全集》，卷三，页126。
③ 同前注，页106—107。

人，亦得如此，方才是正。"①

一般而言，当孟子以善说性，并以之与禽兽区别开来，人们很容易就会想及人有两种不同层面的性。如牟宗三先生解释孟子哲学时便说："依孟子，性有两层意义的性。"②其谓一种是价值方面的善性，另一种是感性方面的动物之性。而要使人能在价值上与禽兽区别开来，则只有以前者确立人性。后来的理学家基本上亦是顺乎这种思路而有"义理之性"与"气质之性"的区分。这种理解下，人们很容易会将两种层面的"性"只视为对立关系，两者此消彼长，而相应的为学工夫便如"天人交战"——以人的价值善性为标准，克治种种气禀感性的欲望。虽然气禀可以反制天理，但如第一则引文指出，"气"同样可以是"理"之所以能够表现的载体。程子（笔者按：此当是明道）所谓"性"与"气"必须兼备之说，充分说明两者的密切关系：论"性"不论"气"，则"理"离开"气"之载体便有抽象挂空之嫌，故有所不备；而论"气"不论"性"，则"气"离开"理"的指引便有昏蔽的可能，故有所不明。因此理学家主张理气"不离不杂"之说，申明"理"与"气"虽不能互相化约（irreducible）——盖理是纯善无恶的形上规则，气是有善有恶的形下材质③——但亦不能互相分离（inseparable）。④对

---

① 王阳明：《语录三·传习录下》，《王阳明全集》，卷三，页108。

② 牟宗三：《圆善论》（台北：台湾学生书局，1985年），页150—151。

③ 例如牟宗三先生便以"材质的"（material）、"形而下"等说法描述"气"概念。参阅牟宗三：《心体与性体（一）》，页471、454。

④ 关于理气不离不杂的说法请参阅牟宗三：《心体与性体（三）》，

于理气"不离不杂"的这种观点，阳明并不直以之为谬，而认为能够补救学者之偏（"学者各认一边，只得如此说"）。然而，阳明对理气的关系有进一步更为圆融的看法。阳明认为，天理所表现的"性"原是"人生而静以上不容说"的奥秘，其在人分上表现端倪时，便不得不"在气上始见得"。因此，阳明认为"气"在本原处言本来就是"性"之端倪的表现（"恻隐羞恶辞让是非即是气"）。又阳明尝言："夫良知一也，以其妙用而言谓之神，以其流行而言谓之气，以其凝聚而言谓之精。"[1] 可见良知本身不单是"理"的表现，从其流行作用而言，同时即是"气"的表现。是故阳明便说"若见得自性明白时"（亦即能于本原处说性），则"性"与"气"原无可分也。需要强调的是，这里圆融的表述乃落在"性"之本原层面言，于此"性"即是"气"，"气"即是"性"，"理"无非便是"气"化流行无有偏滞的表现。[2] 在第二则引文中，阳明亦明确指出，孟子与荀子并不是着眼于"两种不同的性"——并不是孟子言仁义礼智之性，荀子言感性方面的动物之性。学者所谓不同的"性"，只是所见深浅的不同，而归根结底"只是一个性"。分别只在孟子从"源头上"说性，而荀子则在"流弊处"说性而已。既然"性"在本原上是善的，那么何以有"恶"的出现？第三则引文便说"恶"只是至善的心之本体在现实表现时"过当些子"，进而有"过与不及"之差。

页486—516。

　① 王阳明：《语录二·传习录中》，《王阳明全集》，卷二，页68。

　② 在后来蕺山哲学的用语中，此本原层面之气以其是从"本原处"而言，是谓"元气"；而以其是不偏不倚合乎中道而言之气，则是谓"中气"。本书第六章将有详述。

由此可见，"恶"并不附属于仁义礼智之性以外的另一种性（例如动物之性），而无非只是本原善性的偏失。"善恶只是一物"与"善恶皆天理"两句，更明确表示"恶"是从人的善性堕落而成，不过是从"性"的"流弊处"说来而已。第四则引文更明白的说：不仅仅"恻隐羞恶辞让是非之情"是良知的表现，即便是"凡忿懥等"之情，只要是"物来顺应，不要着一分意思"，则同样亦是良知泛应事物的表现。可见"情"（乃至"气"）在"本原上"都是廓然心体的呈现，只因其"着意""过当"，才会沦为种种的流弊。从以上四段文字可见，阳明认为只有一个"性"，"性"落在人身上，其本原的表现同时是"道德之理"，同时亦是"情感之气"；但当此本原的善性因为后天的原因（特别指"习"）影响而有所偏失，才会沦为"恶"的流弊。需要注意的是，这样理解下的理气关系不必与宋儒"理先气后"的想法冲突。阳明哲学中，在本原的层面理气一滚而同在正位，此表现为四端的合理之气可说是成德工夫的根据，而为"先"；在流弊的层面则"心"与"气"有所歧出（deviation）而沦为"人心"与"人欲"，而以其是从心性的正位所偏差的状态而后成，故为"后"。圣学工夫即旨于本乎合"理"之"气"（四端之心本来就是合"理"之"气"的表现），以使其偏差状态重回正位。再者，这种性气圆融的论述亦不必否定理气"不离不杂"的想法。[1]"无性气可分"固然强调理气的不离，起着重要的提醒作用，指明"理"并非抽象挂空，而必然表现于"气"。但此说亦不能否定性理作为道德标准的超越性，不能谓所有"气"

[1] 这点感谢业师郑宗义教授的提醒。

的存在就是理的表现，否则乃会导致"凡存在皆合理"的理论后果。总之，这里必须强调"无性气可分"这种圆融的说法只能在一种特定的意义下说：在本原层面，"心"与"气"在其正位而是"理"的表现（"气"即合理之"气"，"理"即具现于"气"之理，而两者二名而一实），在此层面方可言"无性气可分"。而在流弊的层面，"心"与"气"有所歧出而不再合理，则两者同归堕落而成"人心"与"人欲"。

从上可见，阳明哲学中实已蕴含着一种性气一滚的圆融话头。然而，毕竟"心"与"气"歧出而偏离于"理"往往是常人现实的常态，而"去人欲"与"消灭货色名利之心"等论述更在《传习录》中俯拾皆是。阳明亦尝严正提倡扫除人欲的工夫，曰："这是我医人的方子，真是去得人病根。更有大本事人，过了十数年，亦还用得着。"①可见基于接引不同根器学者的考虑——无论是初学者抑或更有大本事人——阳明始终属意本乎良知对治人欲的工夫教法，此亦阳明晚年以"致良知"为"真圣门正法眼藏"②的根本原因。因此之故，阳明哲学中性气一滚的圆融面相相较后来蕺山之学而言，毕竟尚是隐而未发者；③而在阳明思想的研究中，这一面相亦较少为学界所注目。

① 王阳明：《语录三·传习录下》，《王阳明全集》，卷三，页119。
② 王阳明：《年谱二·自正德己卯在江西至正德辛巳归越》，《王阳明全集》，卷三十三，页1287。
③ 这里的厘清得感谢业师郑宗义教授及《台湾政治大学哲学学报》匿名审查人的提醒。

四、"人性圆融说"在善恶问题上的理论意义

虽然圆融一滚的说法在明末刘蕺山哲学中才真是大放异彩，但从以上所论，可见阳明哲学业已蕴涵着一种性气一滚的圆融倾向。何以要将形上形下世界视为一滚而说，向来是个难懂的理论难题。当代新儒家唐君毅先生对形上形下合一的想法，尝有鞭辟入里的洞见。以下将会借用唐先生的相关想法，希望能廓清一滚倾向在人性善恶问题上的理论意义。

人性是善是恶早在先秦儒学已是一个极具争议的课题。荀子着眼于人性中气质欲望的一面，认为此方面的人性不加节制的话，将会导致暴乱的恶果（《荀子·性恶篇》"从人之性，顺人之情，必出于争夺，合于犯分乱理，而归于暴"）。依此，荀子乃有"性恶"的主张。然对于人与动物无异的身体欲望，孟子则明言其本身（per se）无有不善。放纵饮食欲望的人之所以有差失，并不因为饮食欲望本身是"恶"，而是因为放纵物欲易于使人忽略道德价值的追求。如其谓："饮食之人，则人贱之矣，为其养小以失大也。饮食之人无有失也，则口腹岂适为尺寸之肤哉？"（《孟子·告子上》）只要人们的道德心灵（"四端之心"）能够作主，并引导各种身体欲望的追求（"志壹则动气"），则其行为便能合乎正轨。现实世界的身体虽自有其自然的机栝，但形上的心灵总能因种种价值的追求超越与主宰之。就如一般情况之下，生理机能使人具有饿而求食的倾向；但面对"蹴尔而予之"的嗟来食，即使是社会地位低下的饥饿乞丐，亦会因为尊严的价值而不屑进食（例子见于《孟子·告子上》）。从心灵能主宰与引导身体而言，心灵对比身体宛然有着更为超然高

卓的地位。孟子便从这内具于人性中的道德心灵理解人性(《孟
子·告子上》"乃若其情则可以为善矣,乃所谓善也"),盖其最
能彰显人之所以为人的特性故也。[1] 在此意义上,孟子主张"性
善"。(关于孟子性善说更详细的分析可见本书第二章相关部分)
唐先生的人性论基本上继承了孟子的性善说,同样印心心灵对
于身体的主宰地位。其谓"形上的心之本体,乃将道德自我向
上推出去说,以指出其高卓与尊严;然后再以之肯定下面之现
实世界,并以之主宰现实世界",[2] 无非是顺乎孟子哲学的说辞。
然在此理解之下,心灵与身体很容易会被归属于两个截然不同
的领域:身体活动是"形下"者而有其现实的机栝,心灵活动
则是"形上"者而指向超越价值的追求。唐先生认为这种论述"易
引起人一种以形上与形下,心灵与身体物质对峙之情调"。[3] 其
更进一步的洞见是,心灵与身体不仅可以分别(以彰显"心之
尊")而言,同时更可以"自始便自形上与形下,心灵与身体之
合一上出发"而言。[4] 在此理解下,现实身体的欲求不仅是形下
世界的活动,甚至"一切人类之活动,都是属于同一的精神实

---

[1] 参考牟宗三先生言孟子之性善:"'性'就是本有之性能,但性
善之性却不是'生之谓性'之性,故其为本有或固有亦不是以'生而有'
来规定,乃是就人之为人之实而纯义理地或超越地来规定。性善之性字
既如此,故落实了就是仁义礼智之心,这是超越的、普遍的道德意义之心,
以此意义之心说性,故性是纯义理之性,决不是'生之谓性'之自然之
质之实然层上的性……"见牟宗三:《圆善论》,页 22。

[2] 唐君毅:《道德自我之建立》,页 11。

[3] 同前注。

[4] 同前注。

在，只是同一的精神实在表现其自身之体段"。① 唐先生这种将一切人类活动都视为精神实在表现的想法，初看甚是晦涩难懂。何以一切人类活动都是精神实在的表现？则当先知道唐先生对所谓"精神活动"的理解：

> 最纯粹的精神活动，是纯粹的爱。此不是暂时的同情，而是一常存的恻隐之心。富于这种爱的人，时有一种人我精神原相感通之直觉。人的精神与他的精神，在形而上的意义上之一体，恒是直接存于他自觉之后，呈于他自觉之前，成自然的对人之爱。②

依唐先生言，纯粹的精神活动（精神活动之所以为精神活动）是一种人我精神互相感通的爱，并因这种感通使得人我在形而上的意义上成为一体。此义看似深奥，但事实上不难理解。人们大概都有这样的经验：当人面对自己关爱的人受苦，大概都会有"同体痛痒""疾痛相感"的恻隐感受。这里所谓的"同体"固然非指物质意义上的同体，而是指精神意义上连成一体——在这种恻隐之心下，人我并非互相隔绝的二者，而是连成相感的一体；对方的痛苦不只是"别人"的事，而宛然是"我自己"受苦一样。事实上，理学家"仁者，浑然与物同体"③"大人者，以天地万物为一体者也"④ 等说辞，无非

---

① 唐君毅：《道德自我之建立》，页 129。

② 同前注，页 125—126。

③ 程明道、程伊川：《识仁篇》，《二程集·河南程氏遗书》（北京：中华书局，2004 年），卷二上，页 16。

④ 王阳明：《续编一·大学问》，《王阳明全集》，卷二十六，页968。

便是表达这样的体验。故唐先生所谓的"精神活动"可说是有取于宋明儒者，以之表达人我精神感通并连为一体的体验。唐先生进而独具慧眼地指出：恻隐不忍固然是最能体现人我一体的精神活动，而"人之任何一种活动，均含一种超物质的现实之精神意义，即饮食、男女、求名、求权之活动亦然"。① 唐先生早年在《爱情之福音》一书中，便尝指出男女爱情往低看，可以看成是纯然盲目的本能冲动，但往高看，亦很可以看成是永恒不渝，而具有形上、精神、宇宙真实意义的活动。② 此义不难理解，大概所有沐浴爱河的男女都能感受到相连一体的精神体验。顺乎此，人之求饮食往低看，可以纯然看成是血肉之躯的延续，但人的求生断不是欲求行尸走肉般的存在，而更是希望延续其精神的生命。在此意义上，人之求饮食亦可以往高看，而看成是人与其自己"未来的生命精神"相接触。③ 人之求名亦不单是向往接触他人的物质生命，而是向往他人的精神生命对我加以肯定，故人之求名亦可以往高看，看成是人与"他人之精神"相接触。④ 如是，人同情恻隐的活动固然是精神活动的表现，但人的一切其他看似只含现实意义的活动，亦很可以往高看，而蕴含精神的意义。只是人愈高层序的活动，愈能直接体现形而上之人我合一，亦愈是精神的纯粹表现；而愈低层序的活动，则表现人

---

① 唐君毅：《道德自我之建立》，页 12。
② 唐君毅：《爱情之福音》（台北：正中书局，2003 年），页 6—8。
③ 唐君毅：《道德自我之建立》，页 119。
④ 同前注。

我一体与纯粹精神的程度便愈低，以至最低者是"最私的活动"而只关注一己的私欲。①换言之，人生的求饮食、求健康、求长寿、求男女之欲等看似只具现实意义而较卑下的活动，以至求同情、求真理、求进德等较具精神性而更高级的活动，都可同看成具有超物质的精神意义，其间的不同只能说是"同一"精神活动的"不同"体段。为了讨论上的方便，这种将人性中形上与形下部分合一的想法，姑且可以命名为"人性圆融说"。

"人性圆融说"与其说是唐先生独创，不如说是其对宋明儒学圆融面相的继承。理／气、性／气、善／恶的概念对分，固然是宋明儒学一个基本的想法；然将两边一滚而说，同样是宋明儒学不可忽视的面相。如北宋的张横渠虽启"天地之性"与"气质之性"的区分，②但众所周知他亦有"太虚即气"的圆融说辞。③以至同是北宋的儒者程明道尝曰："'生之谓性'，性即气，气即性，生之谓也。"④明儒王阳明亦有谓"气即是性，性即是气，原无性气之可分也"⑤等，这些圆融话头在宋明理学中不胜

---

① 唐君毅：《道德自我之建立》，页119—120。

② "形而后有气质之性，善反之则天地之性存焉。"见张横渠著，章锡琛点校：《正蒙·诚明篇第六》，《张载集》（北京：中华书局，2006年第三印），页23。

③ 张横渠著，章锡琛点校：《正蒙·太和篇第一》，《张载集》，页8。

④ 程明道、程伊川：《端伯传师说》，《二程集·河南程氏遗书》，卷一，页10。

⑤ 王阳明：《语录二·传习录中》，《王阳明全集》，卷二，页61。

枚举。^①唯理学家倡言圆融一滚面相最为突出者首推明末儒者
刘蕺山，如其子刘汋总结蕺山的学问宗旨曰：

> 先儒言道分析者，至先生悉统而一之。先儒心与性对，
> 先生曰"性者，心之性"；性与情对，先生曰"情者，性
> 之情"；心统性情，先生曰"心之性情"；分人欲为人心，
> 天理为道心，先生曰"心只有人心，道心者人心之所以
> 为心"；分性为气质、义理，先生曰"性只有气质，义
> 理者气质之所以为性"；未发为静，已发为动，先生曰"存
> 发只是一机，动静只是一理"。推之存心、致知、闻见、
> 德性之知，莫不归之于一。然约言之，则曰心之所以为
> 心也。^②

这些蕺山哲学理气一滚的圆融话头，向来是困扰诠释者的复杂
难题，^③现在乃可以通过上述唐先生对"精神""物质"关系的
分析以疏通之。一般而言，"气"是构成形下世界的物质性存在，
"理"则是超越乎现实世界形而上的主宰，两者看起来分属两个
截然不同的领域。而一如上述的分析，唐先生独具慧眼地指出：
"此蕺山之言之深旨……必须人先高看此所谓情与气，而不先存
轻此情气之见者，乃能真契入此义。"^④换言之，较具现实意义

---

① 杨儒宾尝以"先天型的气论"标示儒学传统中这类将气上提到形
上层面的理论。见杨儒宾：《检证气学——理学史脉络下的观点》，《汉学
研究》第25卷第1期（2007年6月），页247—281。

② 刘蕺山：《附录·刘宗周年谱》，《刘宗周全集》第5册，页481。

③ 李明辉：《四端与七情：关于道德情感的比较哲学探讨》（上海：
华东师范大学出版社，2008年），页130。

④ 唐君毅：《中国哲学原论·原教篇》，页310。另外，大陆学者李

的"情"与"气"及较具形上意义的"理"，并非截然不同者；"情"与"气"往高看，自始便含形上的意义。亦唯由此，对于看起来只具现实意义之"欲"，蕺山才可往高看而说："生机之自然而不容已者，欲也。"[①]试想，天地万物的气化流行在传统理学家看来是生生不息之仁的表现，那么人作为天地万物的一员，从其饮食之"欲"能使人的生命革故更新一面看，"欲"原则上何不可以往高看，而看成是生而又生之"理"的表现？蕺山哲学中有"元气"的概念，正是指涉这种往高看并具"理"的超越义之"气"。在这一层面上，所谓"元气"与"理"所指涉者，可谓是二名而一实。必须注意的是，若给予唐先生与蕺山这种立场最强义同情的理解，则当知道唐先生与蕺山是谓"情"与"气""自始"在本原的层面可以往高看，而含有形上天理的意义；而不是说"情"与"气"在现实的表现"始终"必然是"理"的表现。后一种说法将无可避免地堕入蕺山自己对阳明后学中流于"情识而肆"者的批评，理非蕺山之学所持。诚然，明末清初固然流行一种将"理"滑落而彻底内化于"气"的思想趋势，以至不乏王廷相（浚川）与戴震（东原）等学者秉持"理"

振纲与东方朔亦持同样的看法。如李振纲谓宗周所言之气："与其说是一种物质性的实体，不如说是一种精神性的存在。"见李振纲：《证人之境——刘宗周哲学的宗旨》（北京：人民出版社，2000年），页151。东方朔亦谓："宗周把气看作是一种超越的东西，气即性，性即气，而性即是理，如是，气与性、理、心乃可在同一层次上。"见东方朔：《刘宗周评传》（南京：南京大学出版社，1998年），页100—101。

① 刘蕺山：《语类九·原旨》，《刘宗周全集》第2册，页327。

只是"气之条理"的类似话头。①这种理解下的理气关系，将不免减杀"理"的超越义，以至有滑落为自然主义式的唯气论之虞。②于此首当强调并需简别的是，唐先生与蕺山这里将"气"往高看的想法，乃将本然状态的"气"上提而谓其不二于"理"，但从其流弊状态而言，则"气"便有偏差而不合于"理"的表现之可能。③换言之，唐先生与蕺山有关元气的说法，乃自"本原"处言"理气一元"，而在"流弊"的层面则更强调"理气为二"

---

① 如王廷相言："所谓理者，以气自有条理。"〔明〕黄梨洲：《诸儒学案四》，《明儒学案》（上海：中华书局，1933 年），卷五十，页 387。戴东原亦言："理字偏旁从玉，玉之文理也。盖气初生物，顺而融之以成质，莫不具有分理，则有条而不紊，是以谓之条理。"〔清〕戴东原撰，张岱年主编：《绪言·卷上》，《戴震全书（六）》（合肥：黄山书社，1995 年），页 89。值得注意的是，阳明之学亦蕴含着类似的文字："理者气之条理，气者理之运用；无条理则不能运用，无运用则亦无以见其所谓条理者矣。"王阳明：《语录二·传习录中》，《王阳明全集》，卷二，页 62。可见理气一滚的圆融说法亦是阳明心学的一个构成面相，问题唯在不同学者主张"理气一滚"时有否割截理的超越义。笔者认为，阳明学者乃在本原的层面言"理气一滚"，在流弊的层面则可肯定"气偏离理"。在此意义上，阳明学者依然可言"超越"与"现实"的对分。详细的讨论请见正文。

② 见郑宗义：《明清儒学转型探析：从刘蕺山到戴东原（增订本）》（香港：中文大学出版社，2009 年），页 5—6、236—245。

③ 本书第六章亦将指出，阳明与蕺山哲学中同具理气一滚的圆融面相。若笔者的观察无误，传统所谓"心学"学者，事实上都不乏将"气"往高看而视为最高实有的话头，则学界所谓"心学"与"气学"的对分便大有可以商榷的余地——除非如王廷相与戴东原等以完全抹杀"理"的超越义的方式言"气本"，否则所谓"气本"只能收摄为宋明儒学中的圆融面相，而不能独立成为与"心学"或"理学"相对的学说。

的面相。①"元气"之所以同于理,必须从其"元"的层面而说。②

在形上的理气观而言,"气"的原始表现就是"理","气"不合于"理"只能从其流弊歧出的状态而言。顺乎此,则在理欲观的层面上说,"欲"原亦可看成是"理"的表现("生机之自然而不容已者");而亦正因为此,"欲"之成其为私欲,便只能从"理"的偏差状态上说。必须指出的是,此义基本上是通乎宋明儒者的共识。以下王阳明发挥程明道之言便是明证:

---

① "理气一元"(本原层面)与"理气为二"(流弊层面)同是蕺山哲学不能忽视的两面,过于强调"理气一元"或"理气为二"而偏向任何一边,都有可能沦为过正不稳之辞。过于强调"理气为二"有使形上之理成抽象挂空之理之虞,而过于强调"理气一元"则会减杀形上世界的超越义而可滚落为彻底的唯气论。见郑宗义:《明清儒学转型探析:从刘蕺山到戴东原》,页171。亦见郑宗义:《明儒罗整庵的朱子学》,收入刘国英、张灿辉编《修远之路:香港中文大学哲学系六十周年系庆论文集·同寅卷》(香港:中文大学出版社,2009年),页275—276。毋庸置疑,蕺山哲学强调理气悉统而一的面相,在理论表述上往往有反对形上形下概念区分的滞词。但若不以辞害意并撇开文字表述不尽善处,而对蕺山哲学进行最强义同情的了解的话,则"理气一元"与"理气为二"理论上当是蕺山之学在不同层面可以同时肯定的面相。当知道,蕺山哲学虽有浓厚的圆融倾向,但蕺山始终没有否定理的超越性。如何既倡理气一滚同时又坚守理对气具有超越性,是一个复杂的议题,非本章论旨与篇幅所及。关此读者可参看李明辉:《刘蕺山对朱子理气论的批判》,《汉学研究》第19卷第2期(2001年12月),页1—32。

② 如林月惠言:"(蕺山所言之)'气'是'上'讲,是根源性动力,蕺山称之为'元气'。"参见林月惠:《刘蕺山"慎独"之学的建构——以〈中庸〉首章的诠释为中心》,《台湾哲学研究》第4期(2004年4月),页104。

> 问："先生尝谓'善恶只是一物'。善恶两端，如冰炭相反，如何谓只一物？"先生曰："至善者，心之本体。本体上才过当些子，便是恶了。不是有一个善，却又有一个恶来相对也。故善恶只是一物。"直因闻先生之说，则知程子所谓"善固性也，恶亦不可不谓之性"。又曰："善恶皆天理。谓之恶者本非恶，但于本性上过与不及之间耳。"其说皆无可疑。①

一般而言，善与恶是人世间两种绝然对立的力量，何可谓"善恶只是一物""恶亦不可不谓之性"，甚至"善恶皆天理"？经过以上的讨论，当中意思大概比较容易了解：并不是善恶的出现各有源头而源自人性不同的两面，宛如"善"与天理来源于道德之性，"恶"与人欲来源于气质之性；正是相反之，人通常表现为"恶"与人欲的活动，其原始莫不可看成是"善"与天理的表现。借用基督宗教七宗罪中的"暴食"（Gluttony）为例，如上述蕺山之言，饮食之欲原亦是生命革故更新之"理"的表现。只是饮食之欲在现实的实现过程中有所"过与不及"，此"欲"才会沦为人欲的弊病。以此观之，人欲无非是天理本体偏差的表现，理与欲不能自始视为绝然对立的二者；同理，人心道心亦非自始绝然的对立，人心无非是道心偏失的表现。此所以阳明谓："'道心'之失其正者即'人心'，初非有二心也。"②以至蕺山言："浩然仍只是澄然湛然，此中元不动些子，是以谓

---

① 王阳明：《语录三·传习录下》，《王阳明全集》，卷三，页97。
② 王阳明：《语录一·传习录上》，《王阳明全集》，卷一，页7。

之气即性。"[①] "气"纯然澄湛的状态,即是孟子所谓"浩然之气",此"气"原亦即是"性"的表现。唯其在现实世界表现时,不能不有偶尔的偏差("惟是气机乘除之际,有不能无过不及之差者"),则原来澄湛的"浩然之气"才会有所变化,而沦为偏失的"暴气"。此所以蕺山明言"暴气亦浩然之气所化"——"暴气"与"浩然之气"并不是各有源头截然不同的二者,歧出的"暴气"本来就是从元不动些子的"浩然之气"变化而成。这种尝被唐先生形容为善恶的"动态观"的想法,[②] 提供了学界思考理气善恶观念时一种崭新的视角:从元始的层面往上说,则不仅是"心",甚至"气"与"欲"也无不皆是"天理"的表现;此中"心"是"道心","气"是"元气","欲"是"生机之自然而不容已"之欲,以至一切人性的其他部分亦莫有罪恶。但从流弊、过不及、有所偏的层面往下说,则亦不仅"气"沦落为偏失的"暴气","欲"转为"人欲",甚至是"心"亦一转成为"人心";是则犯过歧出的过程不仅牵涉"气"与"欲",甚至"心"及人性之中的其他面相,于此亦有着一齐皆坏的可能(亦唯有在此意义上,"心"成为罪恶帮凶之义方始可能,第四章将有详论)。换句话说,一般从静态横面的视角而言,"善"与"恶"是两种分属截然不同领域的力量;现在从一个动态纵向的视角

---

① 刘蕺山:《语类八·证学杂解》,《刘宗周全集》第 2 册,页 315。

② 如其谓:"此所谓善恶皆天理等言,皆非依于一静态的观善恶为二理二性而说,而正是意在动态的观此善恶二者之实原于一本。因一切恶,初只是过不及,即皆可由人之返于中正以得化除者。既可化除,则终不离乎一本,而皆可说为天理或性之一阶段之表现。"唐君毅:《中国哲学原论·原性篇》,页 226。

而言，则可说"善"与"恶"是"同一"天理与人性在"不同"阶段层面（本然——变态、元始——流弊、中正——偏失）的表现。明乎此，更可知何以唐先生说："精神之表现根本是善，恶只一种变态之表现。"[1]人事活动中所谓"恶"（"暴食"）的表现，无非只是本来是"善"（"饮食之欲"）的活动之变异状态。

将唐先生与宋明儒者这种圆融一滚的"奇谲"想法理顺之后，以下便可以作一些后设的检讨，并指出"人性圆融说"的重要理论意义。若"恶和人欲"与"善和天理"被过分想成是绝然对立的二者，则两者的存在与产生便很容易会被想成是各有源头。例如"善"是来源于人性中道德的一面，又或"善"是人类中善人生命的表现；相对地，"恶"则是来源于人性中气质的一面，[2]又或"恶"是人类中恶人生命的表现。在这种善恶二元对立的架构下，一方面，"恶"的出现往往被拨入人性中气质的一面来理解，如是人性中自然欲求的一面很容易便被低

---

① 唐君毅：《道德自我之建立》，页 12—13。

② 例如黄敏浩便尝依朱子的文字而说："天地之性堕于气质之中而为气质之性，遂成恶之根源。"以至以为："在宋明儒学中，一个主要的看法（或至少是重要的看法之一）是认为人之恶实可以推源于气质之性。"黄敏浩：《气质恶性与根本恶——儒学在现代发展之一例》，儒家思想与当代中国文化建设国际学术研讨会（深圳：深圳大学，2013 年 1 月 18—20 日），页 16、1。甚至阳明心学的研究者，亦有将恶的出现推源于"气质之性"的想法，如内地学者王鹏谓："（阳明）继承了自张横渠、二程到朱子以'气质之性'言恶的一贯做法。"见王鹏：《论阳明的"善恶只是一物"》，页 112。

看，以至演变成对于情欲的过分否定。例如中国传统中，性与男女之欲便很容易被想成是邪恶污秽的追求。若从一个比较的视域来看，不同思想传统中过分强调"心灵—身体"二分的理论，通常很容易引向贬抑情欲的理论结果。例如基督教中奥古斯丁（St. Augustine）便说："我还不能一心享受天主，我被你的美好所吸引，可是我自身的重累很快又拖我下坠，我便于呻吟中堕落了：这重累即是我肉体的沾染。但对于你，我总记住着，我已绝不怀疑我应该归向于你，可惜我还不能做到和你契合，'这个腐朽的躯壳重重压着灵魂，这一所由泥土抟成的居室压制着泛滥的思想'。"[1]具有苦行传统的耆那教中亦有长苦行尼揵（Nigantha Digha Tapassi）尝曰："我尊师尼揵亲子，为我等辈施设三罚，令不行恶业，不作恶业。云何为三？身罚、口罚及意罚也。……此三罚如是相似，我尊师尼揵亲子，施设身罚为最重，令不行恶业，不作恶业，口罚不然，意罚最下，不及身罚极大甚重。"[2]直以为身体比起言语和心意更为罪恶。由此观之，在理气或理欲问题上过分强调其"一元"面相（特别指将"理"拉落于"气"而言一元），固然容易使人联想起情欲解放的纵欲主义，[3]但若另走极端，过分强调理气、理欲"二元"

---

① 〔古罗马〕奥古斯丁著，周士良译：《忏悔录》（北京：商务印书馆，1963 年），页 130。

② 僧伽提婆译：《优婆离经第十七》，《中阿含经·中册》，卷三十二，页 555。

③ 例如大陆学者葛荣晋便认为晚明的气学思潮肯定了"人欲"的合理性，与宋明儒学"存天理、灭人欲"的思想相对立。葛荣晋：《晚明王学的分化与气学的发展》，收入宗志罡编《明代思想与中国文化》（合肥：

的面相，则在理论上又易于引向贬抑情欲的禁欲主义。而另一方面，或有主张"有性善，有性不善"（《孟子·告子上》）的想法般，人的或善或恶是源于人天生命定"类的不同"，则人的为非作歹便只能解释为其天生的生性残暴，是其生性使然。如是，人的犯恶便只能推诿到"命"的领域，"性不善"的恶人理论上永不能转化自己以成为"性善"的善人。稍谙孟子哲学者，当知这与孟子"圣人与我同类者"（《孟子·告子上》），以至成德的追求是人"求在我者也"（《孟子·尽心上》）等想法对头冲突。现在儒家的"人性圆融说"，首先彻底澄清了情欲自身的无缺。人一切的欲求（包括看似卑下的饮食与男女之欲）自其原始看来皆何罪之有？相反，即便是人最卑下的欲求亦很可以高看，将其看成具有形上真实的意义。正如饮食之欲可以是人生命革故更新的表现，男女情欲亦不必是人生卑贱的追求，而可以是永恒不渝的形上真实。食色之"欲"往下看可以只是关顾私己的"人欲"，往上看亦可以转化为"天理"的表现。"人性圆融说"如此将理欲扣紧，故唐先生方说："唯由此而后，低的活动可以含高级活动之意义，低级活动可转化为高级活动……唯由此，我们才可以最伟大的动机与理想，去做最平凡的日常生活的事。"[1] 其次，更重要的是，"人性圆融说"表明了现实上的善人与恶人并没有不能逾越的界线。善人与恶人原则上都是同类

安徽人民出版社，1994 年），页 131。李明辉尝撰文梳理并反驳大陆学者这种"情欲解放"的论述。参看李明辉：《刘蕺山对朱子理气论的批判》，页 17—22。

① 唐君毅：《道德自我之建立》，页 129。

的存有，都是"与圣人同类者"。是则人的为非作歹不能纯说是其生性使然（程子所谓"谓之恶者本非恶"），断不能推诿到"命"的领域。相反，所谓恶人自始亦完全禀赋善人践行道德的资具，世间再恶的人原则上都能转化善化自己的生命。此即蕺山谓："人虽犯极恶大罪，其良心仍是不泯，依然与圣人一样。"[1] 由于善人恶人原则上是同一类别的存有，是则不仅所谓恶人能立志修德，转化自己，成为善人；相反，所谓的善人若不戒惧的话，其生命亦很可以沦落为"恶"。类比而言，人一般很自然会将"天使"与"魔鬼"想成两种截然不同的存有，前者具有上帝般的神圣性，而后者则纯然是邪恶的化身。在这种观点下，"天使"与"魔鬼"各有自己的存有性格，两种存有的界线俨然不能逾越。但事实上，"天使"与"魔鬼"自始即是同一的存有，作为撒旦的魔鬼"路西法"（Lucifer）原亦是由天堂中地位最高的天使堕落而成。故趋向黑暗的"昏星"自始便是迈向光明的"晨星"；堕落的"魔鬼"原是上帝最宠爱的"天使"；所谓"恶人"的人性原则上亦与天下间一切"善人"丝毫不异。[2] 正如"黑"

---

[1] 刘蕺山：《人谱续编三·纪过格》，《刘宗周全集》第 2 册，页 17。

[2] 心理学家菲力浦·津巴多（Philip Zimbardo）在其代表著作《路西法效应：好人是如何变成恶魔的》中，尝以社会科学的角度分析平常不过的"好人"如何在特定情境下沦为杀人如麻的"恶魔"，其研究甚具参考价值。固然，阳明恶的理论与当前社会科学研究的同异尚需进一步仔细的探索。但在"为什么有恶"这个问题上，两者实有一个基本的共识：我们不能建立一种简单的二分法而认为世上有命定的好人与命定的恶人，复以为只有具有坏胚子的希特勒、萨达姆才会展露他们邪恶的一面。反之，

与"白"独立地看，固然是两种截然对立的色彩，但从另一面言，则"黑"与"白"无非只是"同一"色彩光谱的"两端"。"善"（理）与"恶"（欲）独立地看，无可否认亦是截然对立的力量；但从另一义说，则两者无非是"同一"人性与精神活动的"两端"。如是，唐先生这种"恶是人根本善性变态表现"的想法，大大廓清了隐含在阳明哲学乃至宋明理学中一滚倾向的理论意义：人性无论精神一面（"心"）或物质一面（"气"）自始都可往高看，并看成是"善"的表现；"恶"的出现不能诉诸人性中气质一面甚或人生性使然，而只能看成是人原来善性"变态""过与不及""沦落"的结果。此义不仅取资于孟子的性善论，甚至可谓将孟子的性善论在理论上推至极致的最强义。往后看，更构成了整个晚明王学思考人性问题时的理论背景。

从上文的讨论，可知"理"与"欲"同是人性当中不能抹杀的两面。孟子的"性善论"侧重于人性当中"理"的一面，并由此界定人之所以为人之性。而"人性圆融说"，则进一步将孟子的性善论发挥至其理论高峰："欲"自其本然尚未歧出的状态而言，原来亦是"理"的表现；"欲"之所以沦为人欲私欲，只能从"理"的偏差上说。如是，"恶与人欲"只是"善与天理"的变态表现。"善"与"恶"的出现并不是在人性中各有源头，"恶"并不源于人性中的感官欲望，亦不源于人有本性邪恶的类型。世间任何人只要善养其固有的善性，他都可以免于为恶而

当知道，随着良心的放逸与败坏环境的影响，我们任何一个平凡不过之人都有可能堕落沦为罪大恶极的恶人。见菲力浦·津巴多著，孙佩妏等译：《路西法效应：好人是如何变成恶魔的》（台北：商周出版，2008 年）。

成为善人；相反，世间任何人只要不谨慎戒惧，他都可以沦落为作恶多端的恶人。

五、小结

阳明哲学中"恶"的理论以"意"概念的堕落为枢纽。阳明相信，根源于"心"所发动的"诚意"，本身无有不善。然而，在现实中人会为"习"所移，使得"意"念的表现有所"滞""着""杂"，继而步步堕落沦为"私意"。去恶工夫的关键，乃在良知的挺立，随之私欲（而不是欲望本身）自会消去。笔者亦尝试指出，阳明哲学中隐含的一滚倾向，在塑造儒学人性善恶的理论上尤其重要：从根本的意义来说，"恶"的出现不能诉诸人性中的感官欲望或人有本性邪恶的类型。儒者相信，"恶"只是人忽略存养心性的工夫，而导致根本善性"变态""过与不及""沦落"的结果。

第四章

"念"的歧出
——浙中与泰州学者"恶"的理论研究[*]

一、前言

如上一章所论，阳明从"意念"的环节展开对过恶问题的分析。阳明认为，心之本体是纯善无恶的，但当意念发动而有"滞""着""杂"等情况，心念才有过当不正的可能。而在论述过程中，阳明对"意念""意""念"都没有明确的区分。例如"自其意念发动，而后有不正""有善有恶意之动""心体上着不得一念留滞"等文字，便都只笼统地指出"意念""意""念"的环节是过恶萌生处。阳明后学中，浙中与泰州学者便即更为明确地从"念"的歧出入手，探讨本心偏失的过程。笔者认为，唐君毅先生对过恶问题的思考，在义理性格上与浙中及泰州学

[*] 本章的初步构思曾在 2017 年浙江工商大学哲学系主办的"阳明学与浙江文化学术论坛"中报告，谨此感谢与会者的指教。又本章的主要内容，亦曾发表于《一念陷溺——唐君毅与阳明学者"恶"的理论研究》，《中国文哲研究集刊》第 47 期（2015 年 9 月），页 91—136。感谢《中国文哲研究集刊》编委会及审查人的指教。

派（尤其王龙溪与罗近溪）尤其接近——两者同样集中在"念"的偏滞与超拔之上，讨论"恶"的产生与消除。因此，本章将会随文借用唐先生的文字，帮助清理浙中、泰州学者的过恶思想。在论述过程中，本章亦会旁及其他具有代表性的宋明儒者和阳明学者的相关讨论。①

本章的讨论将主要分为四部分：除了本节的前言勘定了本章的问题意识，接着将会在第二节分析"恶"之所以出现的过程。笔者将会指出，浙中、泰州学者（尤其王龙溪与罗近溪）与唐君毅先生共同从"念"的歧出与偏滞，探讨"恶"之所由生；而心知能力与知识活动在"恶"出现的过程中，更是扮演了关键的角色。在第三节，笔者则会讨论"当下自反"如何在不同层面上，构成了晚明王学的根本去恶工夫。最后，笔者将会在第四节总结本章。

二、"念"的歧出及"知识"与过恶的关系

在心学传统中，"心"便是"理"，②两者同样纯善无恶；那么，纯善无恶的"心"如何会造成"恶"的出现？"心"内部

----

① 本书所谓的"阳明学者"将包括王阳明、阳明后学及刘蕺山。虽然刘蕺山并非阳明门下弟子，亦尝质疑诟病阳明之学，但从其始终肯认阳明"心即理"义一点来说，蕺山亦可谓是"广义的王学者"。更具体的讨论请见郑宗义：《明清儒学转型探析：从刘蕺山到戴东原》，页41—45。

② 如王阳明言"心即理""良知即是天理"。见王阳明：《语录一·传习录上》，《王阳明全集》，卷一，页2；以及王阳明：《语录二·传习录中》，《王阳明全集》，卷二，页72。

哪些特性是罪恶的帮凶？顺乎前章阳明对"恶"的来源的分析，阳明学者同样认为"心"的自身与本原状态纯然是善，"恶"的出现原则上只能从"心"的流弊、变态、歧出状态上谈起。王阳明言："七情顺其自然之流行，皆是良知之用，不可分别善恶，但不可有所着；七情有着，俱谓之欲，俱为良知之蔽。"① 七情的自然流行，可以是良知应物作用的表现；但七情一旦有所"着"，则俱会沦落为"欲"，并成为良知之"蔽"。例如丧亲孝子的哀情本来是天理的表现，但一有所"着"（如"欲一哭便死"②），此情便会成为"过情"。③ 此所以阳明谓："父之爱子，自是至情。然天理亦自有个中和处,过即是私意。"④ 明显地，并不是"心"的自身有病，而是"心"有所"着"，此"着"才是造成"欲""蔽""过""私"的源头。同理，阳明弟子王龙溪言"所欲不必声利富贵，只心有所向便是欲"⑤ "盖自然之所为，未尝有欲也。着虚之见，本非是学，在佛老亦谓之外道，只此着便是欲"⑥ "欲不止于淫邪，凡染溺弊累，念中转转贪恋，不肯舍却，皆欲也"，⑦ 同是指出并非"心"的自身有病，而是"心"

---

① 王阳明：《语录三·传习录下》，《王阳明全集》，卷三，页111。

② 王阳明：《语录一·传习录上》，《王阳明全集》，卷一，页17。

③ "哀亦有和焉，发于至诚，而无所乖戾之谓也。夫过情，非和也。"参见王阳明：《续篇二·与许台仲书》，《王阳明全集》，卷二十七，页1012。

④ 王阳明：《语录一·传习录上》，《王阳明全集》，卷一，页17。

⑤ 王龙溪：《书进修会籍》，《王畿集》，卷二，页49。

⑥ 王龙溪：《与阳和张子问答》，《王畿集》，卷五，页125。

⑦ 王龙溪：《留都会纪》，《王畿集》，卷四，页97。

歧出而离开其自身（"心有所向"）的状态，才会造成"欲"的出现。此所以唐先生尝言："恶之流行，虽泛滥无际，而其根则只是一心之外向之拟议。"①龙溪甚至清楚点明的是，不仅常人较易理解的"声利富贵"与"淫邪"是"欲"，只当"心"有所"向"、有所"溺"、心念有所"转"，以至一切贪恋不肯舍却而有所"着"，凡此"心"的流弊、变态、歧出状态皆可说是"欲"。及至晚明的刘蕺山则进一步说："愚谓言语既到快意时，自当继以忍默；意气既到发扬时，自当继以收敛；愤怒嗜欲既到沸腾时，自当继以消化。此正一气之自通自复，分明喜怒哀乐相为循环之妙，有不待品节限制而然。即其间非无过不及之差，而性体原自周流，不害其为中和之德。"②意思是：言语、意气、愤怒嗜欲的活动在现实表现时，总不免偶有偏差的状况；而蕺山独具慧眼地将"气"与"性体"的概念扣连起来，指出"气"与"性体"本来就具有"自通自复"与"周流循环"的自我复原机制。以嗜欲为例，人们大概都有以下的经验：常人面对特定的美食，总会有嗜吃的欲望，并在进食的过程中获得快乐之感。然而，食欲与快乐之感不会无穷增长。随着所吃愈多，所得之乐大概便会愈加减少，以至于到了一定的程度，更会苦乐逆转，对原来所好的食物产生厌恶之感。此蕺山谓之："愤怒嗜欲既到沸腾时，自当继以消化。"③而唐先生亦明言："人之苦乐，随贪欲进

---

① 唐君毅：《泛论阳明学之分流》，氏著《哲学论集》，《唐君毅全集》，卷十八，页 203。

② 刘蕺山：《学言中》，《刘宗周全集》第 2 册，页 487—488。

③ 同前注。

展，而反比例的增减。所以人必不免会在一次阻碍上，感到由
贪欲以求乐之虚幻而厌倦，这可说是宇宙之一神圣律（Divine
law）。"[1] 在蕺山之学中，不仅欲望的进展依循此自通自复的"神
圣律"，春夏秋冬四时之气、喜怒哀乐真实无妄之心，以至人仁
义礼智之性，无不都是周流循环者。[2] 由于"心"本然具有如
上气化周流的特性，唐先生特别将蕺山言"心"，形容为"心之
流行的存在"。就如四时之"气"的留滞偏向（试想象持续不断
的严冬）会构成灾变，"心"与"情"的留滞偏向同样会构成过
恶的出现。此所以唐先生明言："此当知过恶之念之起，其原始
之一点，只在此心之偏向而滞住，以更不周流。此偏向，是过。
一切恶之原始，只是过而不改，更自顺其过、护其过、以自欺，
遂至于恶积而不可掩，罪大而不可改。然自一切恶之原始处言，
则初只是此心之有所偏向而滞住。"[3] 由此观之，对于阳明、龙溪、
蕺山等阳明学者而言，虽谓"心"在"恶"的生成上担当着重

---

[1] 唐君毅：《道德自我之建立》，页 134。

[2] "一心耳，而气机流行之际，自其盎然而起也谓之喜，于所性为仁，
于心为恻隐之心，于天道则元者善之长也，而于时为春。自其油然而畅
也谓之乐，于所性为礼，于心为辞让之心，于天道则亨者嘉之会也，而
于时为夏。自其肃然而敛也谓之怒，于所性为义，于心为羞恶之心，于
天道则利者义之和也，而于时为秋。自其寂然而止也谓之哀，于所性为智，
于心为是非之心，于天道则贞者事之乾也，而于时为冬。乃四时之气所
以循环而不穷者，独赖有中气存乎其间，而发之即谓之太和元气。是以
谓之中、谓之和，于所性为信，于心为真实无妄之心，于天道为乾元亨
利贞，而于时为四季。"刘蕺山：《学言中》，《刘宗周全集》第 2 册，页
488—489。蕺山哲学内部相关的进一步讨论请见本书第六章。

[3] 唐君毅：《中国哲学原论·原教篇》，页 311—312。

要的角色，但必先强调者则是"恶"的生成只能从"心"的染溺和偏滞等流弊状态中理解。[①]

阳明学者理论尤其突出处，便在进一步通过"念"的概念，描绘"心"染溺偏滞的过程。何以言之？从龙溪"今心为念"的说法，[②]当知道"念"是一个时间性概念，用以强调心念活动的"当下性"与"即时性"。事实上，从阳明"良知无前后，只知得见在的几"[③]"只存得此心常见在，便是学。过去未来事，思之何益？徒放心耳"[④]"圣人之心如明镜，只是一个明，则随感而应，无物不照；未有已往之形尚在，未照之形先具者"[⑤]等语，便知良知的运作必须从当下惺惺明明的应物活动中表现。[⑥]

---

① 应当指出的是，以"偏滞"言恶的来源并非阳明学者独创，早在北宋的张横渠便以"作用上的偏滞"解释恶出现的缘由。如林永胜言："何以作用上的偏滞与欲求的产生会被视为恶？因为张横渠的思考架构不但以'湛一'为气之本，而且此种湛一还是由阴阳（或乾坤）两个对立的概念所合成的，如前引的'其阴阳两端循环不已者，立天地之大义'，因此张横渠极为强调的'兼体无累'之说，正是其尽性而天工夫的关键，而偏滞于一隅甚至为物欲所惑，则是忘其所本，遂被张横渠视之为恶。"参阅林永胜：《恶之来源、个体化与下手工夫——有关张横渠变化气质说的几点思考》，《汉学研究》第 28 卷第 3 期（2010 年 9 月），页 6—7。

② 王龙溪：《念堂说》，《王畿集》，卷十七，页 501。另亦见刘蕺山：《说》，《刘宗周全集》第 2 册，页 371。

③ 王阳明：《语录三·传习录下》，《王阳明全集》，卷三，页 109。

④ 王阳明：《语录一·传习录上》，《王阳明全集》，卷一，页 24。

⑤ 同前注，页 12。

⑥ 唐先生便尝指出"良知之应物现形，乃当下之机"。参看唐君毅：《中国哲学原论·原教篇》，页 214。另外，在《行于当下之"知"：以〈论语〉

无论留滞于过去，抑或预想于未来，皆非良知自体的表现。如上文所论，心学学者认为心念一旦"留滞"——哪怕只是细微刹那的一念——即是导致堕落的滥觞。从后来蕺山言："今心为念，盖心之余气也。余气也者，动气也。动而远乎天，故念起念灭，为厥心病。"[1]便知当下本心的表现有一毫刹那的剩余留滞（即使只是一念间），这留滞的内容便会辗转构成障蔽本心的弊病。事实上，龙溪便尝言"习气为害最重"[2]"学者以煎销习气为急务"，[3]指出"习"作为人事活动中留滞的内容，往往会造成德性上的弊害。试想，当人见到文身、染发、脸孔吓人的人，

为例》一文中，赖蕴慧（Karyn L. Lai）指出《论语》中"知"的概念业已蕴含"当下性"（in the moment）和"处境性"（situationality）的面相，并将儒家哲学中的"知"形容为"行于当下之'知'"（"knowing-to act in the moment"）。她说："处境性是当下之'知'的一个核心特点。'知'不仅强调即时性与当下性，而且同时强调每一个行为皆座落于特殊的处境之上。"（"The aspect of situationality is a central feature of knowing-to that is captured by the phrase 'in the moment'. While timeliness is sometimes critical in knowing-to, it is not the only focus of the phrase 'in the moment'. The phrase also emphasises [the specificity of] each situation as the locus of action. "）Karyn L. Lai, "Knowing to Act in the Moment: Examples from Confucius' Analects," *Asian Philosophy: An International Journal of the Philosophical Traditions of the East* 22:4 (Nov. 2012): 354. 需注意的是，这里非谓抽象归纳活动是圣学所排斥者，而是一切抽象归纳都得收回良知在每一个特殊处境应物时当下的应用。

[1] 刘蕺山：《学言中》，《刘宗周全集》第 2 册，页 491。

[2] 王龙溪：《抚州拟岘台会语》，《王畿集》，卷一，页 20。

[3] 同前注。

很容易会将之联想为危险的黑道势力。这种"习"惯性的认"识"（"识"的概念将在下文详论）与思维，有时可以便利人们对可能的危险提高警惕。但反过来，这样的"僵固印象"（stereotype）亦很可以不知不觉间沦为忽略个体特殊性的偏见。[1] 于此，唐先生有以下极为明白的文字，毋庸多赘地解说了滞着的意念与"习气"如何会造成生命中的弊病：

> 大率吾人之生活，随时间而流转，每作一事，即留存一以后在同类之情境下再作之趋向。此即昔贤如刘蕺山所谓心之余气，是为习气。一事屡经重作，则习气愈增。如人心能自作主宰，凡事之作，皆依理为权衡，以定是否当重作，则由习气所成之习惯，亦可省吾人之重作时所用之生命力量，而未始无用。然当人一念不能依理，以自作主宰时，则习气自尔流行，而人乃有一纯依习惯之行为，吾人虽明知其不当有，而若不能不有者。当人在闲居静处之时，则此习气之流行，即化为无端而起之联想的意念之相续不断，而此联想的意念中，则恒夹杂欲念，与之俱行。此诸联想、意念、欲念，相续不断，因其所根，在过去之习气，恒不能化为现在当有之具体之行为，以通于客观之世界，以有其价值与意义，故纯为一妄念而浪费吾人之生命力者。此习气妄念有种种，亦有种种不同之方向，如东

---

① 赖蕴慧便认为儒家哲学提倡人必须在具体处境的脉络中行动，并反对过分的普遍化（generalisation）、抽象化（abstraction）、系统归类（systematic categorisation）。Lai, Knowing to Act in the Moment 2012: 360.

西南北之无定。又时或互相冲突，即又为分裂吾人之生命
力，以使其难归统一，以成一和谐贯通之生命者。[①]
耐人寻味的是，"念"的歧出与偏滞，竟是由于"心"内部"知"
的功能（宋明儒者亦名之曰"识心""习心""人心"）的误用。
熟知宋明儒学者，当知"用智"尤是贤者易犯的毛病。如陆象
山曾说："愚不肖者不及焉，则蔽于物欲而失其本心；贤者智者
过之，则蔽于意见而失其本心。"[②]王阳明言："学问最怕有意见
的人，只患闻见不多。良知闻见益多，覆蔽益重。反不曾读书
的人，更容易与他说得。"[③]以至王龙溪亦言："俗人懵懵，日用
不知，真是虚枉，与禽兽无异。而贤智者又添一番意识见解，
或蔀蔽于见闻，或梏滞于名义，或牵缠于情感，起炉作灶，千
条万绪，顿令此根不得生生，此窟不得净净……所以贤智之过
与愚不肖等也。"[④]此等文字皆指出，知识能力的误用直接导致
了贤者"用智"的问题。而意想不到的是，心知活动的某些特性，
竟也在常人"自私"的弊病中发挥了关键作用。如唐先生的分析：

> （纵欲及压抑他人之意识）原于吾人之有一"足欲之
> 物"之观念，或"欲足之乐"之观念，导引吾人心意倾注
> 于一类物之追求，与一类活动之发展。而此一类物、一类

---

① 唐君毅：《病里乾坤京都医院默想录（三）》，《鹅湖月刊》第 13
期（1976 年 7 月），页 27。

② 陆象山：《与赵监》，《陆象山全集》（台北：世界书局，1962 年），
卷一，页 6。

③ 王阳明：《传习录拾遗五十一条》，《王阳明全集》，卷三十二，页
1172。

④ 王龙溪：《答楚侗耿子问》，《王畿集》，卷四，页 100。

> 活动之观念，正为一概念，亦即依吾人抽象理性活动所成者。如吾人无此抽象理性活动，以形成一类物或一类活动之概念，引导吾人心意，偏向一方尽量追求发展，而限制此心于此一类物之追求此一类活动之继续中，则一往纵欲，亦将不可能。自然欲求之满足，亦即有其自然之限度。①

如前所述，自然欲望内具自我复原的机制，能够规约自身，不至过于超过限度。依此"宇宙之一神圣律"，欲望愈是满足，追求的热切程度愈减。可以想象，人吃第一碗米饭时十分享受，吃第二碗便稍减滋味，吃到第五碗、第十碗，则愈感麻木，甚至反觉痛苦。是见米饭之"物"、饮食之"欲"本身，并不内含放"纵"的驱力。然而，人却可以生起觉得米饭极端重要的"观念"，认为米饭重于其他人物与价值，以至盲目倾注一生追求物欲的满足。人甚至可以运用抽象理性能力，转化米饭为财产数字的追求，进而筹划种种未来的可能满足。无穷的贪欲，于是成为可能。由此可见，"欲"本身具有自我规范的属性，随满足，随修复；"纵欲"之所以形成，必待心知活动的助成。又事实上，人与其他动物具有相同的自然欲望，甚至其他动物往往具有更强烈的生理要求。不过，即使具有多强烈的生理要求，一般动物通常只求满足当下的欲望便止，大概不会超乎生理欲望对异类大规模的赶尽杀绝。然而，人却可以超乎生理欲望，大肆屠杀其他动物，甚至屠杀同为人类的同胞，犯下"禽兽不如"的恶行。溯其原委，则问题的关键不在人与禽兽同之"欲"，而在

---

① 唐君毅：《中国文化之精神价值》（桂林：广西师范大学出版社，2005），页112—113。

异于禽兽之"心灵"的力量。此所以唐先生叹曰:"一切潜藏的
精神力愈丰富的人,愈易纵欲而犯罪。"①

诚然,"知"素来是儒者眼中助成仁德的法门,如孔子便言
"知者利仁"(《论语·里仁篇》)。是以所谓心知功能导致过恶的
出现,尚是一种较为笼统的说法。怎样的"知"(及其如何)构
成流弊,委实需要更为细致的简别。钱德洪与王一庵分别说:"只
为吾人自有知识,便功利嗜好,技能闻见,一切意必固我,自
作知见,自作憧扰,失却至善本体,始不得止。"②及"盖人有知识,
则必添却安排摆布,用智自私,不能行其所无事矣"。③这里骤
看似乎人有"知识"是本心放失的可能原因。然则何谓"知识"?
所谓的"知识"如何会造成流弊?阳明学者以下话语提供了线索:

> 德性之知求诸己,所谓良知也;闻见之知缘于外,所
> 谓知识也。④

> 禅家谓之石火之间,即乍见孺子入井,皆有怵惕恻隐
> 之心是也。知识则火从石出后,至于延烧燎原,此良知与
> 知识之辨也。⑤

> 知无起灭,识有能所;知无方体,识有区别。⑥

> 知从性生,识从习起,知浑识别,知化识留。⑦

---

① 唐君毅:《道德自我之建立》,页135。

② 黄梨洲:《浙中王门学案一》,《明儒学案》,卷十一,页82。

③ 黄梨洲:《泰州学案一》,《明儒学案》,卷三十二,页252。

④ 王龙溪:《水西同志会籍》,《王畿集》,卷二,页36。

⑤〔明〕查毅斋:《水西会语》(北京:中华书局,1985年),页3。

⑥ 王龙溪:《金波晤言》,《王畿集》,卷三,页65。

⑦ 黄梨洲:《泰州学案四》,《明儒学案》,卷三十五,页281。

首先，"知识"是与"良知"对扬的概念。[1]阳明有曰："吾心之良知，即所谓天理也。"[2]"心"对于德性的认知，只需求诸其自身之内。相对而言，"知识"的形成有待闻见，需要着于事物之上对之探究；是则"知识"的获得，原则上必定是缘于外者。"知识"是"心"离开自身向外探求的活动，这特性便有指向"心有所向"的流弊之虞。其次，"良知"之知在石火乍见、不待思虑之时便会呈现，但知识的探求本质上则必然是"火从石出后，至于延烧燎原"——天下间哪一种科学知识的获得不是通过从简到繁、思前想后、覆去翻来的思考过程？唯"知识"的这种特性，便有引向"念中转转"有所黏滞的可能。第三，"良知"与"知识"可换以另一组概念描述——"良知"相当于"知"，而"知识"则相当于"识"。在这种划分下，"知"是浑然一体、同体痛痒、疾痛相感的体验，人我差别之义不显。而"识"则具有能所区别相，例如当人建立对男性的认识时，便当同时了解其与女性的区别。但"识"这种区别的活动，有可能导致过分强调特殊性与个体性的后果：当人过分强调男性／女性、黑人／白人、同性恋／异性恋等识别，复再倾注于自己所属的群体自利而排他，从"自利"一面看便构成了一己"私"欲的弊

---

[1] 彭国翔尝撰文清理中晚明阳明学中的"知识之辨"。参考彭国翔：《良知学的展开——王龙溪与中晚明的阳明学》，页50—69、361—378。本章这里更着重从义理的角度探讨知识与过恶的关系。另外值得一提的是，这里"识"（或"知识""识知"）的概念，与佛家唯识之说有可资比拟处。唯儒佛"识"的概念在理论上有何异同分合，则超出了本章的范围，只能有待另文再议。

[2] 王阳明：《语录二·传习录中》，《王阳明全集》，卷二，页45。

害,而从"排他"一面看则会酿成歧视(discrimination)的流弊。第四,"知"者乐水,其表现当如流水般泛应曲当,对应各个当下的处境,而无有一毫留滞。如阳明言:"良知之体皦如明镜,略无纤翳。妍媸之来,随物见形,而明镜曾无留染……明镜之应物,妍者妍,媸者媸,一照而皆真,即是生其心处。妍者妍,媸者媸,一过而不留,即是无所住处。"①相对而言,"识"的建立,本质上则必然是留滞于一事、一物、一境的过程。例如人的饮食之事虽然果腹便止,但人总可以"停留"在这现象上反复钻研("习"具反复义,故亦言"识从习起"),甚至通过抽象的概念、数字、符号,建构种种相关的生理与医学知识。正由于人的心灵能够驻足"停留"于种种人事活动与自然世界的事象之上(而不是一过便忘),科学知识的建立方始成为可能。然亦恰恰缘此"留滞"的特性,使得"识"的活动容易指向"心"的留染与滞着。凡此皆见"知识"(或更狭义之"识")活动的种种特性,如何容易引向"心"有所向、有所"转"、有所黏滞,以至成其为"私"的弊病。是故唐先生说:"夫识亦心之用。然心之识物也,则其用通物,而对物有所执持。此执持,即心之用之滞于物,心之陷溺于物。此即众欲之所始,乃宋明理学家之所恒言。"②于此必加注意的是,与上文"性""气""心"自身无缺的分析一致,"识"与"知识"及至种种思虑活动本身,亦不可视为罪过。对此阳明表明:"大抵学问功夫只要主意头脑是当,若主意头脑专以致

---

① 王阳明:《语录二·传习录中》,《王阳明全集》,卷二,页70。
② 唐君毅:《中国哲学原论·原教篇》,页275。

良知为事，则凡多闻多见，莫非致良知之功。"[1]龙溪亦谓："识根于知，知为之主，则识为默识，非识神之恍忽矣。"[2]"变识为知，识乃知之用；认识为知，识乃知之贼。"[3]是则若以良知为主运用知识，则"心"识物通物的作用便没有弊病；若离开良知的主宰，则"识"以至其留滞的特性才会引申种种使"心"歧出的弊病。换言之，离乎良"知"的主宰与根据，"识"的活动才会沦落，而造成"恶"的出现。从蕺山言："凡过生于误，然所以造是误者，必过也。恶生于过，然所以造是过者，亦误而已。"[4]更可明过恶的出现不能归因于知识活动自身，而只能源自知识功能的"误用"也。

心念执滞的对象固然可以落于"心"以外的外物；但即使是"心"之自身，竟亦可以是执滞的对象。以理学家的话语来说，不仅闻见之知（亦即"知""识"对分之下的"识"）有导致本心陷溺的可能；当德性之知（亦即"良知"）表现为"反观"或"反省"（注意此与"自反"或"自觉"是不同的概念，下详）活动时，竟也不免会伴随着可能的罪咎。阳明便尝有"好恶一循于理，不去又着一分意思"[5]及"从躯壳起念，便会错"[6]等话头，警戒为学者不能生起任何"私意作好作恶"。[7]此义不难理解，盖即

---

[1] 王阳明：《语录二·传习录中》，《王阳明全集》，卷二，页71。

[2] 王龙溪：《意识解》，《王畿集》，卷八，页192。

[3] 王龙溪：《金波晤言》，《王畿集》，卷三，页65。

[4] 刘蕺山：《学言中》，《刘宗周全集》第2册，页501。

[5] 王阳明：《语录一·传习录上》，《王阳明全集》，卷一，页29。

[6] 同前注。

[7] 同前注。

使是向他人他物表现最高尚、最纯粹之爱的活动，但当人对此爱的活动一加反观——想着是"我"表现了这高尚的爱、是"我"实现了宇宙之一功德、是"我"增进了一伟大的人格——这任何一丝一毫对我自己之可能矜许，便是我执堕落的滥觞。后来龙溪强调工夫上"无"的面相，即有防治此病的用心（下一节另有详述）。[1]

进一步，反省活动不仅会使常人在行善过程中，易起作好作恶自矜之病端；修道者通过反观的方式做工夫时，往往亦有一机堕落的可能。一般而言，"逆乎向外的追逐并转而反观内在的良知"，是心学传统最为根本的工夫主张。这种工夫一方面包含意识到感性物欲之杂使人堕落与陷溺的省悟，另一方面亦包含在省悟的同时肯认、操存、自觉本心之自己。[2]依此，静坐固然是最容易使人联想起的反观方式。如龙溪便有"试于默坐反观时密加体究，动与不动，只从一念入微处决之。此乃本心寂然之灵枢，非可以意识承领而得也"的说法，[3]旨在通过静坐的实践让自己自现实纷纭的感性世界中暂时退隐，转而静养超越的心体。熟知宋明儒学者，当知过分强调静境的反照而遗落现实世界中的应事接物，即会造成工夫上的流弊。如阳明言"谓反观内省为求之于内，是以己性为有内也，是有我也，自私者

---

① 彭国翔：《良知学的展开——王龙溪与中晚明的阳明学》，页170—227。

② 牟宗三：《从陆象山到刘蕺山》，页137。

③ 王龙溪：《答李渐庵》，《王畿集》，卷十一，页272。

也"①"若离了事物为学，却是着空"②"若只好静，遇事便乱，终无长进。那静时功夫，亦差似收敛，而实放溺也"，③以至谓"只为后来做功夫的分了内外，失其本体了"。④可知不仅是常人的纵欲，修道者通过静坐一往反观本心的过程中，同可犯下自私（"有我"）、滞着（"着空"）、陷溺（"放溺"）、偏向（"分了内外"）的弊病。而更为微妙的是，不单单是退听静坐，凡是反观，原则上都具有"从现实抽离而逆知本心"的形式特性；而恰恰是反观的这种形式特性，使得本心有被固定化的可能。泰州学者罗近溪尝以"光景"的概念，描述这种修道过程中的可能流弊。兹看唐先生对近溪相关文字的注解（读者请留意引文中括号内唐先生的按语）：

> 人生天地间，原是一个灵气，万感万应，而莫究根源；浑浑沦沦，而初无名色。只一心字，亦是强立，后人不省，缘此起个念头，就会生做见识。（见识者，欲自握持其心之明也。）因识露个光景，便谓吾心实有（实有言固定化也）如是本体，实有如是朗然，实有如是澄湛，实有如是自在宽舒；不知此段光景原从妄起，必随妄灭；（妄起者，言其由自私自窒其明而生，明滞，则明亦将息，故将由妄灭）及来应事接物，还是用着天然灵妙浑沦的心。此心尽在为他作主干事，他却嫌其不见光景形色，回头只去想念

---

① 王阳明：《语录二·传习录中》，《王阳明全集》，卷二，页76。
② 王阳明：《语录三·传习录下》，《王阳明全集》，卷三，页95。
③ 同前注，页92。
④ 同前注。

> 前段心体,甚至欲把捉终身,以为纯一不已,望显发灵通,
> 以为宇太天光,用力愈劳,而违心愈远矣。[1]

如上所述,凡反观工夫本来就是"从现实抽离而逆知本心"的活动。从现实世界的抽离虽能免去感性纷纭之杂,但同时亦令得本心自然应物之用有所暂息。而更甚的是,对本心内容的认取——即使是肯认其为朗照、澄湛、自在宽舒者——凡起此等的"念头"与"见识",不免都会将本心对象化和固定化。就如人在镜前,镜前所立者才是活生生具有生命的真己,镜中"影像"再是神似,亦无非只是水月镜花。同理,在反观工夫过程中所肯认的本心,虽在感性之杂的对比下是何其高明光大,但却始终是暂离现实所悟得的"光景";"光景"与其所本现实世界应事接物、万感万应的本心真体,始终犹隔一层。因此,若在反观过程中把捉本心愈劳——愈是勉强用力于想象与追求本心的光景形色——则反倒会违心愈远。由于反观活动分了能所内外,并隔绝了本心本然具有的通物之用,唐先生甚至谓其有指向自私的可能:"灵明之反缘倒摄逆握其自身,以成一片光景,而流连其中,其动机恒不免于自私。其自私所能私得者,固亦惟是人心自然之明,相继生生于我者。"[2]此见有所执滞不仅是常人常犯的毛病,即使在修道者与学道之士的反观过程中,亦是难免的罪过。[3]

---

① 近溪的原文及唐先生的按语,皆引自唐君毅:《中国哲学原论·原教篇》,页279。

② 唐君毅:《中国哲学原论·原教篇》,页279。

③ 同前注,页278、279。

从上文的讨论可见，心念通过"知"的能力而偏滞于外物与心念自身，都会造成本心的歧出，并酿成种种不同层面的过恶。若复追问心念与心知能力何以又会歧出？则当知道"恶"的出现最后的"根源"乃佛家所言"同体无明"，是人与生俱来不可思议者^①——人生在现实世界中不能脱离其个体特殊性，但个体特殊性总有伴随滑落为私的可能；人生在世亦不能不思想，但思想亦往往伴随着陷溺于固定对象的可能罪过。龙溪说之明矣："色心与性命同来，所以甚难。"^②无论圣凡、贤与不肖、学者与小人，任何人时时刻刻都可犯罪；世间一切"善"必然伴随着"恶"，"神"与"魔"永远如影随形，于此乃见人生之艰难与悲壮！

三、当下自反的去恶工夫

解释了"念"的歧出偏滞如何导致过恶出现之后，去恶工夫的基本内涵便变得顺理成章："恶"出现的起点在于心念的歧出偏滞，偏滞的对象可以是物欲、情意，以至心念自身的影子。而无论偏滞者何，心知功能与知识活动的误用始终是其最大的帮凶。故心念要能免于歧出偏滞，首要者固然便是"知见""拟议"的剥落——一方面止息"心"向外的知识逐取，另一方面同时停止种种流于卜度议论的活动。唐先生曾谓这正是龙溪、近溪之学用心所在："禅宗与龙溪近溪应机立言有一同处，即均

---

① 这一点笔者得感谢业师郑宗义教授的提醒。

② 〔明〕罗念庵撰，徐儒宗编校整理：《冬游记》，《罗洪先集》（南京：凤凰出版社，2007年），卷三，页57。

是要人剥落向外之知见，以为自证之资。盖一切凡情私欲，一切弥天之大恶，均缘于向外逐取，此乃儒佛之所同。而向物逐取，则始于知见之向外用。知见之向外用最初之表现，唯是一拟议。"[1]顺乎此，心念免于偏滞，自然是去恶工夫的首要重点。兹看以下龙溪、近溪所言：

> 或叩颜子屡空之旨。先生曰："此是减担法。人心无一物，原是空空之体。形生以后，被种种世情牵引填塞，始不能空。吾人欲复此空空之体，更无巧法，只在一念知处用力。"[2]

> 后世不知养蒙之法，忧其蒙昧无闻，强之以知识，益之以技能，凿开混沌之窍，外诱日滋，纯气日漓，而去圣愈远，所谓非徒无益，而反害之也。吾人欲觅圣功，会须复还蒙体，种种知识技能外诱，尽行屏绝，从混沌立根，不为七窍之所凿。[3]

> 且道孩提精神曾有着到也无？鸢之飞，鱼之跃曾有管带也无？骊龙护珠，终有珠在，以手持物，终日握固，会有放时，不捉执而自固，乃忘于手者也，惟无可忘而忘，故不待存而存，此可以自悟矣！[4]

> 赤子之心不失，而大人入圣之事备矣。不然，从思索以探道理，泥景象以成操执，彼方自谓：用力于学，而不

① 唐君毅:《泛论阳明学之分流》, 氏著《哲学论集》,《唐君毅全集》, 卷十八, 页 203。

② 王龙溪:《九龙纪诲》,《王畿集》, 卷三, 页 57。

③ 王龙溪:《东游会语》,《王畿集》, 卷四, 页 87。

④ 王龙溪:《答罗念庵》,《王畿集》, 卷十, 页 234。

知物焉而不神，迹焉而弗化，于天然自有之知能，日远日背，反不若常人。虽云不识向学，而其赤子之体，固浑沦于日用之间，若泉源虽不导而自流，果种虽不培而自活也。①

今若说良知是个灵的，便苦苦地去求他精明，殊不知要他精，则愈不精，要他明，则愈不明。岂惟不得精明，且反致坐下昏睡沉沉，更支持不过了。若肯反转头来，将一切都且放下，到得坦然荡荡，更无戚戚之怀，也无憧憧之扰。此却是能从虚上用工了。世岂有其体既虚而其用不灵者哉？②

以上五段文字表示：执泥着意于种种世情、知识、技能、思索、景象，都会使本心原初的状态（"空空之体""蒙体""孩提精神""赤子之心""虚灵之体"）有所沦落。若读者记得上文的讨论，当知道"知识"或"识"的活动，本质上便有指向心念偏滞的特性。若学者欲以知识思虑的方式寻求本然的良知，恰会引向良知的歧出。此龙溪所谓"拟议即乖，趋向转背"③"才涉安排，便落意态；才泥见解，便着识情"，④近溪上述"要他精，则愈不精，要他明，则愈不明"是也。针对如是的可能弊病，相应之道固然便是空掉、减去、忘却、不识、放下种种后天的世情与知识。诚然，这样的说法很容易使人联想起否定知识是阳明学者以至心学传统的理论倾向。于此需要重申者，则在心学从

---

① 〔明〕罗近溪撰，方祖猷等编校：《语录汇集类·卷御（四）》，《罗汝芳集》（南京：凤凰出版社，2007年），卷一，页145。

② 同前注，页115—116。

③ 王龙溪：《留都会纪》，《王畿集》，卷四，页90。

④ 王龙溪：《与殷秋溟》，《王畿集》，卷十二，页308。

无一往否定知识活动之意。近溪即强调:"圣人立教,见得世上人,知处太散漫而虑处太纷扰,故其知愈不精通而其虑愈不停当。所以指示以知的源头说:知本是天生之良,而不必杂以人为,知本不虑而明,而不必起以思索。如此则不惟从前散漫、纷扰之病,可以尽消,而天聪天明之用,亦将旁烛而无疆矣。细推其立教之意,不是禁人之虑,却正是发人之虑也已。"[①]明确指出圣人立教旨在"发人之虑",从无"禁人之虑"的主张。至于"发人之虑"者何?即在"知的源头"的认清。也只有以此不虑不学之知为基础,而发用后天的思虑,思虑才能免于散漫、纷扰之病。这里近溪所谓"知的源头",劳思光先生以知识的"根源义"解之明矣:"浅喻之,一道德行为即一如理之行为。就根源义讲,无论作此行为之人具有之知识是否正确,此行为之道德性视其意志状态而定;换言之即'发心动念'处之公私决定道德性。但就此行为能否如理完成讲,因离开知识则行为即无内容,知识愈缺乏,行为之完成亦愈不可能。故在'完成义'下,知识亦提供道德行为之内容。"[②]可知虽则如理之心要能够在现实世界中落实完成(完成义),不可能缺乏知识的助成;但从根源来说(根源义),心之如理、发动、识取却是绝不取决于后天的知识。从龙溪与近溪分别曰:"齐王见堂下之牛而觳觫,凡人见入井之孺子而怵惕,行道乞人见呼蹴之食而不屑不受。真机

<hr />

① 罗近溪:《语录汇集类·卷射(三)》,《罗汝芳集》,卷一,页91。

② 劳思光:《哲学问题源流论》(香港:中文大学出版社,2001年),页87。

神应,人力不得而与,岂待平时多学而始能?"①"孩提不虑而知,是与知,孩提不学而能,是与能,则又天之明命,在人自尔虚灵,天之真机,在人自尔妙应。"②便知孩提本有本心的表现,其"真机神应""自尔虚灵""自尔妙应",不待后天人为的学虑始能。事实上,此义亦非龙溪、近溪所独创,而无非是《孟子》"不学不虑""大人不失其赤子之心"、《诗经》"不识不知,顺帝之则"、《周易》"何思何虑""无思无为"等语之注脚。明乎此,便知对于良知与天理的落实与完成而言,思虑知识是不可或缺的。但对于寻求良知与天理的目的与根源而言,采用知识、拟议、安排、见解的方式只会愈加偏滞,所谓"非徒无益,而反害之也"。反之,根本求道的方式只在剥落一切知识拟议的可能偏滞,继而复还人本然内具不识不知浑然为一的本体。近溪即谓:"只浑沦到底,即便不善化而为善也,非为善去恶之学,如何?"③而所谓剥落知识拟议,亦非一无念虑,而无非是使一切的思虑收摄于本体自然之用。此从龙溪"夫何思何虑,非不思不虑也。所思所虑一出于自然,而未尝有别思别虑,我何容心焉"一语可证。④

进一步,唐先生曾说:"恶之流行,虽泛滥无际,而其根则只是一心之外向之拟议。若能将此外向之拟议打掉之而折转之,便是绝万恶之根以反证自心之道,为最简易直截之修行止至善

---

① 王龙溪:《留都会纪》,《王畿集》,卷四,页93。
② 罗近溪:《语录汇集类·卷御(四)》,《罗汝芳集》,卷一,页145。
③ 罗近溪:《语录汇集类·卷数(六)》,《罗汝芳集》,卷一,页202。
④ 王龙溪:《答南明汪子问》,《王畿集》,卷三,页66。

之方。"① 可知"打掉外向之拟议"与"折转之以反证自心"是
绝万恶之道的一体两面;免除心念的逐外偏滞,正是助成心念
复反之资。顺乎此,"恶"出现的起点在一念之偏滞。则反过来,
去恶工夫的重点顺理成章便是自觉从向外偏滞的流弊,逆反回
归良知之自身。"一念不偏滞"的去恶工夫,另一面便蕴涵"一
念之自反"义也。事实上,这种去恶工夫的理解继承了阳明哲
学"心即理"与"知行合一"的基本想法:之所以能说对病之"知"
与"觉"便是药,只能本乎阳明"心即理"的基本肯定;换言之,
"心"的当下之"知"与"觉"便是超越的主宰、便是魂兮归来
的消息、便是去恶治病的根本工夫与灵药,断不能从本心之"知"
与"觉"绕出去,向外另找对治过恶的药方。再者,对"恶"
之"知"即有去恶之"意"的想法,无非亦是本乎阳明"知行
合一"之教,肯定良知之"知"与自"觉"本身(阳明所谓"知
行的本体")便有为善去恶的充足动力。而尤其重要的是,"当
下"与"自反"是这种去恶工夫最为根本的两个面相:针对"念"
留滞而成的习气,故需强调保持"当下"之"念"能够常惺惺
与周流灵动;针对心念"偏滞"于现实之物的现象,则需强调
心念从感性之逐中"自反"而自识其良知之明。而"当下"与"自
反"同是阳明之学首肯者,其谓"一念改过,当时即得本心"②
及"凶人之为不善,至于陨身亡家而不悟者,由其不能自反也",③

---

① 唐君毅:《泛论阳明学之分流》,氏著《哲学论集》,《唐君毅全集》,
卷十八,页203。

② 王阳明:《文录一·寄诸弟》,《王阳明全集》,卷四,页172。

③ 王阳明:《外集六·谕俗四条》,《王阳明全集》,卷二十四,页
917。

明言"改过"与"去不善"的根本关键,无非在"当时"之"自反"矣。然基于教学方便,阳明的致良知教并没有倾侧于"一念反观以识本体"的一面,而终是强调"致良知"与"识本体"交转并进的圆教。^①阳明之学虽亦涵有"一念反观以识本体"的一面,但真正独出彩头发明此义者乃在阳明后学中。从唐先生指出龙溪、近溪之学重"指点一人之当下一念现前之良知灵明,自证其良知灵明",^②而江右以至蕺山之传"根本无自当下一念,日用寻常之视听言动中,当机指点之法门"^③等语,当可知道"当下自反"的去恶工夫,在龙溪、近溪之学中最能正面发挥。

通过以下龙溪、近溪的文字,可明"当下自反"去恶工夫的含义。龙溪与近溪分别说:

> 吾人此生干当,无巧说,无多术,只从一念入微处讨生死,全体精神,打并归一,看他起处,看他落处,精专凝定,不复知有其他。此念绵密,道力胜于业力,习气自

---

① 参考唐先生说:"原阳明之学,以致良知为教,良知是本体,即本体以显工夫,即致良知。致良知而本体日显,故工夫即所以显本体,此为阳明之圆教。故依阳明之义,致良知之工夫,是一种工夫。而识得本体,亦即是工夫。在阳明通常教人,皆取致良知以显本体之一途。而罕教人直接承当,当下凑泊此本体者。故其集中多专以'去人欲''存天理''集义''必有事焉''事上磨练'为言。""说由识以致可也,说由致以识亦可也。盖由识而益能致,由致而益能识,实交转并进,如环无端也。"唐君毅:《泛论阳明学之分流》,氏著《哲学论集》,《唐君毅全集》,卷十八,页194—196。

② 同前注,页202。

③ 同前注,页205。

无从而入，杂念自无从而生。此是端本澄源第一义，所谓宗要也。若持念不坚，散缓浮动，道力为业力所胜，强勉支持，杂念遣而愈增，习气廓而愈扰，所谓泥里洗土块，更无有清脱时也。然道力业力本无定在，相胜之机，存乎一念，觉与不觉耳。不觉则非昏即散，才觉则我大而物小，内重而外自轻。此持衡之势也。[①]

　　心是活物，应感无定而出入无常，即圣贤未至纯一处，其念头亦不免互动。《定性书》中所云惟怒最为难制，则人情大抵然也。譬之天下路径，不免石块高低；天下河道，不免滩濑纵横，惟善推车者，其轮辕迅发，则块磊不能为碍；善操舟者，篙桨方便，则滩濑不能为阻也。况所云念头之杂、忿怒之形，亦皆是说前日后日事也。孔子谓：不追既往，不逆将来。工夫紧要，只论目前。今且说此时相对，中心念头果是何如？[②]

熟知龙溪之学者，当知"一念自反，即得本心"是龙溪在教学过程中一再强调的话头。[③]于前则引文，龙溪便明言"一念入微处"是圣学工夫第一义的宗要：只要提起此念，则习气杂念无从而起；若是持念不坚，则习气杂念便会愈来愈增。何以一念的提起便能去恶？当知道，这里所谓的"一念"绝非憧憧往

---

①　王龙溪：《答李渐庵》，《王畿集》，卷十一，页271。

②　罗近溪：《语录汇集类·卷射（三）》，《罗汝芳集》，卷一，页96—97。

③　王龙溪：《致知议辩》，《王畿集》，卷六，页134。王龙溪：《华阳明伦堂会语》，《王畿集》，卷七，页162。王龙溪：《孟子告子之学》，《王畿集》，卷八，页190。

来、生灭不断、杂以感性之念，而当提起来从本心当下的发用来理解。如龙溪曾说："念有二义：今心为念，是为见在心，所谓正念也；二心为念，是为将迎心，所谓邪念也。"①又曰："今人乍见孺子入井，皆有怵惕恻隐之心，乃其最初无欲一念，所谓元也。转念则为纳交要誉、恶其声而然，流于欲矣。元者始也，亨通、利遂、贞正皆本于最初一念，统天也。"②明将"原初""当下"的"一念"，理解为本心的发用。次则引文中，近溪即以推车操舟为喻加以说明：虽然天下路径崎岖河道迅猛，但当下用功操控轮辕篙桨，则一切境遇不成阻碍；同理，念起念灭的延绵河流亦是出入无常，但当人握紧"当下"念头，即同能操控自己。此所谓"工夫紧要，只论目前"是也。进一步说，这种本心当下一念之自觉，本来便具有去恶的功用。龙溪有谓"虽有欲念，一觉便化，不致为累"③"才动即觉，才觉即化"，④近溪亦言"宪使升堂而隶胥自肃，大将登坛而兵卒自严，则慎独之与杂念之类也"。⑤对此唐先生解释曰："吾人只须真自信得及，此一节之知即全体之知。多一念自信，即多去一障碍，多去一蔽，自信愈深愈真切，则去障碍与蔽之功愈深，愈真切。念念自信得及，则人欲无安顿处而净尽，而天理流行。于是不须说去人

---

① 王龙溪：《念堂说》，《王畿集》，卷十七，页501。
② 王龙溪：《南雍诸友鸡鸣凭虚阁会语》，《王畿集》，卷五，页112。
③ 王龙溪：《松原晤语》，《王畿集》，卷二，页43。
④ 王龙溪：《水西同志会籍》，《王畿集》，卷二，页36。
⑤ 罗近溪：《语录汇集类·卷射（三）》，《罗汝芳集》，卷一，页99—100。

欲,而去人欲之功夫自在。不须说邪思枉念恶念之销除,而一切邪思枉念恶念已自无滋生处。"① 何以故?试以纷扰人心的闲思杂虑为例:当人自觉思虑纷扰时,若再孜孜以求杂虑的销除,此强求销欲之念本身,反而更会加剧心念的纷扰。反之,不去强求杂念的销去,而只专心致志、念念要存天理,则闲思杂虑反会在无形间自然散去。此义虽是龙溪、近溪之胜场,但事实上阳明之学亦早已蕴含:"欲求宁静,欲念无生,此正是自私自利、将迎意必之病,是以念愈生而愈不宁静……只是一念良知,彻头彻尾,无始无终,即是前念不灭,后念不生。"② "责志之功,其于去人欲,有如烈火之燎毛,太阳一出,而魍魉潜消也。"③ 由此可见,一"念"的自觉,便即指向"心"之本体的复还,进而便能发挥最为根本的去恶功用。以龙溪的话语来说,此去恶的方式无非是"即本体便是工夫"之法门。④ 若从一个比较的观点看来,此决定人生堕落(陷溺)或超拔(自反)的"一念",形式上亦即通乎佛家天台宗"一念无明法性心"的概念。⑤ 牟先生尝解释曰:"一念执,法性即无明,则十界皆染,虽佛亦地狱也。一念不执,则无明即法性,十界皆净,虽地狱、饿鬼

---

① 唐君毅:《泛论阳明学之分流》,氏著《哲学论集》,《唐君毅全集》,卷十八,页200。

② 王阳明:《语录二·传习录中》,《王阳明全集》,卷二,页67。

③ 王阳明:《文录四·示弟立志说》,《王阳明全集》,卷七,页260。

④ 王龙溪:《天泉证道纪》,《王畿集》,卷一,页2。

⑤ 这点补充受益于《中国文哲研究集刊》决审意见的提醒,特此感谢。

亦佛也。"①人生境界的高低升降——是住于无明而陷地狱，抑或证得法性而成佛——无非存乎当前"一念"之间的"执"与"不执"。又牟先生复言："若迷，则虽佛法界亦迷，迷而为众生；若悟，则虽地狱亦悟，悟而成佛。"②则"一念"的"执"与"不执"，便即同时是更显工夫义的"迷"与"悟"。是则"觉悟"而从迷执中超升，永远是当前可作的工夫。落在王学传统中，"觉悟"工夫本来就是近溪之学之所重，甚至直以之为儒门自孔孟以降的工夫宗旨："《语》《孟》具在，如曰'苟志于仁矣，无恶也'，又曰'我欲仁，斯仁至矣'，又曰'凡有四端于我者，知皆扩而充之，若火之始然，泉之始达。苟能充之，足以保四海'，看他受用，浑是白日青天，又何等方便也。……当其觉时，即迷心为觉，则当其迷时，亦即觉心为迷也。夫除觉之外，更无所谓迷，而除迷之外，亦更无所谓觉也。"③明谓当下转迷为觉的觉悟，便是"拨云雾见青天"的契机。申论至此，当知"一念"之自反与觉悟，永远是当前可作的工夫；而此龙溪、近溪之学的教学宗旨，亦即儒门最为根本的去恶法门也。

最后尤需讨论的是，前文提及一念的反观，有将本心固定化而沦为"光景"的可能弊病。现在阳明学者强调"当下自反"的工夫，这项工夫本身岂不又恰好使人重落窠臼？如是又如何能为根本的去恶工夫？事实上，虽然龙溪、近溪相信一念自反

① 牟宗三：《佛性与般若（下）》，《牟宗三先生全集》，卷四，页1217。

② 同前注，页701。

③ 罗近溪：《语录汇集类·卷御（四）》，《罗汝芳集》，卷一，页137—138。

而得之良知，内具销除物欲杂念的功能；"然近溪于此灵明，则亦尝自加参究，而误入歧途"，继而生起"玩弄光景"的弊病。①是则"自反"作为去恶工夫的确切含义，必须进一步澄清。以下借用唐先生的相关思考帮助澄清这里的问题：

> （原来反观之本质，即是自觉作用，因此处所重在所觉物件一面，故名反观，乃所以别于对反观之自觉一名）。所以当此反观真为我们所自觉时，则此反观，常正是表现为反乎我们之陷溺之念之另一种活动（亦即此反观为一独立之自觉作用，故我们能自觉此自觉作用）。②

> 我们从来不曾说，"自觉"是以"一自己"为物件。因为你并不能真想像一自己，而以之为所对或物件。所谓自己原只是一与"所对"相对之"能"，所谓自觉，只是对此"能"本身之自觉。对此"能"本身之自觉，即不断有新能，以此新能，贯彻于旧能，而不感隔阂之存在。此新能与旧能，乃非二非一。所谓自觉超越限制者，不外新能不停滞于旧能，旧能过渡到新能，而旧能复投映于新能。所以真正的自觉，真正的超越自己之限制，并非真以一自己，为所对之物件。③

此见"反观"（通"反省"）与"自觉"（通"自反"）两组概念的异同分合："反观"的本质，本来亦是"自觉"作用。盖从一义看，两者同是心思止乎向外逐取，转而回向自身之内的活动。

---

① 唐君毅：《中国哲学原论·原教篇》，页 251。
② 唐君毅：《道德自我之建立》，页 142。
③ 同前注，页 45。

然而，所不同者则在"反观"活动"重在所觉物件一面"，于此能所对峙的面相更显。而恰好是"反观"活动这种能所对峙的特性，容易指向心之自身的对象化与固定化。相对而言，所谓"自觉"只是心之"能"的一面自身不断的彰显；在此意义上，唐先生亦尝谓心之本体是一"纯粹之能觉"。① 而在"真正的自觉"与"纯粹之能觉"的表现中，"以一自己为所对物件"之义则较为不显。这里的区分虽然甚为抽象难懂，却极有助于解释"自觉"与"自反"工夫的真正意涵。再看唐先生以下文字：

> 怎样才不生陷溺之念？不生占获的意思，不将现实的物件隶属之于我；心常清明的涵盖于身体与物之上，即不生陷溺之念。于发生任何活动时，但觉此活动通过我心而发出表现，但反观此活动之表现发出，而不加任何把握的意思，即是不陷溺之念。忘物我之对峙，而只顺乎理以活动，即不生陷溺之念。不陷溺，即忘物我之对峙；忘物我之对峙，则我之活动均依理而行，故又名之曰天理流行、依乎天机而动。②

配合上文的分析，"当下自反"的根本意思于此即告水落石出：人在每一个当下的处境但觉天理通过我心而流行，虽反观而又不加任何把握的意思。试举一例：当人乍见孕妇进入地铁车厢时，良知的发用当下便会指引人起来让座。此当下的让座无非只是依乎良知自然而然的发用。而又由于良知便是天理之所在（据"心即理"义），则依乎良知自身自然之用，同时亦

---

① 唐君毅：《道德自我之建立》，页19。
② 同前注，页144—145。

只一循于理、依理而行（而不是依"我"而行）的活动。如是，在让座的过程中，人由始至终只当让座是"理所当然"的觉知（所谓"理通过于我而流行"）；一切离乎此而想及"我"者，都是歧出的念头。如让座之前置定"让座能够成就自我品德"的预想、让座之后留有"我刚成就了好人好事"的回顾，凡此任何离乎当下处境思前想后的"反观"念头，都有堕落为私的可能。阳明所谓："过去未来事，思之何益？徒放心耳！"[①] 试再想象进一步戏剧化的情节：让座以后，静立之时，人看见另一乘客遗留了钱包，而即"理所当然"地拾起归还。此中过程的每一时段同样不需（亦不应）有"能""所"对峙的反观活动，盖其往往易有进一步造成自我把捉之弊也。是则让座固然是良知以"动""感""显"的方式表现其"能"，静立之时良知事实上亦不失其以"静""寂""隐"的方式保存其"能"，及至在路不拾遗的处境良知又以"动""感""显"的方式重新发动其"能"。在这一连串事件中，人都不需作"能""所"对峙的反观想象，不需勉力思索，亦不需先有重复长期的预备；只当如上文所言，直任良知常惺惺、活泼泼的特性，其"能"便能动而愈出，不断有其新能，以至新能常能贯彻于旧能。近溪有谓："有时忘记，却忽然想起，有时歇手，却惕然警醒。"[②] "自觉"工夫即是能→能→能……这样一个提撕警觉相续不断的过程。是则可见所谓"真正的自觉"与"纯粹之能觉"，无非只是直任良知（同时即是天理）之自己不断彰显其自身的活动。对比一般勉力、人

① 王阳明：《语录一·传习录上》，《王阳明全集》，卷一，页24。

② 罗近溪：《语录汇集类·卷礼（一）》，《罗汝芳集》，卷一，页31。

为、积习、渐教的修行方式，这种工夫更强调自然、无为、当下、直悟的面相。与其苦苦思索安排，倒不如直任良知之"能"（亦即天理）在每一个日用寻常、当下应物的处境中自然展现。这种在《易·系辞传》谓之"何思何虑"的表现，与其说是修养完成后的效验结果，倒不如理解为成德过程中的用功所在地。事实上，阳明、龙溪、蕺山都不约而同地曾经通过伊川之言，指出"何思何虑""正是工夫""却好用功""正好用工夫也"。①阳明便明言："何思何虑正是工夫。"而又由于这种工夫没有一般意义下的工夫相，故亦可谓"无工夫之工夫"。②以近溪之言来说："工夫难得凑泊，即以不屑凑泊为工夫，胸次茫无畔岸，便以不依畔岸为胸次。解缆放船，顺风张棹，则巨浸汪洋，纵横任我，岂不一大快事也耶？"③

唐先生尝言："你要知道，一切性格、习惯的势力，一切环境的势力，凡已表现者皆在过去，都属你过去的宇宙。他们全部势力之交点，在你的当下，然而未来，永远是空着的。未来尚未来，过去已过去，当下的你便是绝对自由的。对于你未来的行为，你明明正在考虑各种可能的方式，明明尚未决定，而

---

① 王阳明：《语录二·传习录中》，《王阳明全集》，卷二，页58。王龙溪：《答南明汪子问》，《王畿集》，卷三，页66。刘蕺山：《治念说》，《刘宗周全集》第2册，页372。

② 林永胜尝撰文非常详尽地分析这种工夫的意涵。参见林永胜：《反工夫的工夫论——以禅宗与阳明学为中心》，《台大佛学研究》第24期（2012年12月），页123—154。

③ 黄梨洲：《泰州学案三》，《明儒学案》，卷三十四，页257。

待你去决定，你不是绝对自由的吗？"[1] 毋庸置疑，人的何所是，总不免受性格、习惯、环境的因素影响。然唐先生提醒我们，这都属于"过去"的宇宙。自我的"未来"，却永远是开放的，总是向人呈现着无穷的可能性。种种"未来"潜在的可能（potentiality）中，何者最终成为现实（actuality），取决的便是每一个人"当下"的决定。当下的一念，是使人沉沦万恶的起点；当下的一念，亦正好是驱除万恶的转机。而此决定圣凡的一念，即可透露出人的绝对自由：世界的变化很多时候有"命"存焉，不是人力可预。但人生的陷溺与超拔，以至人格的高低升降，则从根本而言是人当下可以自作主宰者——乃由人之自己是否"用工夫"所决定。如上所论，针对情意知识的"偏滞"，"不偏滞"与"剥落"即是相应的工夫；针对心念"向外"的逐取，"自反"与"直悟"则如太阳般是驱散魑魅的良方；至于针对修道过程中反观活动引致本心固定化为"光景"的可能弊病，则需辨清"自反"与"自觉"工夫自始便无把捉固定本心的余地。将以上三层意思视为有机的整体，便可理解心学传统彻上彻下使人超凡入圣的去恶工夫矣。最后以唐先生一段说话总结本节："由我们随时都有罪可犯，有通一切善之路可走，于是我们可真了解道德生活是莫有放假一语，而知在当下之视听言动，饮食起居上随处用功，使不生陷溺之念。"[2] 无论看似卑下的饮食之欲，以至看来高尚的反省工夫，一切人生的活动随时伴随着可能的罪过；然而，针对每一个可能堕落的层面，人又可随处用

---

[1] 唐君毅：《道德自我之建立》，页 17。

[2] 同前注，页 145。

功不生陷溺。人时时都可犯罪，于此乃见人生莫大的悲壮；但人随时用功、随时改过去恶、随时立地便是超凡入圣，此则又是人生莫大的安慰！

四、小结

通过本章清理浙中、泰州学者（尤其王龙溪与罗近溪）与唐君毅先生的文字，希望能够阐明儒学（尤其心学传统）在"人之所以有恶的解释"及"如何能改过去恶"两个问题上的基本态度。总而言之，本章以"念"的歧出与偏滞解释了"恶"的出现之过程。而尤其"心"内部的心知、知识、反省活动，意想不到的竟是导致本心陷溺、偏向、堕落的帮凶。希望这项工作有助廓清儒学传统中与过恶议题相关——包括"私""滞""着""蔽""偏""过""恶""欲""溺""习"等——的复杂概念丛，继而给予学界对于儒学"恶"的理论一个系统的了解。最后，对应于圣凡不同的种种可能弊病，本章亦分析了当下一念之自觉自反，如何在不同层面上是改过去恶的根本工夫。

第五章

知见空言
——罗念庵论"学者"之"过" *

一、前言

如前章所论,"识"或"知识"活动如何助成"常人"过恶的产生,乃浙中、泰州学者首要关注的课题。相较而言,阳明学者中另一重要人物——江右学派的罗念庵,则现身说法,深

　　* 本章的初步构思曾在 2017 年深圳大学国学研究所主办的"'儒学的历史叙述与当代重构'国际学术研讨会"中报告,谨此感谢与会者的指教。又本章的主要内容,亦曾发表于《知见空言——罗念庵论"学者"之过》,《汉学研究》第 34 卷第 4 期(2016 年 12 月),页 99—130。感谢《汉学研究》编委会及审查人的指教。又开始本章之前,笔者必须对"学者"一词稍作说明:"学者"(约相当于英文的 Confucian Practitioners)本来就是理学用语,用以指涉学宗孔门并致力成德者。这种意义的"学者"是本章主要的探讨对象。而行文中凡是这种用法的"学者"都会放入引号,或以修道者、修道学者、修道之人表示。至于现代日常语言中,亦有"学者"(相当于英文的 scholars)一词,泛指对特定学术领域具有专门知识的专家。虽然这种意义的学者并非本章乃至念庵之学的主要讨论对象,但个中的训诫仍然十分值得现代学者——尤其是专研儒学者借鉴参考。

刻地反省了"学者"在修道过程中常犯的弊病。当代新儒家唐君毅先生指出念庵之学"纯是一为己之学"，尤其关注妨碍良知在现实中充量表现的搅和问题。^①笔者认为，唐先生的阐述尤能体贴念庵之学的精微，其中的洞见是学界较少注目的。本章将通过发明唐先生的洞见，指出念庵之学在过恶问题上的理论贡献：一方面警醒"学者"在修道过程中种种"知见""意见""空言"之"过"，另一方面重申静默实修在工夫历程中的重要。^②

如是，本章的讨论主要分为四部分：除了本节前言外，笔者将在第二节讨论念庵眼中"学者"常犯之"过"。在念庵眼中，相较于常人常犯"物欲"的弊病，"学者"常犯的"知见""意见""空言"之"过"往往更深且微。讨论尤其会注重"语言"与"修德"的关系问题。第三节，笔者将会针对"学者"常犯之"过"，分析念庵眼中相应的去欲工夫。最后，在第四节总结本章。

二、"学者"知见空言之"过"

"欲"的弊病是念庵终其一生反复面对的难题。念庵在其一

---

① 唐君毅：《中国哲学原论·原教篇》，页254。

② 关于罗念庵思想的理论定位，在阳明后学的研究中是个极富争议的课题。如清儒黄宗羲对念庵之学推崇备至，以之为王学之嫡传。牟宗三先生则以为罗念庵思想不切于王学，对师说不得其门而入。笔者相信本章对罗念庵思想的分析，可以帮助学界更好地定位罗念庵思想的理论意义。唯由于本书主旨在过恶思想的探讨，为免旁生枝节，有关罗念庵思想定位的争议则姑且略去。对此有兴趣的读者，请参看笔者《知见空言——罗念庵论"学者"之过》一文的相关部分，尤其第四节的总结。

生问学过程中，不止一次说过"欲根种种未断耳"[①]"迩来自验凡所以如此者，皆缘欲根未除，故随在染着耳"[②]等语句。从其所言"吾儒自有正脉，一涉搀和，皆非无欲之体"，[③]可知一旦良知在现实表现时稍涉"搀和"夹杂，"欲"的弊害便会萌生。而在唐君毅先生眼中，此良知之"搀和"问题甚至本来就是通乎"王学之流中所共有之一问题"。[④]如与念庵时有争论的王龙溪，便尝指出致良知的实践过程稍有"些子搀入"——不论是意见、典要、拟议安排、气魄、有所作、格套、能所——凡此皆会染杂良知，妨碍其真正的表现。[⑤]

种种夹杂搀和之中，"意见""安排""智巧"可说是宋明儒者向来尤其警惕的弊病。例如陆象山言："愚不肖者不及焉，则蔽于物欲而失其本心；贤者智者过之，则蔽于意见而失其本心。"[⑥]王阳明言："学问最怕有意见的人，只患闻见不多。良知闻见益多，覆蔽益重。反不曾读书的人，更容易与他说得。"[⑦]王龙溪言："俗人懵懵，日用不知，真是虚枉，与禽兽无异。而贤智者又添一番意识见解，或蔀蔽于见闻，或梏滞于名义，或牵缠于情感，起炉作灶，千条万绪，顿令此根不得生生，此窟不

---

① 罗念庵：《冬游记》，《罗洪先集》，卷三，页 54。

② 罗念庵：《书龙华会语后》，《罗洪先集》，卷十六，页 694。

③ 罗念庵：《答湛甘泉公》，《罗洪先集》，卷七，页 237。

④ 唐君毅：《中国哲学原论·原教篇》，页 255。

⑤ 王龙溪：《维扬晤语》，《王畿集》，卷一，页 7—8。

⑥ 陆象山：《与赵监》，《陆象山全集》，卷一，页 6。

⑦ 王阳明：《传习录拾遗五十一条》，《王阳明全集》，卷三十二，页 1172。

得净净……所以贤智之过与愚不肖等也。"① 刘蕺山言:"智只是故之一端,而孟子特指以证性。此一点是非之心,尤容易起风波,少错针锋,无所不至,故孟子指出凿字。凡叛道之人都是聪明汉。"② 以至念庵自己亦言:"耳目口鼻四肢之欲,欲也。有安排者,亦欲也。"③ 凡此可见,愚不肖与俗人固然易被耳目口鼻四肢之物欲所牵引,以致犯下种种与禽兽无异的弊病;但贤者、智者、读书人、聪明汉只要稍有意见、安排的夹杂,亦同会犯下"与愚不肖等也"的弊害。从阳明与蕺山两段文字,清楚可见有意见的聪明汉运用其智巧所犯之"过",甚至比起常人所犯更为离经"叛道"。此义不难了解:对于心学学者而言,本心良知总是超临于经验意念之上,而常保持其知是知非的作用。是则常人即使犯下过恶,心学学者相信其内心依然自知其非。如阳明便言:"良知在人,随你如何不能泯灭,虽盗贼亦自知不当为盗,唤他做贼,他还忸怩。"④ 相对而言,读书之人闻见益多,愈有自己的意识见解与聪明智巧,但也愈容易使得他们文过饰非,"覆蔽益重"。由是可见智巧、闻见、读书、聪明的二重性——一方面固然能够助成仁德的实践(所谓"知者利仁"),但另一方面错误的运用亦会加剧罪恶的严重性。⑤ 诚然,在良知发用的过程中,固然不可能缺乏闻见知识的助成与配套——若见孺子将入于井

---

① 王龙溪:《答楚侗耿子问》,《王畿集》,卷四,页100。

② 刘蕺山:《语类十四·学言下》,《刘宗周全集》,页550。

③ 罗念庵:《奉李谷平先生》,《罗洪先集》,卷六,页177。

④ 王阳明:《语录三·传习录下》,《王阳明全集》,卷三,页93。

⑤ 关于"知识"与"罪恶"错综复杂的关系,可以参阅本书第四章第二节。

但不知其险，则又何来后续的道德感知与行动？问题在于，知识活动理当在良知的规约下定位为"良知之用"（阳明所谓"良知不由见闻而有，而见闻莫非良知之用"[1]）；反之，一旦知识的运用离乎良知的规约，便有造成错误运用的可能。意见、安排、智巧等流弊，便都是知识活动错误运用的结果。

念庵尤具灼见者，则在更为细致地指出良知挽和的问题不仅困扰"常人"——在"学者"志于圣学的求道过程中，竟也难免涉及己私夹杂的可能：

> 克己之己，即由己之己，亦即己私之己，莫非己也。稍不能忘，便属己私，故"己"字甚微。惟尧舜然后能舍己，惟夫子然后能无我，非颜子承当"克己"二字不得。克字只应作克治看。若训作克去，不特不尽夫子之学，亦于文义不完。故夫子尝言"修己以敬"，即是克己之意。使不忘有我，即修己亦只成一个私意，岂能安人、安百姓哉！但谓由己之己，更无私意可克，却稍涉执著，俱不类当下本色话矣。[2]

此段念庵论及"克"与"己"的解释，及其延伸意涵："己"作"己私"解时，意指种种障碍成德的私欲。作（为仁）"由己"解时，则意指一己实践仁德的力量。相对于"己"的二义，"克"字亦可作两解："克"可以解作克去，侧重"己"作为私欲的意义而有待摒除。"克"亦可以解作克治，强调"己"作为管治的角色，而能作主宰。统合起来，此义的"克己"即通于修己，着

---

① 王阳明：《语录二·传习录中》，《王阳明全集》，卷二，页71。

② 罗念庵：《寄邹东廓公》，《罗洪先集》，卷六，页195。

重一己仁德的培养。念庵认为，"克"作克治解，"克己"作修己解，一方面更能充尽儒门修养本体先于对治私欲的义理；另一方面则更能贯通文义（使《论语》原文"克己复礼为仁"与"为仁由己，而由人乎哉"更为相符）。[①] 念庵于此更进一步的洞见是，感官层面的私欲固然隶属"己私"的弊病；但若过程中"稍不能忘""不忘有我""稍涉执着"，则一切修己工夫"亦只成一个私意"，同样沦落为"便属己私"。换句话说，即使是"学者"的修身过程之中——无论是作"去人欲"的克去工夫，抑或"存天理"的修己工夫，己私夹杂的弊病总可能潜伏其中。

一般意义下的"意见"弊病助成了狡诈之徒"无所不至"的罪恶，此是通乎宋明儒者的共同关注。而念庵独具慧眼者，则是点明修道之人在学道过程中，往往更易搀入一种更深且微的"意见"弊害。对此唐先生有言："如江右学案东廓学案记龙溪与东廓谈论，谓'隐隐见得自家本体，而凑泊不得。是本体与我终为二物'。谓此即意见，则其义较深。龙溪之责念庵不脱落知见意见（念庵学案），即指此深义之意见也。"[②] 修道之人即使已经"隐隐见得自家本体"，但只要落于知见意见的毛病，他们的修道便永远与本体不得真正的凑泊。在这个意义上，这种困扰修道者而不易察觉的知见意见之"过"，更是"其

---

① 相关的讨论亦见张昆将：《阳明后学对自我理论的分化与深化》，收入蔡振丰等编《东亚传统与现代哲学中的自我与个人》（台北：台大出版中心，2015 年），页 118—119。张兵：《"体知"解意》，收入杨儒宾、张再林编《中国哲学研究的身体维度》（台北：台大出版中心，2017 年），页 311—313。

② 唐君毅：《中国哲学原论·原教篇》，页 256。

义较深"的弊病。念庵之学独出彩头之胜场，便是在于极为深刻地反省了"知见""意见"对修道之人的弊害。念庵这样阐明"知见"之病：

> 凡聪明者善推求，推求则得之易，而亦易变幻，故其弊也旷……夫知见既得之以推求矣。倏忽转移之间，万感交错，孰为反观，气机相乘，习根起于隐伏，即与向时知见了不干涉，又孰能即为别白，使之炯然内莹，丝毫不令少杂哉？故知见透彻即是明善，不透彻即是支离见解，如所谓弄精魂者，犹是作用之谬，非吾人知见可拟。此处如澄浊水相似，直须久久调习；又如生驹入衔辔，其始不能不烦鞭策之劳，未可遽以知见所到，便谓足力可几也。[①]

学道之人片刻"知见所到""隐隐见得自家本体"，自然是导向理想生命的向上一机。但自恃一时之"见"，而脱略"久久调习"的持守历程，则一时的见道亦"易变幻"，"倏忽转移之间"便又会重回溷杂。从一义上说，固然"知病便是药"；具有知悉自己患病的意识，是治病的先决（亦是最根本的）条件。但从另一义来说，除病更涉及长时间按时服药和调理身心的过程。同理，知得见得自己生命处于不理想的状态，固然是善化自身的转机；但欠缺伴随种种"如澄浊水相似"惩治调习的工夫，则一时的见道亦仍然不能令生命免于一团溷浊。当知道，若非气质本已清澈的上根之人，日积月累的习气总会拖拉任何学道之人的后腿。俗语所谓"学坏三天，学好三年"，培养良好的习惯固非易事，惩治败坏的习气以免"习根起于隐伏"更非一蹴

---

① 罗念庵：《答万曰忠》，《罗洪先集》，卷七，页268。

可几。由此观之，通过"知见"见得自家本体本来可以是常人向上一机，就此而言"知见"一词并无劣义；此亦念庵所以言"知见透彻即是明善"。然而，若只停留于"知见"所到而不加调习，则良知本体便会与己了不干涉，沦为"弄精魂"的"支离见解"。于此充分彰显求道过程中，只有"知及"（"知见所到"）而欠缺"仁守"（"久久调习"）的弊病。

在主体（subjective）证悟的过程中，对本体的把握可以只停留在"知及"的层面，而成为"知见"；若在交互主体（inter-subjective）的论学过程中，复执于其"知见所到"，则更会构成尤其困扰"学者"的"意见"弊害。常与念庵问学的王龙溪便尝曰："今人讲学，以神理为极精，开口便说性说命，以日用饮食、声色财货为极粗，人面前便不肯出口。不知讲解得性命到入微处，一种意见终日盘桓其中，只是口说，纵令婉转归己，亦只是比拟卜度，与本来性命生机了无相干，终成俗学。"[①] 学道之人固比常人更能证悟儒门理欲义利之辨，更能脱俗从"日用饮食声色财货"转往"神理""性命"的追求；然而，学道之人正亦更常留驻在知性的层面对本体性命作种种"比拟卜度"，以至终日盘桓于"意见"之中。龙溪明言"学者"这种流连于"意见"的活动，"与本来性命生机了无相干"，甚至深深叹曰："吾人今日致知工夫不得力，第一意见为害。这意见是良知之贼，卜度成悟，明体宛然，便认以为良知。"[②] 念庵虽与龙溪时有争辩，但亦深深认同龙溪对"学者""意见"之病的照

---

① 王龙溪：《冲元会纪》，《王畿集》，卷一，页3。
② 罗念庵：《夏游记》，《罗洪先集》，卷三，页71。

察:"可谓切中今时之弊矣。"[1]念庵自己这样理解"意见"的弊病:

> 向者从事于学,不免支离于口耳,出入于意见。工夫
> 作辍,竟不合一,汩没岁年……千古圣贤工夫无二端,只
> 病痛不起,即是本心;本心自完,不劳照管。觅心,失心;
> 求物理,失物理;守良知,失良知;知静,非静;知动,
> 非动。一切弃下,直任本心,则色色种种平铺见在。但不起,
> 即无病;原无作,又何辍乎?故曰"道不远人",又曰"道
> 心"。天道流行,岂容人力撑持帮补?有寻求,便属知识,
> 已非所谓帝则矣。[2]

对于念庵来说,天道与本心的呈现不容人力帮补安排;只要"病
痛不起",本心便自能泛应曲当地呈现其应事接物的作用。反
之,愈是费力寻求,则反倒与不识不知的"帝则"距离愈来愈
远。此所谓"觅心,失心;求物理,失物理;守良知,失良知;
知静,非静;知动,非动"是也。值得注意的是,念庵将"学
者""支离于口耳,出入于意见"的弊病与"知识"扣连起来,
以为"有寻求,便属知识",凡此皆非求道的恰当法门。事实上,
此义可谓本乎阳明致良知教的基本精神:由于"心即理"是阳
明心学的基本肯定,学道之人通过向内自反的方式便能把握本
心与天理。此在心学学者而言,无非便是圣学的"易简"工夫。
口耳闻见虽亦有助成本心发用的意义,却并非求道的根本方式。
所谓"夫有所向者,欲也",[3]一旦"心"离乎其作为天理之自

---

① 罗念庵:《夏游记》,《罗洪先集》,卷三,页72—73。

② 罗念庵:《答陈豹谷》,《罗洪先集》,卷七,页290—291。

③ 罗念庵:《跋〈通书·圣学章〉后》,《罗洪先集》,卷十六,页683。

身而向外拟议求索，即成"欲"的表现。念庵尝言："知识之痛，岂小小哉？"①与上文所引阳明以为"读书愈多意见愈深往往覆蔽益重"的想法可说是如出一辙。由此观之，学道之人虽较常人对于本体性命更有所"知"、更有所"见"，但也更容易犯上执滞于"知见""意见""知识"的弊病。

进一步说，"学者"在修道过程中犯上"知见""意见"的毛病，与"言说""语言"有着极为密切的关系。众所周知，阳明晚年拈出"良知"二字，进而提倡"致良知"为彻上彻下的根本工夫（"近来信得致良知三字，真圣门正法眼藏"②），阳明虽提"致良知"为其教法的最后定论，但他提倡此教的同时亦不免有着深深的隐忧：

> "近来信得致良知三字，真圣门正法眼藏……"又曰："某于此良知之说，从百死千难中得来，不得已与人一口说尽。只恐学者得之容易，把作一种光景玩弄，不实落用功，负此知耳。"先生自南都以来，凡示学者，皆令存天理去人欲以为本。有问所谓，则令自求之，未尝指天理为何如也。间语友人曰："近欲发挥此，只觉有一言发不出，津津然如含诸口，莫能相度。"久乃曰："近觉得此学更无有他，只是这些子，了此更无余矣。"旁有健羡不已者，则又曰："连这些子亦无放处。"③

---

① 罗念庵：《与唐荆川》，《罗洪先集》，卷六，页222。

② 王阳明：《年谱二·自正德己卯在江西至正德辛巳归越》，《王阳明全集》，卷三十四，页1278—1279。

③ 王阳明：《年谱二·自正德己卯在江西至正德辛巳归越》，《王阳明全集》，卷三十四，页1278—1279。

　　　　近时同志亦已无不知有致良知之说，然能于此实用功
　　者绝少，皆缘见得良知未真，又将致字看太易了，是以多
　　未有得力处。虽比往时支离之说稍有头绪，然亦只是五十
　　步百步之间耳。就中亦有肯精心体究者，不觉又转入旧时
　　窠臼中，反为文义所牵滞，工夫不得洒脱精一，此君子之
　　道所以鲜也。[①]

阳明的致良知教旨在指出人人皆具良知的"真面目"，据此推致
即是圣学的根本工夫；反之，从知解上入以至向外求理，则会
造成工夫上支离的弊病。阳明自信这样的致良知教是"千古圣
圣相传一点滴骨血"。而阳明极力强调的是，他对致良知工夫的
认取是"从百死千难中得来"。换言之，致良知作为阳明最终的
工夫教法之所以能够真实受用，必须要每一个修道者各自在其
特殊的个体生命中修行奋斗。每一个修道者，都必须要针对自
己气质生命的种种殊别情况而作出相应的克治，切切实实变化
其殊别生命的气质，在这样的过程中，致良知教才能成为真正
的自得之学。反之，一旦修道者只停留在言说知性的层面上把
握致良知教，而欠缺"实落用功"的过程，则致良知教便只会
成为虚说。是以引文中阳明虽以致良知三字将其教法"不得已
与人一口说尽"，但使得致良知教能够真实受用的内涵却始终是
"有一言发不出，津津然如含诸口，莫能相度"。有人问及天理
所在，阳明亦不敢在言说知性的层面"指天理为何如"，而只"令
自求之"。甚至于，阳明更警戒"学者"对致良知教的健羡，本
来亦无些许可放之处（"连这些子亦无放处"）。阳明的致良知教

---

　　① 王阳明：《文录三·与陈惟濬》，《王阳明全集》，卷二，页222。

一方面固然强调对本体的识取与证悟，但另一方面亦必须强调实落在事事物物之上作推致的工夫。换言之，"致"必须是本乎"良知"的指引下推致，而"良知"亦必须在"致"的过程中方能识取；"显本体"与"做工夫"两者交转并进、缺一不可。此义唐先生说得清楚："原阳明之学，以致良知为教，良知是本体，即本体以显工夫，即致良知。致良知而本体日显，故工夫即所以显本体，此为阳明之圆教。"①"说由识以致可也，说由致以识亦可也。盖由识而益能致，由致而益能识，实交转并进，如环无端也。"②在致良知教这种"交转并进，如环无端"的结构中，缺乏对"良知"的识取或"致"的落实工夫其中一面，都会带来各走一端的弊病。阳明之世的"学者"在致良知教的提醒下，大概知悉理不在外，而只能向内求诸良知与本心；但若其修道只停留在文义知性的层面理解知见，而欠缺着实推"致"的工夫，未有投身"百死千难"克治私欲习气的过程，则致良知教亦终会滑落为未能真实受用的"支离之说"。在此意义上，其时"学者"可谓不觉又重堕旧儒的窠臼中，两者无非五十步百步之间而已。

念庵之学的一个核心关怀，便是本乎阳明这种对"学者"牵滞文义的忧虑，继而更为深入地照察工夫上"空言"的弊病。在《罗洪先集》中，有关念庵警惕"空言"弊病的文字俯拾即是。例如"未尝不孳孳以躬行为先，以寡欲为要，尤以空言少信为

---

① 唐君毅：《泛论阳明学之分流》，氏著《哲学论集》，《唐君毅全集》，卷十八，页194。

② 同前注，页196。

深耻"①"此处一涉言句,便有病,只久久嘿证可也"②"据以言说,可谓大凿而且支矣"③"夫子虽善诱,不能使全体毕露于言句间也"④"谈论徒勤,躬行缺失"⑤"又当省却应酬,尽斥言论"⑥等等。现在仅需通过讨论以下两则,便能充分阐明"学者""空言"的流弊:

> 夫子言学不厌,教不倦,必先以默识,何哉?欲人自得于心而后可以及于人也。学之不明久矣,自谈学者出,即谤毁日甚。岂人人皆安于习俗,作恶正道如此哉?盖有由也。彼以为好名之心太胜,务实之意或寡,急于求人之知,而不急于自足其知,其所望于谈学者固不细也。象山有言曰:"古之人,言论未形,事实先著。"有味乎其言之也。夫解释理道,分辨是非,此儒者审问、慎思、明辨之事,不可废也。言之不出,耻躬不逮。颜子终日如愚,非不问与思与辨也。彼反之于心有未协,考之于行有未一,则思所以自克而自修焉,此其为问与思与辨也大矣!恐人知其有也,抑亦其下者也。躬之不逮于言,自古已然,况今日哉!……今世著书满家,甲可乙否,使人莫知取的,有圣人起,必将付之秦火。以反躬实践为先,一切智足以先人、言足以文身者,皆沮焉而莫之张喙,然后乃为还淳朴之俗,

---

① 罗念庵:《书马钟阳卷》,《罗洪先集》,卷十五,页659。

② 罗念庵:《与王有训》,《罗洪先集》,卷六,页234。

③ 罗念庵:《与王舜渠》,《罗洪先集》,卷七,页295。

④ 罗念庵:《答马钟阳都宪》,《罗洪先集》,卷八,页309。

⑤ 罗念庵:《答王敬所督学》,《罗洪先集》,卷八,页302。

⑥ 罗念庵:《答刘月川》,《罗洪先集》,卷八,页332。

养忠信之德，以起相观之善。其或文胜于质，言近于辩，必将禁而远之。固不忍腾口说，逞文辞，日丧其真，以共骋于哓哓之场，启人之口实也。……以言为戒，吾道甚幸。[①]

夫工夫与至极处，未可并论，何也？操存舍亡，夫子固已言之，非吾辈可以顷刻尝试，遂自谓已得也。……人品不齐，工力不等，未可尽以解缚语增他人之纵肆也。……乃知致良知之"致"字，是先圣吃紧为人语。致上见得分明，即格物之义自具，固不必纷纭于章句字面之吻合对证，传授言说之祖述发挥，而动多口也。[②]

第一则文字指出，只停留在文字谈论的层面把握致良知教，而脱略切实用功作推致工夫的过程，很容易便会使得议论问学异化成为争胜之事。诚然，审问、慎思、明辨，以至撰文、论学等，固都是圣学所不可废的元素，但一切的"言"都绝不可以离乎切实的躬"行"。圣学之"言"必须在躬"行"之中，方能真正发挥其"真""实"受用性，而免于成为"妄"语与"虚"说。此即念庵所谓"自得于心而后可以及于人"，圣学的道理必须经过每一个修道者自身的实践并自得之，在此之后其言论文字方能无弊。又念庵引象山曰："古之人，言论未形，事实先著。"其所据乃来自象山之言："古人质实，不尚智巧，言论未详，事实先著，知之为知之，不知为不知。所谓'先知觉后知，先觉觉后觉'者，以其事实觉其事实，故言即其事，事即其言，所谓'言顾行，行顾言'。周道之衰，文貌日胜，事实湮于意见，

---

① 罗念庵：《答戴伯常》，《罗洪先集》，卷八，页334—335。
② 罗念庵：《答王龙溪》，《罗洪先集》，卷六，页210。

典训芜于辨说。"①意思是,古人所尚者首先是真实地践行其道德心性,在这过程中不涉穿凿的智巧与意见论辩。当人真能真实地践行其道德心性,则其一言一行便无非都是德性的表现;不单只其行是"实行",其言亦是"实言"。而此成德者的"实言""实行",即有"先知觉后知,先觉觉后觉"启发他人的功效。换句话说,"言说"要成为"实言"而非"空言",则必须要是能够反映修道者真实修德践行过程的证词。反之,若缺"言论未详,事实先著"的实修过程,则人所说之言亦只会沦为"空言",圣学的道理亦只会湮于"意见"。尤有甚者,若修道者未有本乎切实的躬行,而只一往着于言说上探求力索("腾口说,逞文辞"),则在与人论辩之间潜藏的好名好胜之心更会搀入,以致最终"日丧其真"。阳明便曾说:"古人之学,切实为己,不徒事于讲说。书札往来,终不若面语之能尽,且易使人溺情于文辞,崇浮气而长胜心。"②"后世学术之不明,非为后人聪明识见之不及古人,大抵多由胜心为患,不能取善相下。明明其说之已是矣,而又务为一说以高之,是以其说愈多而惑人愈甚。"③若参之以阳明以上的文字,当知"空言"及其伴随着"胜心"的弊病,是通乎阳明之学与念庵之学共同关注的课题。

　　第二则文字更强调,言说作为工夫教法,不能离乎殊别个体的实践("人品不齐,功力不等"),否则都有构成流弊的可能。

---

① 陆象山:《书·与朱元晦》,《陆九渊集》,卷二,页 27。

② 王阳明:《文录一·答方叔贤》,《王阳明全集》,卷四,页 175。

③ 王阳明:《文录三·寄邹谦之五丙戌》,《王阳明全集》,卷六,页207。

故对于特定的个体修道者而言，一套工夫言论可以是"解缚语"；离乎个体实践而成为一般的泛说，则往往便会"增他人之纵肆也"。唐先生说之明矣："言说有姿态施设，则说是简易平实，而势不能简易平实；便可使人抓住凸出之话头，更加假借运用，以致孳生流弊。故龙溪之高明之论，固可导人于虚玄；近溪之解缆放船，顺风张棹之论，亦可使人更渗之以情识。是皆不能无流弊。念庵之学则专是为己。"① 此见凡是言说本质上皆有一定的姿态施设，强调了所说的一端，便不免对另外一端施设较轻；世间不存在强调一切的言论，强调一切事实上便是一无强调。而正因此言说的本质，人便总可"抓住凸出之话头"，稍加假借运用便会成为偏弊之言。又不仅凸出之话头可被假借运用成偏弊之言，所有言论较未凸出之一端，亦可被反过来想成其所强调者的缺失。例如龙溪强调良知"虚无"一面之论原亦阳明之学不可或缺者，其作为工夫教法对于如龙溪般生命清澈的上根人而言，亦是真实不虚；但一旦离乎如此的个体生命及其工夫实践，执于"虚无"此凸出之话头，便可将其一往想成是虚玄之论，甚至以其未强调"实有"的一面批评其为"虚而不实"之论。近溪强调良知"见在"之论原是强调人人皆有当下完足的成德根据，对其而言亦正是工夫当下切实受用处；但离乎其人其行，单单执于"见在"的话头，近溪之论总可被一往想成是"凡现实即合理"的情识之论，甚至以其未强调的一面批评其倾侧于"见在"，轻忽了"继之"艰苦的克治工夫历程。念庵自己就明言："将谓以穷理为先，则专于见闻；以反躬为务，则

---

① 唐君毅：《中国哲学原论·原教篇》，页254。

遗乎事为。"①执于向外穷理的工夫话头,可被批评为"专于见闻";反过来专于向里反躬之工夫,亦同可被批评为"遗乎事为"。凡此可见,若缺乏个体通过其生命践履而来的善会,任何"言说"都总可以被执着一端——或是无限放大言论强调的一端,或是将言论较未强调的一端视为理论缺失——而被想成种种偏弊之论。是则任何一套工夫言论,都理当收回在每个个体各自对应其生命的工夫实践中理解。一旦离开个体的践履,任何工夫言论都可成为空泛的虚言;一切言论的泛说,便都可被抓住凸出之话头,而成为偏执的言论。针对于此,念庵强调凡言工夫必须要"必先以默识""静默实修",②以至严词"以言为戒,吾道甚幸",此可真谓对天下间所有学道之人一记当头棒喝矣!

三、针对"学者"之"过"的去欲工夫

从上所论,照察"知见""意见""空言"等"学者"之"过",乃念庵之学的根本关怀。事实上,上文在诊断"学者"常犯之"过"的过程中,便已宛然隐含着其相应的工夫与对病之药。以下将转而更为正面并显题化地阐释念庵之学中,种种针对"学者"之"过"的去欲工夫。

首先,念庵将本心本体理解为"无欲之体",认为"无欲之体"的复反便具有去欲的功效:

> 闻之古之善寡欲者,非有欲之后,而务去之之谓也;

---

① 罗念庵:《答高白坪》,《罗洪先集》,卷八,页330。
② 罗念庵:《答刘月川》,《罗洪先集》,卷八,页332。

防于未然，不复萌动焉尔矣。吾心固不能以无欲也，防之而使不复，则亦未有自然廓清之期。如是而学，犹之聚兵峙粮，以冀寇之不我侵，比于无备者远矣！彼寇犹与我相持，非所谓儆戒无虞也。善为治者，保无虞；善寡欲者，保无欲。无欲者，吾心之真体，天下无以尚之者也。辨乎此，而顺以存之，虚以养之。①

别后无他长进，惟于此件识认稍真切，只是未能彀得者，总为闲思杂念无故扰坏，私智俗欲未能断绝耳。然此亦只是认此件未真切，是以互为胜负。若烹大牢，饮醇酎，又何暇复羡草恶具耶？凡闲思杂念，私智俗欲，皆草恶具也。此件清虚完足，安乐镇静，大牢醇酎不啻是也。果能收敛翕聚，惟婴儿保护，自能孩笑，自能饮食，自能行走，岂容一毫人力安排？②

正如在战场上面敌之前，便当先做好聚兵峙粮的准备工作；欲望萌动之前，学道之人亦当首先做好防于未然的"防欲"工作。而念庵于第一段文字尤其强调的是，处理欲望的根本之道乃在于存养良知作为"无欲"之体（"儆戒无虞""保无虞""保无欲"），而不在于具有理欲对峙相的着意对治（"彼寇犹与我相持"）。③第二段文字即进一步表明，本体本是"清虚完足，安乐镇静"，与闲思杂念和私智俗欲乃此消彼长的关系。顺乎此，美酒佳肴

---

① 罗念庵：《书马钟阳卷》，《罗洪先集》，卷十五，页 659—660。

② 罗念庵：《与尹道舆》，《罗洪先集》，卷七，页 250—251。

③ 林月惠甚至指出，这种对"立体""见体"工夫的重视，乃通乎阳明学者的共法。林月惠：《良知学的转折：聂双江与罗念庵思想之研究》（台北：台大出版中心，2005 年），页 581—586。

在前，劣食自然便毫无吸引力；同理，只要认得本体真切，杂念俗欲便自能断绝。两段文字合起来看，可知本心作为无欲之体本来便是完足，其自身的保存自然便有去欲的功能；亦由于本体的识认便能去欲，在此意义上私欲的克治乃不待"一毫人力安排"。值得注意的是，这里念庵对保存无欲之体的强调，本来就是通乎阳明学者的共法，一方面，阳明尝说："凡一毫私欲之萌，只责此志不立，即私欲便退……责志之功，其于去人欲，有如烈火之燎毛，太阳一出，而魍魉潜消也。"①龙溪亦言："今以名为大欲，思有以去之，譬之捕贼得其赃证，会有廓清之期矣。然此只是从知识点检得来，若信得良知及时，时时从良知上照察，有如太阳一出，魑魅魍魉自无所遁其形，尚何诸欲之为患乎？此便是端本澄源之学。"②两者同以为"志"与"良知"的挺立本身，便具有克治私欲的根本功效，"学者"不需要离此而特意另外践行一种去欲的工夫；③反过来说，离乎良知的挺立而另找去欲法门，反是横生枝节的人力安排也。以阳明学者自己的话语来说，此无非"即本体便是工夫"——即于本体的挺立便已是根本的去欲工夫。另一方面，阳明有谓："无欲见真体，忘助皆非功。"④"心一而已。静，其体也……故循理之谓静，从欲之谓动。"⑤"如今应事接物的心，亦是循此天理，便是那三更

---

① 王阳明：《文录四·示弟立志说》，《王阳明全集》，卷七，页 260。

② 王龙溪：《金波晤言》，《王畿集》，卷三，页 65。

③ 详细的讨论参见本书第三章第三节。

④ 王阳明：《外集一·阳明子之南也其友湛元明歌九章以赠崔子钟和之以五诗于是阳明子作八咏以答之》，《王阳明全集》，卷十九，页 678。

⑤ 王阳明：《文录二·答伦彦式》，《王阳明全集》，卷五，页 182。

时分空空静静的心。"① 由此可见，在阳明之学中，业已蕴含以"无欲""静""空"理解本心真体之义。与念庵时有争论的龙溪亦尝言："（颜子屡空）此是减担法。人心无一物，原是空空之体。形生以后，被种种世情牵引填塞，始不能空。吾人欲复此空空之体，更无巧法，只在一念知处用力。……一切知解，不离世情，皆是增担子，担子愈重，愈超脱不出矣。"② 可知道，剥落种种知识与世情，并且复反本体空静无欲的状态，本亦是阳明龙溪之教所蕴涵者。唐君毅先生便谓："禅宗与龙溪近溪应机立言有一同处，即均是要人剥落向外之知见，以为自证之资。"③ "剥落"与"自证""自反"毕竟本来就是一体两面、关系密切的工夫法门。④ 是则龙溪之学虽极重视一念"自反"的工夫教法，但"剥落"种种知识世情以至复反本体空静无欲的状态，亦不失为与念庵一脉相承处。"剥落"种种知解世情的屡空减担之法，乃是本心"复反"之所资；在这个特定的意义上说，无不可谓是"用工夫以复本体"也。若以龙溪的界定来说，"即本体为工夫"意谓："天机常运，终日兢业保任，不离性体，虽有欲念，一觉便化，不致为累，所谓性之也。"而"用工夫以复本体"则意谓："终日扫荡欲根，祛除杂念，以顺其天机，不使为累。所谓反之也。"龙溪随即又下一按语曰："若其必以去欲为主，求复其性，则顿与渐，未尝异也。"意指"即本体便是工夫"与"用工夫以复本

---

① 王阳明：《语录三·传习录下》，《王阳明全集》，卷三，页98。

② 王龙溪：《九龙纪诲》，《王畿集》，卷三，页57。

③ 唐君毅：《泛论阳明学之分流》，氏著《哲学论集》，《唐君毅全集》，卷十八，页203。

④ 详细的讨论参见本书第四章第三节。

体"同样指向"去欲为主求复其性"的目标，在此意义上两者未尝有异。[①]而配合以上的疏释，便知"即本体便是工夫"与"用工夫以复本体"不仅同时是阳明之学蕴涵者，即使是龙溪与念庵，两者之学委实分别地亦同时蕴含如是的两个面相。唐先生尝以"即本体便是工夫"与"用工夫以复本体"分判王学之二流，[②]于此可见不能将之理解为绝对截然的二分，而充其量只能理解为侧重点之不同也。

现在问题是，即使可谓"即本体便是工夫"与"用工夫以复本体"是龙溪与念庵共同肯定的工夫面相，但龙溪明言"吾人欲复此空空之体，更无巧法，只在一念知处用力"，直以为"念"与"知"是复反本体的根本着力处。相对而言，念庵却言："'动而未形，有无之间'，犹曰动而无动之云也。而后人以念头初动当之，远矣。"[③]"譬之于水，良知源泉也，知觉其流也，流不能不杂于物。"[④]骤眼看来，这些文字似谓动用中的"念头"与"知觉"乃溷杂于物者，并不能据之用功以反求本体。于此应当澄清的是，自阳明之学以降，便已有将"念"严格区分为超越义与经验义之想法，如其谓："念如何可息？只是要正。……实无无念时……静未尝不动，动未尝不静。戒谨恐惧即是念，何分动静？……无欲故静，是'静亦定，动亦定'的'定'字，主其本体也。戒惧之念是活泼泼地。此是天机不息处，所谓'维

---

① 王龙溪：《松原晤语》，《王畿集》，卷二，页 42—43。

② 唐君毅：《中国哲学原论·原教篇》，页 233—236。

③ 罗念庵：《与詹毅斋》，《罗洪先集》，卷八，页 341。

④ 黄梨洲：《江右王门学案三》，《明儒学案》，卷十八，页 141。

天之命,于穆不已',一息便是死。非本体之念,即是私念。"①"念"本来是本体表现其自身的活动,止息"念"的活动无异于窒息其"天机不息处"。故工夫的重点从不在于停止一切的意念,而只在于使意念的活动得其正处("只是要正")。换言之,念虑虽然随境流转,然只要时刻保持活泼泼的戒惧之念,使之永远超临与主宰乎一切经验的念虑之上,则一切意念便皆可得其正处。念庵对"念"的把握基本上亦是顺乎以上阳明的思路:

> 而今之言良知者,一切以知觉籔弄终日,精神随知流转,无复有凝聚纯一之时,此岂所谓不失赤子之心者乎?……洛村常问独知时有念否,公答以戒惧亦是念,戒惧之念,无时可息,自朝至暮,自少至老,更无无念之时。盖指用工而言,亦即所谓不失赤子之心,非浮漫流转之谓也。今之学者误相援引,便指一切凡心俱谓是念,实以遂其放纵恣肆之习。②

由此观之,念庵眼中的"念"同样具有二义:在浮漫流转的经验念虑之上,委实亦有戒惧之念可以(并且应当)存乎其中。上文所谓不能在动用的念中用功者,理论上只是旨于强调工夫不能在凡心经验之念上用。盖若于一切凡心之念上用功,只会导致"遂其放纵恣肆之习"的恶果。反之,念庵认为凡心之念之上,乃有戒惧之念存焉,并且总可以无时可息地表现。念庵特别强调的是,戒惧之念的提起与保存,正就是圣学工夫应当着力处("盖指用工而言")。顺乎此,念庵所谓不能在动用的念

---

① 王阳明:《语录三·传习录下》,《王阳明全集》,卷三,页91。

② 罗念庵:《答陈明水》,《罗洪先集》,卷六,页203。

中用功，便是旨于强调工夫不能在念虑浮漫流转"气之'动'"的层面上用；反之，于"理之'静'""静亦'定'动亦'定'"的静定层面时刻保存戒惧之念，此正是工夫理当着力处。若配合上面阳明的文字来看，当知念庵这里所想亦从来不悖阳明之教。而只有明乎念庵这里对"念"的简别后，才能了解何以念庵之学偶尔亦有如龙溪般肯定从"念"上用功的话头："一念之觉即为诚，一念之放即为伪。"[①]"惠迪必吉，是谓降祥；从逆必凶，是谓降殃。一念之正，和风庆云；一念之邪，迅雷风烈。祥与殃也，孰甚！"[②]本乎相同的思考，念庵虽对"知觉"同样抱持极为高度的警惕，然其用心无非亦只警惕在气动层面上的知觉活动；在静定的本体层面中，念庵仍然可言超乎"欲"上之"觉"。如其谓："夫欲之有无，独知之地随发随觉，顾未有主静之功以察之耳。"[③]本体在独知之地（下文将再深入探讨"独"的概念）总能超临于"欲"之上，随其发动便随能"觉"照之。关键在如是的"觉"必须是从"主静之功"中理解矣。如是，念庵虽对"念头"与"知觉"抱持极为高度的警惕，但当注意其所警惕的由始至终只是气动经验层面者；在静定的层面中，"念"是根于本体的戒惧之念，"觉"是根于本体觉照欲求之觉。在此后一意义上的"念"与"觉"，正是圣学用功处。

如上可见，念庵认为工夫须在静定的层面上着力，是故"主静"乃念庵尤其强调的法门。问题在静中用功之"静"有何实义？

---

① 罗念庵：《殿试策》，《罗洪先集》，卷一，页7。

② 罗念庵：《书壁》，《罗洪先集》，卷十六，页705。

③ 罗念庵：《答高白坪》，《罗洪先集》，卷八，页330。

重视"静"的工夫是否有违儒门体用静动不二之教？于此可以
转入讨论念庵对所谓"静功"的理解。当先强调的是，"静功"
的强调并非念庵独创，王门学者中从来不乏对于"静功"的描述。
如阳明自己便说："良知明白，随你去静处体悟也好，随你去事
上磨练也好，良知本体原是无动无静的。此便是学问头脑。"①"教
人为学，不可执一偏。初学时心猿意马，拴缚不定，其所思虑
多是人欲一边，故且教之静坐、息思虑。"②明指"静"的工夫
从来是儒者不废的法门。尤其对于初学者而言，由于工夫尚未
娴熟，习气又易使心念拴缚不定，则"静坐"以息思虑，往往
更是十分有效的入德之门。问题在于，"静功"与"静坐"理当
有所简别，下面将转而说明："静功"是一切以本体的复反为根
本的工夫教法者，所必然蕴含的面相；"静坐"虽是有效的入德
之门，却绝不能将之理解为唯一有效的圣学工夫。先说所谓"静
功"的实义：

> 先天之为逆也，曷征之？吾征之身。目不逐境而内观，
> 耳不逐声而反听，心绝物诱而忘智，口忘言诠而守嘿。自
> 外来感者，我无驰也。……喜怒哀乐未发谓之中，夫子遗
> 之子思。③

> 工夫只自回头便见，便自有分别，自有轻重取舍，工
> 夫未至圣皆有可商量。所难得者，肯回头寻向里耳。④

---

① 王阳明：《语录三·传习录下》，《王阳明全集》，卷三，页105。
② 王阳明：《语录一·传习录上》，《王阳明全集》，卷一，页16。
③ 罗念庵：《寐言》，《罗洪先集》，卷十六，页706。
④ 罗念庵：《答王有训》，《罗洪先集》，卷六，页230。

> 不出揣摩，即不消云外面一切工夫。……今欲真实了
> 此，须从自心静中寻求。自家境界是落何等，是患何病。
> 从而问药，从而前进，始是不迷。①

凡此皆见念庵倡言求"未发"之"中"、主"静"工夫，其根本
的用心是强调"工夫只自回头便见"，"不消云外面一切工夫"。
意思是：无论是耳目抑或本心，都可能在与物交感的过程中向
外逐驰，顺着如是的外驰会导致孟子所言"物交物则引之"的
流弊。反过来说，当人不顺乎心念欲望"向外"的逐取，转而
"向里"逆反，便能随之识取内在于人的本心。事实上，这种离
乎心念动用向外逐取，转而"从自心静中寻求自家境界"的工夫，
本来就是儒家"逆觉""复反""顿悟"工夫的核心元素。牟先
生便尝说："'逆'者反也，复也。不溺于流，不顺利欲扰攘而
滚下去即为'逆'。"②进一步说，牟先生认为逆觉工夫具有两种
形态：一是就现实生活中良心发见（亦其动用）处，直下体证
而肯认之为体（"内在的体证"）；二是隔绝现实生活，单在静
中闭关以求之（"超越的体证"）。③在这种区分下，宛似通过长
时间闭关"独处"的静坐工夫才能理解为"静"的工夫。然当
知道，即于现实生活中良心动用处直下把握本体的工夫过程，
即使不待长时间的闭关"独处"，亦只能存在于离乎与人与物交
感之上、万缘放下的"独知"之地——哪怕只是刹那一念的"独
知"。从"独知"之地是离乎良心直接应物而"动"用的一面来

---

① 罗念庵：《答王有孚》，《罗洪先集》，卷七，页296。
② 牟宗三：《心体与性体（二）》，《牟宗三先生全集》，卷六，页494。
③ 同前注。

晚明王学原恶论

看，何不亦可谓其是一"静"中的工夫？是则虽然体认本体的
方式殊异（"内在的体证"重应事接物，"超越的体证"重退听
静坐），但两者的功用与旨趣（朗现静中之"独知"以照临动中
之意念情欲）则其实一也。此义唐先生说得十分透彻："此隐居
求志之工夫之长短，则十年可，一年亦可，一月一日可，一时
亦可。如短之又短，则当下一念即可。当下寂，更当下感。则
此先归寂主静之一工夫，与直悟本体之工夫，亦归一无二矣。"①
是则可见无论是静坐的工夫以至良知动用中一念自反的工夫，
两者无不蕴含主"静"求"寂"的面相；这个意义上的"静功"，
可谓是通乎心学逆觉工夫传统的共法。又念庵尝言："虽谓良知
本静，亦可也；虽谓致知为慎动，亦可也。"②可见回复良知无
欲本静的状态，同时便是谨慎于其动用时一往外驰之资也。这
个意义上，念庵之学谓之"静功"（"归静之功"）可，谓之"动
功"（"慎动之功"）亦无不可。若念庵倡言主静工夫无非是如此
的用心，则与阳明、龙溪之教大概亦是并行不悖。

　　诚然，念庵固然常常通过"静坐"作为"静功"的理解与实践，
如他说："静坐收拾此心，此千古圣学成始成终句。"③"静坐澄心
乃是一生功课。"④甚至更自况"静坐"是其用功最为得力处："今
岁静坐以来，平生缺失，不待检点，明若观火，真有不欲久生
之愤。"⑤不难理解，隔离应事接物的处境而使心念在静坐中专

---

① 唐君毅：《中国哲学原论·原教篇》，页 260。
② 罗念庵：《答董蓉山》，《罗洪先集》，卷八，页 334。
③ 罗念庵：《答王有训》，《罗洪先集》，卷六，页 230。
④ 罗念庵：《与詹德甫》，《罗洪先集》，卷八，页 353。
⑤ 罗念庵：《答万曰忠》，《罗洪先集》，卷七，页 269。

心集中,是防治意念向外逐驰而汩没其中的有效方法。然当知道,念庵同时亦对"静坐"不是唯一可行的工夫教法,有着极为自觉的意识:

> 用力则从人所入,原无定说,《论语》一部,便似药方,因人异施。或以静入,或即事为,随地措足,不容等待。盖无时无心,无时非学,其有艰难与龃龉,乃各人病痛深浅,未可据为定说也。①

> 工夫只自回头便见,便自有分别,自有轻重取舍。工夫未至圣,皆有可商量。②

> 适道者,古人比之适长安,皆自人所处各寻径路,固不能齐,亦难以一说概尽。③

这些文字都明确指出,一切工夫的入路都是因人而异。对病的药方必定是"因人异施",并且需要每一个殊别的修道者各自本乎本心向里探求。念庵作为殊别的修道者之一,欲根不断是终其一生始终困扰其为学过程的难题,是则与"初学者"一般,以"静坐"的方式实践"静功",便是对其真实不虚最能受用的工夫法门。唐先生尝说:"工夫未至,言说乃不至。今将此未至之言说,隶属于其未至之工夫,则初未尝不至。则于此但可言人之学问工夫自有发展,而人之言说与其所及之义理,亦自有发展,以相应而转。此方真是本'为己之学问工夫',而为'为

---

① 罗念庵:《寄尹道舆》,《罗洪先集》,卷七,页254。
② 罗念庵:《答王有训》,《罗洪先集》,卷六,页230。
③ 罗念庵:《答李二守》,《罗洪先集》,卷八,页331。

己之言说’，以说其所见之义理者也。念庵可以当之矣。”① 当知道，念庵非谓完全否定一念自反、直任本心的工夫，而无非从自身实践的角度出发，而认为："任心之流行以为功者，吾尝用其言，而未有得，是以守其陋而不知变，非敢倡说以眩人也。"② 念庵对直任本心的工夫不能受用，故如实地说不敢倡言此教以眩人。反过来说，念庵受用于长期的静坐工夫，故亦如实地现身说法，亲证静坐澄心的真实效用。在这个意义上说，对静坐工夫的重视无非亦是念庵为己之学的如实自白。单就这点而论，念庵之学又何病之有？于此念庵明言："即其言之未尽也，吾心得焉，则是吾后圣贤而足之言也；其已尽也，吾心惑焉，则是圣贤先吾而诳之言也。"③ 言的尽与不尽、真实与虚诳，就取决于其言对修道者来说是否能够自得于身心。依此，便能了解何以唐先生谓从明儒看似截然不同的工夫争论中，亦可见得"儒学中之无诤法"也，他说："唯学问之事，人各有其出发之始点，以其有自得之处，更济以学者气质之殊，及互为补偏救弊之言，故不能不异。而于凡此补偏救弊之言，吾人若能知本旨所在，不在攻他之非，而唯以自明其是，更导人于正；则于其补偏救弊之言，其还入于偏者，亦可合两偏，以观其归于一正，览其言虽偏而意初无不正。人诚能本此眼光，以观此最多争辩之明代儒学，则亦未尝不可得其通，而见儒学中之无诤法也。"④ 这

① 唐君毅：《中国哲学原论·原教篇》，页 267。

② 罗念庵：《垂虹岩说静》，《罗洪先集》，卷十六，页 699。

③ 罗念庵：《悟言》，《罗洪先集》，卷十六，页 701。

④ 唐君毅：《中国哲学原论·原教篇》，页 353。

里的讨论涉及工夫的真理性问题：本体自身可以从普遍、人人
皆同的角度来说，如孟子便言"恻隐之心，人皆有之"（《孟子·告
子上》）、"人皆有不忍人之心"（《孟子·公孙丑上》）。以至阳
明可说："良知良能，愚夫愚妇与圣人同。"[①]然而，由于每一个
殊别的个体各有其独特的气质生命，各人的本体在现实中的表
现与遮蔽程度亦各有殊异，受病各自不同。孔子便说过："人之
过也，各于其党。"（《论语·里仁篇》）相应于此，圣学工夫必
须具有针对性，扣紧每一个殊别的个体、从个体的角度出发来说。
试想，对于禀赋天分的厨师来说，单凭直觉直接一手撒盐调味，
大概是其烹饪上最为受用的"易简"工夫。但对烹饪没有天分
的人来说，要煮得一味合格的菜色，往往也只能用"笨工夫"，
依循食谱、使用量器，一匙一匙地慢慢调味。落在成德的实践上，
若是面对美色，慧根较高、欲望较浅的人，往往更容易当下醒
觉并回复心如止水；但对于根器较差、欲望炽盛的人而言，若
不先行隔离当下接物的处境稍作"退听"一番，又如何得免私
欲的泛滥与外物的诱惑？凡此可见，理论上有"人皆有之"的
本体，却没有泛说"人皆受用"的工夫——正如世上没有能治
百病的万灵丹。一切工夫言论的真实性（truthfulness），就取
决于其在个体之上的受用性（effectiveness）；受用的工夫语对
受用者来说便是"真""实"语，否则只成"妄"语与"虚"言。
明乎此，方能更好地理解何以念庵对刘魁所说"学当求病痛所
在而砭针之，想更得力"[②]悚然敬受。如是，念庵所倡的"静功"

---

① 王阳明：《语录二·传习录中》，《王阳明全集》，卷二，页49。
② 罗念庵：《书退省卷》，《罗洪先集》，卷十五，页657。

强调回头工夫以防心念外驰，这在理论上当是通乎心学逆觉工夫所共同蕴涵之共识。而念庵所言的"静坐"工夫，则应当限制在其真实受用的工夫自白中理解。药方必然是因病而异，而对于念庵来说，"静坐"此特定的修行方式，便是其最为真实受用的对病之药。

从以上的讨论，可知道一切的工夫语，都应收回殊别个体的静修实践上，才能得其真实的印证。而从念庵"必云归静者，何也？今之言者，必与言驰，驰则离其主矣。离其主，则逐乎所引之物"①一语，更可见念庵倡言"归静"工夫的一大用心，即是为了克治"空言"的"学者"之"过"。念庵以下文字更为具体地说明了其克治"知见""意见""空言"诸"过"之道：

> 自朝至暮，不漫不执，无一刻之间，时时觌体相对，是谓之实；知有余而行不足，尝若有歉于中，而丝毫未尽，是谓之见。见与实，非实用力者不能辨，在余皆所不免。②

> 有此见而实用其力，便是真见。……脱离处却在各人着实下手，不得姑容，此处宽与紧，即系各人受福小大从此起根，日后不患不敛实得也。……千言万语逼真到底，只在自心信得及为得手。欲信得及，非是意见凑泊，真是彻底无一物，便自能鼎立乾坤。本是无贼，如何不享太平规模，更欲于上说是说非，应知皆多口也。③

---

① 罗念庵：《垂虹岩说静》，《罗洪先集》，卷十六，页699。
② 罗念庵：《书胡正甫册》，《罗洪先集》，卷十五，页667—668。
③ 罗念庵：《与谢子贞》，《罗洪先集》，卷七，页249。

> 若待议论而后兴，却只是要见闻底学问，却不是体当
> 自家实下手处；若是真实体当，即无限好商量，却不着一
> 句言语矣……若真切自体当，即嘿坐一日亦好。不然，恐
> 人以讲学为虚假者，亦难以解于人人矣。①

第一段文字中，可知"见"与"实"是一组对扬的概念。若只
对一套工夫言论或圣贤之教有所知，但在生命的实践上有丝毫
未能落实，此"知"无非便只是"见"。反之，能够在实存生命
中时刻真切地用功（所谓"实用力者"），则"知"才能转而为"实"。
在第二段文字中，同可见"学者"必须"实用其力"，其对圣贤
之教之"知"才是"真见"。"真见"只能通过"学者"在真实
践履的过程中得之于心（"在自心信得及为得手"），而后获得；
通过与人谈论间的"意见"凑泊、说是说非动多口，此等活动
皆只会与圣人之道距离日远。而第三段文字，则更明确指出"议
论""见闻""言语"绝非为学的根本方式。"学者"的修行必须
是"真实体当"，时刻切实地将圣贤之教实践体现出来。笔者在
上文曾经指出，一切工夫言论皆可被"抓住凸出之话头"，而成
为流弊；在此则见要防范如此的弊病，"学者"各自"信得及"
与"真切自体当"，即是最为根本的药方。值得注意的是，唐先
生曾撰文会通朱陆看似截然对立的工夫论，借用其鞭辟入里的
洞见于此，很可以发明念庵这里的用心："天下无不弊之言，而
一切言工夫之言，无论言省察、涵养、言致知穷理，又无论其
言之对学者为高远，或切近，学者如不善会其意，不善用其心，
则皆无不弊……人之实际用工夫，而欲免于闻言而误用工夫之

---

① 罗念庵：《与玉虚会友》，《罗洪先集》，卷九，页378。

弊者，则此中固亦有一工夫。此即'将一一所言之工夫，离言以归实，务求其工夫之本身，如何得相续，不以气禀物欲之杂，而误用此工夫，以致弊害之起'之工夫。此一工夫，即一切工夫之运用之根本工夫。此根本工夫无他，即朱子与象山所同皆言及之诚或信或实之工夫而已矣。"①念庵基于对知见言说的高度警惕，以至力倡信实为己之教，可真谓切中唐先生所言"一切工夫之运用之根本工夫"的实义矣。

念庵之教强调"见"与"实"的对分，又力倡着实用功之教，则"离言而悟"与"默识"逻辑上自亦是其学蕴涵者：

> 悟之一字，似亦当辨。有因言而悟者，有不因言而悟者。不因言而悟，真悟也，上也；因言而悟者，亦当辨：前人有此言，吾体验得之，适与契合，此亦真悟，即谓之不因言而悟可也……彼真悟者，横说竖说，无有不可，即众人之言，便可上达，所谓言近指远，不落言诠者也。②

这里念庵明确将"真悟"理解为"不落言诠者也"。最为上等的悟是"不因言而悟"，不待人言而只依靠自己静默实修。即使是"因言而悟者"，只要不是执于言论，而只通过言论而真实体验其指涉的义理，则这种悟亦可谓之"不因言而悟"。过此以往，一切对前人之言有所执着、着于言说的本身之上而思维反观者，全皆只是等而下之之悟。熟知龙溪之学者，当知龙溪亦尝对"悟"

---

① 唐君毅：《中国哲学原论·原性篇》，页397。相关的详细讨论请另见页396—398。

② 罗念庵：《答李中溪》，《罗洪先集》，卷八，页338—339。

有所区分，其谓未离言诠者只是"解悟"，忘言忘境者方为"彻悟"，复说后者的忘言之悟"此正法眼藏也"①。于此可见龙溪念庵对于真悟必是离言的特性，具有不约而同的理解。而事实上，此义亦遥契了孔子"默识"之教。

从以上种种的讨论，当知道"学者"在工夫的实践过程中，易犯"知见""意见""空言"的弊病。而从根本上说，相应的克治工夫便是从言说念虑"向外"的逐取反过来"向里"着实用功。质言之，此无非亦是在独知之地所作的"慎独"工夫也：

> 圣贤之学，慎独而已……夫欲之有无，独知之地随发随觉，顾未有主静之功以察之耳。诚察之，固有不待乎外者。……故尝以为欲希圣，必自无欲始；求无欲，必自静始。②

"学者"在与人交涉时——即使是谈道问学的活动——往往易被争胜好名等欲根掺入其中；原来纯净的圣学追求，便会不知不觉间异化歧出。针对于此，与其将工夫实践的过程表现于人前，倒不如自己独自实修。一个最容易防范外诱的工夫方式自然是稍作退听，于"独居"之处静修。唯引文表示的是，即使没有脱离于当下应物的处境，在即于与人交涉的过程中，即有"独知"之地可作主静之功。若读者犹记得前文的讨论，当知"静坐"工夫的实践或待"独居"之中久久调习；而从这里指出"静功"的实践可在"独知"之地进行，则理论上即于应物时一念的自反，

---

①　王龙溪：《留别霓川漫语》，《王畿集》，卷十六，页466。

②　罗念庵：《答高白坪》，《罗洪先集》，卷八，页330。

亦可以是"慎独"工夫实现的场所。

"无欲""主静""归寂""慎独",以至"自得""实修""真悟""默识"等教,共同构成了念庵之学不可或缺的元素;将之理解为念庵之教的整体,方能了解克治"学者"种种之"过"的根本之道,并进而了解念庵之学的特色与贡献。

四、小结

本章通过唐君毅先生的相关理论资源,指出念庵之学对"学者"常犯之"过"有着尤其深切的关注;诊断与克治修道者种种修行过程中的流弊,乃念庵之学最为根本的问题意识。念庵的洞见是,修道之人容易执于"知见""意见""空言"的弊病,以至轻忽久久调习、切实躬行的工夫历程。针对"学者"这些常犯之"过",念庵强调一切工夫言论之所以有弊,乃源于"学者"未能真切持恒地践行"静默实修"的工夫。念庵自己的存在生命常为欲根不断的问题困扰,"静坐"工夫对他而言是最为得力受用的工夫法门。虽然殊别的修道者应当各自寻找对病之药,但防范言语心念外驰而作向里静默实修的"静功",始终是通乎心学学者所能践行的根本之教。

结合四、五两章的论述,可见晚明王学对"恶"的讨论委实构成了一个错综复杂的整体。浙中、泰州学者相对强调简易自然的直悟工夫,江右学者则较为强调艰苦坚毅的力行过程。晚明学者虽重视思辨讲学与师友砥砺,却也同时对知识与言说抱持极为高度的警惕。如吕妙芬所言,这里呈现了一种圣学教

化在"工夫论"上与"言说"上的吊诡。[1]但诚如吕妙芬所强
调,这种表面上的吊诡,也恰好开出了晚明独特的"多元学术
风尚"。[2]如其曰:"晚明阳明讲学活动中,所蕴涵复杂多元的契
机。亦即纠杂在简易平实、反奇异、重彝伦的风格中,可以有
极为多元、甚至是极端对反的发展。"[3]因此,虽然表面上阳明
后学看似各走"殊途",但不失可以"同归"为一个深刻阐明常
人之"恶"与学者之"过"的丰富整体。

---

[1] 吕妙芬:《阳明学士人社群——历史、思想与实践》(台北:"中研院"
近代史研究所,2010 年),页 336—360。

[2] 同前注,页 367。

[3] 同前注。

第六章

集大成者
——刘蕺山对"恶"的议题的总结 [*]

一、前言

    晚明儒者刘蕺山在《人谱》中对"过恶"的种类、成因、克治方法，都作了系统的论述；这部文献无疑为学界探讨儒学"恶"的理论，提供了一个很好的切入点。学界对《人谱》乃至蕺山的恶论已论之详矣，但大多集中在清理蕺山论"恶"的内部理论。相对而言，学界鲜有从哲学史发展的角度探讨蕺山与前贤在"恶"的议题上的理论关联。笔者认为，缺乏这种哲学史向度的研究，将不能恰当定位蕺山对"恶"的理论的贡献，

    [*] 本章的初步构思曾在 2013 年深圳大学哲学系主办的"儒学的当代发展与未来前瞻——第十届当代新儒学国际学术会议"及 2014 年中国文化大学哲学系主办的"第八届校际研究生论文发表会"中报告，谨此感谢与会者的指教。又本章部分内容曾发表于《阳明与蕺山过恶思想的理论关联——兼论"一滚说"的理论意涵》，《台湾政治大学哲学学报》第 33 期（2015 年 1 月），页 149—192。感谢《台湾政治大学哲学学报》编辑委员会及审查人的指教。

甚至有可能令人误以为蕺山对"恶"的讨论乃儒学中独树一帜的孤例。本章的论旨便是考察阳明及其后学的过恶讨论,如何结穴于蕺山哲学之上。具体的论述将集中于以下两点:一、阳明与蕺山之学在"恶"的议题上有着高度的相关性,蕺山之学对"恶"的讨论基本上是继承并发展了阳明恶论的成熟表现。二、蕺山在《人谱》中种种对过恶的想法,并非纯然是其独树一帜的创见。阳明及其后学的学说中,业已蕴涵着不少与过恶议题相关的理论资源。从理论的角度而言,这些资源最后都归结于《人谱》之中。是则蕺山不仅是整体宋明理学的殿军,在"恶"的议题上更可说是集大成者。

如是,除了本节的引言外,笔者将在第二节讨论蕺山恶论对于阳明恶论的继承与发展之处。在第三节中,笔者将会集中探讨蕺山的《人谱》如何融会了前贤种种对"恶"的讨论。蕺山的《人谱》是晚明王学论"恶"的高峰,在儒学"恶"的理论中极具代表性,通过《人谱》的讨论理当可以以小观大,窥见整个王学传统对"恶"的问题的基本了解。最后,笔者将在第四节总结全文。

二、阳明与蕺山过恶思想的理论关联

经过第三章的讨论,笔者说明了阳明言"恶"乃出现在"意"或"意念"的环节之上。相对而言,蕺山严分"意""念"之辨,直以为"意"是心体的本质内容("意则心之所以为心也"[①]),

---

① 刘蕺山:《语类十二·学言上》,《刘宗周全集》,页457。

而恒常地具有好善恶恶的定向（"意无所为善恶，但好善恶恶而已"[①]）。在此意义上，"意"概念不可能是"恶"出现的来源。"意"既不是"恶"出现的来源，则剩下来很自然会推想"恶"乃出现于起灭无常的"念"的环节之上。事实上，学界中不乏学者以为"念"的出现乃"恶"的根源，而治恶的方法相应地便是防止"念"的出现。如东方朔（林宏星）言："治念的方法即是不允许念的产生，念的产生即是病痛，即须加以治理。"[②]黄敏浩亦有言："念是心之呈现所积累而成的余气，它是僵化、破裂了的心，使心成为一生灭不继的意识之流。此是心之病，也就是恶的根源。"[③]衡之蕺山的文字本身，亦有类似的话头，似谓"念"的出现乃病痛之源，如其谓："今心为念，盖心之余气也。余气也者，动气也。动而远乎天，故念起念灭，为厥心病。"[④]然事实上，蕺山并不直以为"念"的本身是病痛之源，亦不以为克治过恶之道在于禁绝"念"的产生。蕺山明言："（念）不可屏也。当是事，有是心，而念随焉，即思之警发地也。与时而举，即与时而化矣，故曰：今心为念。又转一念焉，转转不已，今是而昨非矣。"[⑤]此言当"心"应"事"接物时，其当下感应便会随之生起相应的"念"。但世间事物随时而变，相应地"心"理当因应当下的

---

①　刘蕺山：《语类十二·学言上》，《刘宗周全集》，页 459。

②　东方朔：《刘蕺山哲学研究》（上海：上海人民出版社，1997 年），页 243。

③　黄敏浩：《刘宗周及其慎独哲学》（台北：台湾学生书局，2001 年），页 162。

④　刘蕺山：《语类十三·学言中》，《刘宗周全集》，页 491。

⑤　刘蕺山：《语类十·说》，《刘宗周全集》，页 371—372。

处境而作出泛应曲当的不同表现，而随"心"而发之"念"亦当"与时而举，即与时而化"。只要"念"是"今心"当下应"事"接物的直接表现，则随"心"而发的"念"原亦是"思之警发地"，而实无可诟病也。唯当念头不即于当下之心而发，反而转念他想（"转一念焉"）；又或事过境迁但念头仍有所留滞（"心之余气"），则这些念头才会成为败坏本心发用的弊病（"为厥心病"）。例如助人一念其初原是恻隐之心的表现，但此念转念他想则可以流为邀功自恃；愤怒一念其初原来亦可以是义愤的表现，但此念有所留滞则亦可以流为迁怒藏怒。由此观之，在蕺山眼中"念"当下原初的状态，原来就是本心表现；"恶"的出现需从转念、念之留滞而言。[1]以下蕺山所言即是明证：

> 吾人只率初念去，便是孟子所以言本心也。初念如此，当转念时复转一念，仍与初念合，是非之心仍在也。若转转不已，必至遂其私而后已，便不可救药。[2]

> 独体本无动静，而动念其端倪也。动而生阳，七情着焉。念如其初，则情返乎性。动无不善，动亦静也。转一念而不善随之，动而动矣。[3]

第一则引文明言"念"的原初状态（所谓"初念"）便是本心，

---

① 此义唐君毅先生言之甚明："此当知过恶之念之起，其原始之一点，只在此心之偏向而滞住，以更不周流。此偏向，是过。一切恶之原始，只是过而不改，更自顺其过、护其过，以自欺，遂至于恶积而不可掩，罪大而不可改。然自一切恶之原始处言，则初只是此心之有所偏向而滞住。"唐君毅：《中国哲学原论·原教篇》，页311—312。

② 黄梨洲撰：《蕺山学案》，《明儒学案》，卷六十二，页498。

③ 刘蕺山：《语类一·人谱》，《刘宗周全集》，页6。

只当“念”转而他想、转转不已，才会沦落为不可救药的私念。复次，第二则引文指出“念”是“独体”之所以表现的端倪，而“念”的进一步表现则外显为“情”。值得注意的是，这段文字表明只要“念”的表现居于原初状态，则“情”的活动亦是“动无不善”，亦是吾人本性的表现。[①]只当“念”有所转，原初“动亦静也”之“情”才会转而为“动而动矣”之情。对应着《证人要旨》第二项“动而无动”的论述，《纪过格》第二项便标明“动而有动”之“隐过”具体所指便是七情之病，此即“溢喜”“迁怒”“伤哀”“多惧”“溺爱”“作恶”“纵欲”是也。换言之，在蕺山眼中“念”与“情”当下原初的状态皆是与“性”相合，只当“念”有所转，“念”才会转为私念，继之依“念”表现的“情”亦随而流为“动而有动”之情。[②]若再衡之蕺山曰：“其言意也，则曰好好色，恶恶臭。好恶者，此心最初之机……就意中指出最初之机，则仅有知善知恶之知而已，此即意之不可欺者也。”[③]当更可知“意”与“念”错综复杂的关系：“意”作为“心”之表现的最初之机，其内容无非是好善恶恶与知善知恶；而这里蕺山反复申明“念”的原初状态就是本心与独体之端倪，亦是“动无不善，动亦静”

---

① 唐君毅先生尝提出“纯气”“纯情”的概念，以标示蕺山之学中的“气”与“情”必须高看，参阅唐君毅：《中国哲学原论·原教篇》，页311。笔者认为此所谓高看的“纯气”“纯情”，相当于“气”与“情”的原初状态。

② 林月惠便尝以“心”的“异化”描述“性情”变为“情欲”的过程。见林月惠：《从宋明理学的“性情论”考察刘蕺山对〈中庸〉“喜怒哀乐”的诠释》，《中国文哲研究集刊》第25期（2004年12月），页177—218。

③ 刘蕺山：《语类十二·学言上》，《刘宗周全集》，页389。

者。是则可见作为原初状态的"念"与"意",原则上理当是相通的概念——两者同是本体的表现,而同具有知善知恶的指引功能(如第一则引文言"初念"复反之时"是非之心仍在也")。如是,"念"之所以歧出而变得浮漫流转,便不能从其原初惺惺明明的状态而说,而只能从其流转滞着的流弊状态中理解。

事实上,蕺山这种强调心念"当下性"的想法并非其独树一帜,而实可溯源于阳明及后来学者的想法之中。阳明素言:"良知即是易,其为道也屡迁,变动不居,周流六虚,上下无常,刚柔相易,不可为典要,惟变所适。此知如何捉摸得?"①又曰:"只存得此心常见在,便是学。过去未来事,思之何益?徒放心耳!"②可知阳明之学原已强调良知必须因应见(现)在变动不居的处境而作出泛应曲当的表现;一旦良知"思"的运用有所执滞——不论是留滞于过去抑或空想于未来——良知即会因而放失。后来王龙溪亦言:"人惟一心,心惟一念,念者心之用。念有二义:今心为念,是为见在心,所谓正念也;二心为念,是为将迎心,所谓邪念也。"③这里更是表明当下现在之"念"("今心")即是"心"之用,此"念"是"见在心"当下应物的表现,而可谓之"正念";唯当心离开其自身必须于当下表现的特性("二心")而有所将迎,则原初之念才会转为"邪念"。由此可见,明代儒者自阳明、龙溪乃至明末的蕺山皆不以"念"的出现本

---

① 王阳明撰,吴光、钱明等编:《语录三·传习录下》,《王阳明全集:新编本》(杭州:浙江古籍出版社,2010年),卷三,页137。

② 王阳明:《语录一·传习录上》,《王阳明全集》,卷一,页26。

③ 王龙溪:《念堂说》,《王畿集》,卷十七,页501。

身为"恶"。

　　顺乎儒家"恶乃无根"的传统,蕺山之学更进一步强调"恶"不仅不植根于本心、不植根于气质,甚至亦不植根于"心"内部结构中的任何一个环节,其曰:

> 生气宅于虚,故灵,而心其统也,生生之主也。其常醒而不昧者,思也,心之官也。致思而得者,虑也。虑之尽,觉也。思而有见焉,识也。注识而流,想也。因感而动,念也。动之微而有主者,意也,心官之真宅也。主而不迁,志也。生机之自然而不容已者,欲也。欲而纵,过也;甚焉,恶也。[①]

这里明显可见"心"及其内部结构中的"心""思""虑""觉""识""想""念""意""志",甚至"欲"之本身皆无所谓过恶。一般而言,"欲"的概念常被理解为"人欲""私欲"等欲求的偏失状态。这里蕺山便明确指出,"欲"之自身无非是"生机之自然而不容已"的表现,本身称不得过恶(甚至从本原处言是"理"的表现)。反过来,"过"与"恶"只能从"欲"不同程度的放纵与流失而言。同样,"念"之本身无非是因感而动者,只要念动顺乎"意"的主宰,则"念"的本身亦不可言过恶。蕺山明谓"念之有依着处便是恶念",[②]可见唯有"念"离开"心"虚灵不昧的作用而有所"转"、有所"着"、有所"滞",则"念"才会流为"恶念"。[③]

---

① 刘蕺山:《语类九·原旨》,《刘宗周全集》,页327。

② 刘蕺山:《语类十二·学言上》,《刘宗周全集》,页428。

③ 值得一提的是,唐君毅先生同以为人性的种种面相原来都是莫有罪恶的,恶的出现只能从一念之陷溺说起。如其谓:"我们冥目反省我们的心,它是清明、是广大,也莫有罪恶。我们低头看看我们的身,它是

澄清了"念"在什么意义上方会流而为"恶"之后，以下方可更恰当地探索蕺山眼中的"恶"之来源。蕺山在其晚年的代表作《人谱》之中，将"妄"视为最为原初之"微过"。[①]蕺山曰：

> 妄，独而离其天者是。以上一过，实函后来种种诸过，而藏在未起念以前，仿佛不可名状，故曰微。原从无过中看出过来者。"妄"字最难解，直是无病痛可指。如人元气偶虚耳，然百邪从此易入。人犯此者，便一生受亏，无药可疗，最可畏也。程子曰："无妄之谓诚。"诚尚在无妄之后，诚与伪对，妄乃生伪也。妄无面目，只一点浮气所中，如履霜之象，微乎微乎！妄根所中曰"惑"，为利、为名、为生死；其粗者，为酒、色、财、气。[②]

值得注意的是，蕺山这里明确认为作为"微过"的"妄""藏在未起念以前，仿佛不可名状"，但却又"实函后来种种诸过"，乃至"百邪从此易入"。由此可见，"藏在未起念以前"的"妄"比起"念"的流弊更为原初——"妄"才是蕺山眼中真正引申

匀称洁净，也莫有罪恶。再看我们原始的衣食之欲性爱之欲，它们只求有限的满足，原始的求名求权之欲，只是求人赞成我之活动，而且最初只是求少数特定的人能赞成我的活动，它们也不含罪恶。为什么人有罪恶？罪恶自何来？我们说：罪恶自人心之一念陷溺而来。"唐君毅：《道德自我之建立》（桂林：广西师范大学出版社，2005年），页132。详细的讨论可以参看本书第四章。

① 这里只特别显题化地分析作为最原初之"过"的"妄"，《人谱》的系统讨论将在下一节详述。

② 刘蕺山：《语类一·人谱》，《刘宗周全集》，页11—12。

出种种诸过的"恶"之根源。然则何谓"妄"？以下是蕺山对"妄"最为直接的界说：

> 妄者，真之似者也。古人恶似而非，似者，非之微者也。"道心惟微"，妄即依焉。依真而立，即托真而行。官骸性命之地犹是人也，而生意有弗贯焉者，是人非人之间，不可方物，强名之曰妄。有妄心，斯有妄形，因有妄解识、妄名理、妄言说、妄事功，以此造成妄世界，一切妄也，则亦谓之妄人已矣。妄者亡也，故曰"罔之生也幸而免"。一生一死，真妄乃见，是故君子欲辨之早也。一念未起之先，生死关头，最为吃紧。于此合下清楚，则一真既立，群妄皆消。即妄求真，无妄非真。以心还心，以聪明还耳目，以恭重还四体，以道德性命还其固然，以上天下地、往古来今还宇宙，而吾乃俨然人还其人，自此一了百当，日用间更有何事？通身仍得个静气而已。①

蕺山明确指出"妄"是"真之似者"也，是一种"生死关头，最为吃紧"的根本弊病。当中微义是：若人真有圣人之志，固然"起脚便是长安道，不患不到京师"；②即使不能一蹴而就立登圣域，亦总算处身于圣人之道。即使是庸人之才，无有志于成圣的立脚处，但总算"其立心制行虽不免犹有乡人之累，而已浸远于恶矣"。③即使只为平凡不过的愚夫愚妇，亦得免于沦为大奸大恶之徒。问题是，若人有为学之志，但却"误认"任

---

① 刘蕺山：《语类八·证学杂解》，《刘宗周全集》，页306。

② 刘蕺山：《语类十·说》，《刘宗周全集》，页355。

③ 刘蕺山：《语类十·说》，《刘宗周全集》，页341。

何似是而非（"真之似者"）者为良知的表现，则此良知的误用，反倒误人一生。蕺山尝言："知见凑泊者，妄也……做好人之失也，庸人无是也。"[①]又曰："智只是故之一端，而孟子特指以证性。此一点是非之心，尤容易起风波，少错针锋，无所不至，故孟子指出凿字。凡叛道之人都是聪明汉。"[②]可见"好人"与"聪明汉"虽然质美，但往往反倒容易干犯"妄"的毛病。诚然，儒家之教自孔孟始便主张仁智并重，如孔子素言"知者利仁"，以"知"为助成仁德的重要法门；孟子更谓"智"是本心其中一端，直以为是非之心乃本心其中一面的表现。虽然"智"在成德历程中不可或缺，但蕺山于此独具慧眼地指出"智"的作用"尤容易起风波"，甚至可以使人离经叛道无所不至。盖蕺山言："夫心，觉而已矣。觉动而识起，缘物乃见。物交物，则引之而已矣。觉离本位，情识炽然，聪明乘之，变幻百出。其最近而似焉者为理识。理识之病，深则凿，浅则浮，诡则异，僻则邪，偏则倚，支则杂。六者皆贼道之媒，而妄之着焉者也。妄非真也，识非觉也。"[③]意谓"心"本是天理昭明灵觉的表现，其对自身的觉知便是对于天理的觉知，是以心觉活动原是"本觉之觉，无所缘而觉"。[④]但当"心"应事接物时，心知的作用便有缘物而在交引过程中被引离本位的可能。由此观之，不单人的耳目之官会被外物牵引，当心"觉"转为"识"时，心识活动同样可以

---

① 刘蕺山：《语类十·说》，《刘宗周全集》，页341。

② 刘蕺山：《语类十四·学言下》，《刘宗周全集》，页550。

③ 刘蕺山：《语类八·证学杂解》，《刘宗周全集》，页311。

④ 同前注，页312。

被外物牵引。当心知功能被外物牵引，则"心"便有误认其自身以外者为"理"的可能。如是，本心即患上"理识之病"，继而沦为"妄心"。人依"妄心"立身处世，则"妄形""妄解识""妄言说"等弊病依次而生，其人最终亦会沦为"妄人"也。正因为"误认良知"是使人离经叛道无所不至的"贼道之媒"，此所以蕺山断言："凡过生于误，然所以造是误者，必过也。恶生于过，然所以造是过者，亦误而已。"[①] 蕺山更进一步的洞见，在于其指出"妄"的弊病乃"原从无过中看出过来者"。盖"独体"之自身固然是"一真无妄"[②]之地，但在此"无过"中的"独体"之侧却往往有"妄"与"误"的可能毛病相随。这里可借唐君毅先生一段话说明个中道理："人与其活动之所以不能说一存在即为真实存在，是因人之存在与其活动之内部，可涵有虚妄或虚幻之成分。此最直接的理由，是人有思想。人有思想，是人的尊严的根源，但同时亦是人之存在中有虚妄或虚幻成分的根源。大家都知道，人因有思想，故可了解自然界与人类社会中的真理。但是亦因人有思想，于是人有思想之错误。人有思想之错误时，人可以把花视为草，鸟视为兽，这即是把存在的视

---

① 刘蕺山：《语类十三·学言中》，《刘宗周全集》，页501。又业师郑宗义教授尝撰文《恶之形上学——顺唐君毅的开拓进一解》，指出人主体自己往往会错误地发生作用而成为罪恶的帮凶。详见郑宗义：《恶之形上学——顺唐君毅的开拓进一解》，《中国哲学研究之新方向》，页299—305。蕺山言"妄"的毛病正是本心误用的结果（如"以想为思""以念为意"等），故笔者认为蕺山之说在理论上可说是唐先生的思考的先导。

② 刘蕺山：《语类一·人谱》，《刘宗周全集》，页6。

为不存在，不存在的视为存在。"[1] 这里唐先生鞭辟入里地指出，人的思想固然是尊严的根源，但人的思想正同时亦是"虚妄"与"错误"之所以可能的来源。换句话说，心知功能固然是助成仁德的一大法门（所谓"知者利仁"）；然而反过来，亦正因为吾人的心知能力，人才有虚妄错误的可能。于此，牟宗三先生尝以佛家的"同体无明"比配蕺山的"微过"，[2] 此真可谓"真知灼见"矣！

事实上，阳明学者亦已关注到良知的发用往往易有虚妄的成分，如王龙溪便尝训诫唐荆川有"误认""意见""典要""拟议安排""气魄"等"真之似者"为真良知的毛病，继而指出良知的发用往往"未免揉和"。[3] 而蕺山于此更进一步的洞见，则在于其着眼"心"内部的隐微之地深入剖析"妄"的出现。他说："自心学不明，学者往往以想为思，因以念为意。"[4] 直谓时人对"心"内部结构的把握"非认贼作子，即认子作贼"。[5] 王学学者甚至"以识为知"，乃至引申出种种猖狂荡越的弊病。如："念近意，识近知。以识为知，赖王门而判定；以念为意，锢日甚焉。"[6] 如是，蕺山认为学者常将"注识而流"之"想"误认为"常醒

---

① 唐君毅：《人生之体验续篇》（台北：台湾学生书局，1996年），页114。

② 牟宗三：《从陆象山到刘蕺山》（台北：学生书局，1984年），页532。

③ 王龙溪：《维扬晤语》，《王畿集》，卷一，页7。

④ 刘蕺山：《语类九·原旨》，《刘宗周全集》，页328。

⑤ 刘蕺山：《语类十三·学言中》，《刘宗周全集》，页496。

⑥ 刘蕺山：《语类十四·学言下》，《刘宗周全集》，页532。

不昧"之"思",亦常把"因感而动"之"念"误认为"动而有主"之"意",此是蕺山眼中的学者大病。相应地,针对微过("妄")的工夫无非便是将"心"乃至天地万物皆一一还其真实本来面目,此即上引所言:"以心还心,以聪明还耳目,以恭重还四体,以道德性命还其固然,以上天下地、往古来今还宇宙,而吾乃俨然人还其人。"只有人时刻廓清"心""常醒而不昧"的本来面目,不"误认"溷杂"物""识""想""念"者为本心的表现,人才能成就其人("人还其人")。

析论至此,现在可以稍为总结蕺山如何继承与发展了阳明以来的恶论。阳明固然认为"恶"乃出现在人心"意念"的环节之上,但经过第三章的澄清之后,可知阳明亦以好善恶恶之"意"为本心原初的特质;阳明乃从"留滞""外驰""人为"等意念的偏向上解释"恶"的出现。在此意义上,蕺山与阳明对"恶"的出现的理解是一脉相承的。如蕺山谓:"意本是善的,但不诚,则流失之病有无所不至者,然其初意原不如是。"[1] 亦谓:"夫人也而乃禽、乃兽,抑岂天地之初乎? 流失之势积渐然也。"[2] 阳明与蕺山皆以"心"乃至"意"与"念"的"原初"状态为善,而同样从其"流失"状态思考"恶"之所由生。问题是,阳明的恶论在表述上未有将"原初"状态与"流失"状态的意念区分清楚,乃至启蕺山认为阳明"将意字认坏"[3]之疑窦。在理论上说,心学传统素言"恶"乃无根,自不许人性乃至"心"内

<hr />

[1] 刘蕺山:《语类十四·学言下》,《刘宗周全集》,页 526。

[2] 刘蕺山:《语类八·证学杂解》,《刘宗周全集》,页 317。

[3] 刘蕺山:《语类十·说》,《刘宗周全集》,页 373。

部任何一个环节的本身内具"恶"的元素。而阳明"意念发动而后有不正""有善有恶意之动"等论述，或易使人误会人心中"意念"的环节内具缺憾或"恶"的成分。于此，蕺山一方面指出"妄"的毛病比起"恶念"的出现更为原初，指明"不可名状""无病痛可指""无面目""不可方物"的"妄"的毛病方是"恶"的来源；另一方面又廓清了人性乃至"心"内部任何一个环节（包括"意"与"念"）之自身皆非过恶之源。如此一来，蕺山之学在坚守儒学"恶乃无根"的传统上，可谓在表述上比起阳明之学更为彻底，亦明确扫清了一切以为"恶"在人性人心中有根的疑窦。光源所照便是明，离开光源便是暗，并没有所谓"暗的根源"发出黑暗。同理，本心自身便是"真"，本心的活动离开其自身而有所外驰留滞便成"妄"，而人性中并没有所谓"妄的根源"引发虚妄。[①] 由此，蕺山大大澄清了儒门对"恶"的理解。

下面转过来讨论蕺山之学的治恶工夫。从上文的讨论，可知本心的心知作用应事接物时常有异化与流失的可能。按阳明之教，人固然可以本乎四句教中"知善知恶是良知"，以作"为善去恶是格物"的工夫；以超临闲思杂虑之上的良知，格正有善有恶的意念。然在蕺山眼中，良知通过心知呈显动用的过程中，却往往易会溷杂歧出的意念，而产生"搀和"的流弊。如其曰："今天下争言良知矣。及其弊也，猖狂者参之以情识，而一是皆良；

---

① 李明辉同样指出："暗无积极的特性，而是明之反面。同样的，妄亦无积极的特性，而是真之反面。"参见李明辉：《刘蕺山论恶之根源》，收入钟彩钧主编《刘蕺山学术思想论集》，页118。

超洁者荡之以玄虚，而夷良于贼。亦用智者之过也。”①“智”的能力虽能助成仁德，但亦同时可能引发虚妄的出现。可见从哲学史的角度来看，蕺山这种对心识及思虑作用高度警惕的心态，理论上可说是针对阳明学者“用智”的流弊而来。其针对上引王学之可能弊病续说：“故学以诚意为极则，而不虑之良于此起照，后觉之任，其在斯乎？”②他处亦有言：“天下何思何虑！天下同归而殊涂，一致而百虑。天下何思何虑！无知之知，不虑而知。无能之能，不学而能。是之谓无善之善。君子存之，善莫积焉。小人去之，过莫加焉。……君子存之，即存此何思何虑之心。”③此见鉴于对心知作用的高度警惕，对比阳明“致良知”的工夫而言，蕺山宁可更为强调一种隐微的“何思何虑”工夫；在推致“知善知恶”的良知之先，更强调“无知之知，不虑而知”之心的保存。于此乃见蕺山从阳明致良知的“显教”转向慎独工夫的“密教”之用心矣。④平情而论，阳明之学固然没有忽略“无心为善”的面相，毕竟严滩问答之中阳明便有“无心俱是实，有心俱是幻”的提醒。只是为了接引初学学者的教学需要，对比之下致良知教才更为强调本乎良知着力作为善去恶的格物工夫。事实上，阳明的“显教”与蕺山的“密教”同是圣学应有之文章，其间的转向无非是侧重点之不同而已。

如是蕺山点明了在意念未起之先（不论是恶念抑或善念），

---

① 刘蕺山：《语类八·证学杂解》，《刘宗周全集》，页 325。

② 同前注。

③ 刘蕺山：《语类一·人谱》，《刘宗周全集》，页 4—5。

④ 牟宗三先生便尝以“归显于密”形容蕺山之学的特色。参见牟宗三：《从陆象山到刘蕺山》（台北：学生书局，1984 年），页 451—458。

便已有更见原初的圣学工夫存焉。具体而言，蕺山乃以"独体"的保任言之。其曰："独体惺惺，本无须臾之间，吾亦与之为无间而已。惟其本是惺惺也，故一念未起之中，耳目有所不及加，而天下之可睹可闻者即于此而在。"[1] 又蕺山说："天下未有大本之不立而可从事于道者，工夫用到无可着力处，方是真工夫，故曰：勿忘勿助，未尝致纤毫之力。此非真用力于独体者，固不足以知之也。"[2] 可知，人在"一念未起之中"便可作"用力于独体"的"慎独"工夫；而在蕺山而言，此无可着力、无工夫相之工夫方是真工夫也。蕺山明言"独体"只是"道"惺惺无间的表现，而所谓真工夫原则上便只是还其"独体"本是惺惺的状态。然则何谓"独体"？且看以下文字：

> 中庸言喜怒哀乐，专指四德言，非以七情言也。喜，仁之德也；怒，义之德也；乐，礼之德也；哀，智之德也。而其所谓中，即信之德也。一心耳，而气机流行之际，自其盎然而起也谓之喜，于所性为仁，于心为恻隐之心，于天道则元者善之长也，而于时为春。自其油然而畅也谓之乐，于所性为礼，于心为辞让之心，于天道则亨者嘉之会也，而于时为夏。自其肃然而敛也谓之怒，于所性为义，于心为羞恶之心，于天道则利者义之和也，而于时为秋。自其寂然而止也谓之哀，于所性为智，于心为是非之心，于天道则贞者事之干也，而于时为冬。乃四时之气所以循环而不穷者，独赖有中气存乎其间，而发之即谓之太和元气。

---

① 刘蕺山：《语类十·说》，《刘宗周全集》，页 351。
② 同前注，页 354。

是以谓之中,谓之和,于所性为信,于心为真实无妄之心,于天道为乾元亨利贞,而于时为四季。故自喜怒哀乐之存诸中言谓之中,不必其未发之前别有气象也。即天道之元亨利贞,运于于穆者是也。自喜怒哀乐之发于外言谓之和,不必其已发之时又有气象也。即天道之元亨利贞,呈于化育者是也。惟存发总是一机,故中和浑是一性。如内有阳舒之心为喜为乐,外即有阳舒之色,动作态度无不阳舒者。内有阴惨之心为怒为哀,外即有阴惨之色,动作态度无不阴惨者。推之一动一静,一语一默,莫不皆然。此独体之妙,所以即隐即见即微即显,而慎独之学,即中和,即位育,此千圣学脉也。自喜怒哀乐之说不明于后世,而性学晦矣。[①]

即如今日骤遇期丧,自是本心迫切处,因此发个哀戚心,不肯放过,即与之制服制礼,何等心安理得?此外更求道乎?由此而推,则所谓三年之丧、期功之制、祭祀之礼、家庭拜跪,亦皆以是心裁之而沛然矣。心所安处,即是礼所许处。[②]

阳明子曰:"语言正到快意时,便翕然能止截得。意气正到发扬时,便肃然能收敛得。愤怒嗜欲正到沸腾时,便廓然能消化得。此非天下之大勇不能。然见得良知亲切,工夫亦自不难。"愚谓言语既到快意时,自当继以忍默;意气既到发扬时,自当继以收敛;愤怒嗜欲既到沸腾时,

---

① 刘蕺山:《语类十三·学言中》,《刘宗周全集》,页488—490。
② 刘蕺山:《文编七·书(论学)》,《刘宗周全集》,页441—442。

> 自当继以消化。此正一气之自通自复，分明喜怒哀乐相为
> 循环之妙，有不待品节限制而然。即其间非无过不及之差，
> 而性体原自周流，不害其为中和之德。[①]

第一则引文指出，"独体"即是"太和元气"，其表现的四时之
气一方面循环不穷"运于于穆"，另一方面亦具有"呈于化育"
的生化之妙。在这段文字中，蕺山以人之"喜怒哀乐之气"统
合"四端之心""仁义礼智之理"，甚至天之"春夏秋冬四季"。
这种将不同层次的概念一滚而说的表述，造成了研究者理解上
的极大困难。[②]然事实上，蕺山这种"理气一滚"的说法在理论
上有其重要的考虑：蕺山认为，"四时之气"的运行原非一往无
前，而是宛如依于圆环的中心（"中气"）而周流循环；这种四
气依中而循环的过程乃"太和元气""中和之德"的表现。对天
道的运行而言，若四时滞于一偏（例如严冬），则万物便不能生
长化育；必待春夏秋冬四季周流循环，万物才能生生不已地运化。
同理，于人道而言，任何一种"情"一往无前的留滞本身就会
变成"过"，必待其周流循环才能如"理"。例如仁人孝子对于
至亲的离世固然会生起至哀之情，此哀情原来亦是本心智德的
表现；但当人执滞于哀情，"悲"而成"伤"，心生忧郁甚至萌
起求死之念，则此留滞的哀情便成了"过情"。[③]"人能知哀乐

---

① 刘蕺山：《语类十三·学言中》，《刘宗周全集》，页487—488。

② 李明辉：《四端与七情：关于道德情感的比较哲学探讨》（台北：
台大出版中心，2005年），页130。

③ 香港撒玛利亚防止自杀会便尝有相关的专题，其指出：面对亲人
的离世，留者往往会困于哀伤的情感继而出现自杀的危机，因此求助者
应学懂"善别"。参阅香港撒玛利亚防止自杀会：《香港撒玛利亚防止自

相生之故者，可以语道矣。"①是则人能慢慢了解到"生死有时、聚散有时"的道理，继而于哀恸的尽头转化出内心的安乐，此才是合乎于"道"的表现。此所以第二则引文便指出，人情原有哀乐相生之理，而种种丧礼仪式的设置无非便是顺乎此哀乐相生之理，帮助仁人孝子文饰、剪裁其"哀戚心"，继而使其渐能"心安理得"。在第三则引文中，针对人的情感行动偶有过当不正之时，阳明之教更为着重学者本乎良知用功于"止截""收敛""消化"种种偏差的意气与欲望。相对而言，蕺山更着重在本体的层面各种人情本来就具有"自通自复"的修复机能；虽其发动偶有"过不及之差"，但一定时间的洗礼后自能周流循环，从偏差回归"心"的中和之德。由此可见，哀乐相生乃至喜怒哀乐四情周流相生的过程本身，正是"道"与"理"的表现，而此亦是蕺山抱持"盈天地间一气也。气即理也，天得之以为天，地得之以为地，人物得之以为人物，一也"②这种"理气一滚"的独特说法的个中关键。值得注意的是，"元气"之"元"在字源上原来就有"原始""开始"的意思，③因此"气即理也"的"元气"亦得从"气"的"本原"状态索解。"气"的"本原"状态即"理"，这一点与上文所论"意""念""情"在"本原"状态上与"性"相合同是蕺山学说中贯融一致的想法。而相应于此，圣学工夫便无须刻意人为"用力"，而无非只是保任本体这种"自

杀会会讯》第48期（香港：香港撒玛利亚防止自杀会，2005年）。

① 刘蕺山：《语类十二·学言上》，《刘宗周全集》，页465。

② 刘蕺山：《语类十三·学言中》，《刘宗周全集》，页480。

③ 许慎：《一部》，《说文解字（一）》（北京：中华书局，1985年），卷一上，页1。

通自复"的修复机能。个中道理不难理解，当人受到某种外在刺激，往往便会情感沸腾勃然盛怒，这一时的"火遮眼"很容易使人行差踏错。但在"怒气"过后，人心本来就会慢慢复归心平气和的本然状态，乃至较能称理地行动。在蕺山眼中，这一种人心复归平静的过程并非有待工夫刻意为之的结果，而无非只是性体自身"自通自复"机能的展现。

从上可见，蕺山以理气一滚（从"气"的周流循环言"理"）的立场界定本体，而其工夫论亦有相应的主张：蕺山并不主张以纯善无恶之"理"对治纷纭杂乱之"气"，而更主张保任"理""气"浑一的本体而不致让其流失。蕺山曰："中为天下之大本，慎独工夫，全用之以立大本，而天下之达道行焉。然解者必以慎独为致知工夫，不知发处又如何用功？率性之谓道，率又如何用功？若此处稍着一分意思，便全属人伪，非徒无益，而又害之矣。小人闲居为不善，正犯此病症来。"[1]此中可见独体之中气本自周流，无容任何人力的安排；所谓"慎独"工夫无非只是保任此独体中气之周流，直是"何思何虑""无可着力"的真工夫也。反之，若于独体"稍着一分意思"，即使是"着力"于某种圣学工夫，这种着意也有沦为"人伪"的可能。析论至此，可知蕺山这种对于中气的讨论与阳明之学实有千丝万缕的关系：蕺山认为作为宇宙及道德创造根源的独体既是"气"亦是"理"，这种说法与阳明"（良知）以其流行而言谓之气"及从"性"的本原上说"原无性气之可分也"（详见第三章的相关讨论），两种说法几乎是如出一辙——皆以为理气的"本原"状

---

① 刘蕺山：《语类十四·学言下》，《刘宗周全集》，页538。

态涵一是纯善无恶。在此意义上，所谓"理气一滚"的说法可说是阳明、蕺山的共法。然而，阳明曰："本体上如何用功？必就他发处，才着得力。致和便是致中。"[①] 其工夫论论述更为着重在"心"的发动上作工夫；质言之，阳明着重于意念发动的偏差处，本乎知善知恶的良知以作格正对治的工夫。相较而言，基于对妄识与思虑活动的高度警惕，乃至慎防"着力用功"本身亦可沦为人伪，蕺山之教则更着重从阳明"在'心'的发动上作格致工夫"推高一层，进而主张"在'性'上作何思何虑工夫"。在这意义上，这种归于密教的工夫论述，则是比起阳明之学更为隐秘者矣。

　　通过上文的清理，笔者尝试论证了阳明与蕺山之学在"恶"的议题上的理论关系：阳明与蕺山之学同有打破形上形下之分的"一滚"倾向，而对这一滚倾向的厘清将有助阐明两者的善恶理论。阳明与蕺山共同认为，在"本原"的层面而言，"心""理""气""意""情"都同一是善，任何一个环节之自身都不能被描述为"恶"的根源；"恶"的出现只能诉诸意念的"流弊"状态（意念的留滞、外驰、转念）。而在理论表述上，蕺山将"恶"的根源从阳明的"意念"更为确定地转向为"妄"的毛病，这是儒学恶论的一大推进，由此彻底廓清了儒学"恶乃无根"的传统。在治恶的工夫上，阳明与蕺山同样主张将留滞外驰的意念引归本心的主宰为根本原则。但对比之下，阳明更为强调思虑、天理向前扩充的"显教"工夫；而基于思虑能力可被误用的警惕，蕺山则更为强调无所思虑、保任意根独体的"密

---

　　① 王阳明：《补录一》，《王阳明全集》，卷三十九，页 1552。

教"工夫。

三、《人谱》及其对"恶"的议题的总结

《人谱》是蕺山临终之前仍着力一再修订的典籍，更嘱咐其子刘汋曰："做人之方尽于《人谱》，汝作家训守之可也。"[1]可见《人谱》无疑是蕺山整体学说的定论。在"恶"的议题上，《人谱》更是系统地集结了阳明及其后学相关思考的思想结晶。是则通过对《人谱》的讨论理当可以以小观大，总结整个王学传统对"恶"的问题的基本了解。[2]《人谱》一书主要由三个部分组成，分别是：《人谱正篇》《人谱续篇二》《人谱续篇三》。以下将会分别讨论之。

（一）《人谱正篇》

《人谱正篇》包括《人极图》与《人极图说》，明显是对应周濂溪的《太极图》与《太极图说》而作。其谓："无善而至善，心之体也。即周子所谓太极。太极本无极也。统三才而言，

---

[1] 刘蕺山：《附录·刘宗周年谱》，《刘宗周全集》，页544。

[2] 黄敏浩及何俊尝撰专文全面分析了《人谱》的结构与特色，读者可以交互参考。黄敏浩：《刘宗周及其慎独哲学》，页173—210。何俊：《刘宗周的改过思想》，收入钟彩钧主编《刘蕺山学术思想论集》，页127—154。本书的焦点，则较为侧重《人谱》与前贤在"恶"的问题上的哲学史联系。

谓之极；分人极而言，谓之善。其义一也。"①顺乎濂溪的思考，蕺山认为宇宙生化与道德实践具有相同的原则。人能遵循此为人的极则，便能参赞天地而使"万化出焉""万性正矣"，而这便是蕺山所理解的"善"（"分人极而言，谓之善"）。固然，这种"心与天同"的想法自是宋儒以降的传统，蕺山于此并无二致。

而相对于周濂溪强调太极，以标示宇宙生化的极则，蕺山则更为着重树立人之所以为人的极则一面；此其所谓"尽人之学"也。他说：

> 大哉人乎！无知而无不知，无能而无不能，其惟心之所为乎！《易》曰："天下何思何虑！天下同归而殊涂，一致而百虑。天下何思何虑！"无知之知，不虑而知。无能之能，不学而能。是之谓无善之善。君子存之，善莫积焉。小人去之，过莫加焉。吉凶悔吝，惟所感也。积善积不善，人禽之路也。知其不善以改于善，始于有善，终于无不善。其道至善，其要无咎，所以尽人之学也。君子存之，即存此何思何虑之心。周子所谓"主静立人极"是也。然其要归之善补过，所繇殆与不思善恶之旨异矣。此圣学也。②

蕺山这里强调君子所存之心是"何思何虑之心"，此便宛然可见蕺山对"心"的思虑作用抱有高度的警惕。根据前面数章的讨论，警惕知识、念虑，以至强调本体无欲虚空的一面，本来就是通乎阳明及其后学的共识。如《孟子》言"不学不虑""大人不失其赤子之心"，《诗经》言"不识不知，顺帝之则"，《周易》言

---

①　刘蕺山：《语类一·人谱》，《刘宗周全集》，页3。

②　同前注，页4。

"何思何虑""无思无为"等，皆见儒门经典早已蕴含突出本体无欲虚空特性的话头。阳明学者基本上都顺乎同样的见解，认为无欲虚空是本体本然的特性，离此而稍加知识念虑便会造成本体的歧出；而相应的对治工夫，无非只是复反本体"何思何虑"的特性。例如阳明有谓："无欲见真体，忘助皆非功。"① 后学如龙溪者有言："人心无一物，原是空空之体。形生以后，被种种世情牵引填塞，始不能空。吾人欲复此空空之体，更无巧法，只在一念知处用力。"② 以至念庵亦言："天道流行，岂容人力撑持帮补？有寻求，便属知识，已非所谓帝则矣。"③ 引文中蕺山明言君子小人之别在于能否存此何思何虑之心，这可说是本乎阳明以来一脉相承的思考。又在第五章中，笔者尝论证念庵所言主静的"静功"，乃通乎心学逆觉工夫传统的共法。"静功"的核心意涵，无非是逆乎向外的感性之杂而复反于向里寂静的本体。就此而言，蕺山推崇濂溪"主静立人极"的主静工夫，亦可说是顺乎前贤学风而来的想法。

值得注意的是，虽然蕺山顺乎前贤强调本体空无的一面，但为了严辨儒佛的界线（"与不思善恶之旨异"），蕺山特别强调圣学之要归之"善补过"。在蕺山之世，社会流行着佛门《功过格》的修养方法，主张人将日常行为的"功"与"过"记录下来以作德行的检讨。然而，蕺山认为这种修养方法将会导致人

---

① 王阳明：《外集一·阳明子之南也其友湛元明歌九章以赠崔子钟和之以五诗于是阳明子作八咏以答之》，《王阳明全集》，卷十九，页 678。

② 王龙溪：《九龙纪诲》，《王畿集》，卷三，页 57。

③ 罗念庵：《答陈豹谷》，《罗洪先集》，卷七，页 290—291。

有"将功补过"的功利计算心态。^①是则蕺山在《人谱》的《自
序》中便已严加主张工夫的实践应是"言过不言功，以远利也"，^②
又强调"补过"的说法，除了在发生历程上是缘于对抗佛门功
利心态之外，亦是儒门工夫理论内部需要转出者。笔者在前面
数章便曾反复申论过，学道之人凡在修道过程中有一毫执滞着
意为善，此滞着本身即会造成工夫上的流弊。如阳明曰："这一
念不但是私念，便好的念头，亦着不得些子。如眼中放些金玉
屑，眼亦开不得了。"^③念庵亦言："但谓由己之己，更无私意可
克，却稍涉执着，俱不类当下本色话矣。"^④顺乎此，虽然圣学
工夫中"为善"与"改过"是一体的两面，但蕺山宁可更为强
调"改过"，以防执着为善的工夫弊病。其谓："有过，非过也；
过而不改，是谓过矣。有善，非善也；有意为善，亦过也。"^⑤
可见强调为善之功不免有使人着意为善之虞，此"着意"本身
便构成了成德的障碍；反之，能够深切照察己过，而又能正视
己过，以至逢过必改，则"改过"本身同时便是道德生命的成长。
又蕺山言："论本体，决其有善无恶；论工夫则先事后得，无善
有恶也。"^⑥于此更是充分表现了蕺山之学中本体与工夫错综复
杂的关系：就着心之本体能与天地般成就"万化出焉""万性正
矣"的功化，本体可说是"至善"者。就着心之本体"何思何

---

① 黄敏浩：《刘宗周及其慎独哲学》，页177—180。
② 刘蕺山：《语类一·人谱》，《刘宗周全集》，页2。
③ 王阳明：《语录三·传习录下》，《王阳明全集》，卷三，页135。
④ 罗念庵：《寄邹东廓公》，《罗洪先集》，卷六，页195。
⑤ 刘蕺山：《文编三·与履思九》，《刘宗周全集》，页319。
⑥ 同前注。

虑""空空""无欲"的特性而言,本体又可说是"无善"者。(此
所以蕺山有言"无善而至善,心之体也""性一,至善也。至善,
本无善也"等看似诡谲的话头)而又为了强调圣学工夫的艰难,
以至避免着意为善的可能流弊,蕺山在工夫的层面宁可更为强
调以"无善有恶"描述改过的历程。首当明乎此"至善""无善""有
恶"的概念分际,方可了解蕺山改过之学的基本用心。而事实上,
"改过"向来都是儒门关注的要点,阳明便说:"夫过者,自大
贤所不免,然不害其卒为大贤者,为其能改也。故不贵于无过,
而贵于能改过。"[①]犯过是大贤所不免,转化与堕落只在乎改过
与否。又如第二章尝论,以文过与改过判别贤不肖,本来更是
孔子哲学中所涵。这里蕺山对"改过"的强调,理论上无非是
建基于前贤的发挥。

(二)《人谱续篇二》

《人谱》第二部分的《人谱续篇二》即是《证人要旨》,顺
乎《人谱正篇》而更为细致地讨论人整全生命中每个环节的极则。
质言之,人从意念未发,到意念初发,以至举止、待人、接物,
甚至犯过之后,每一个环节都有其所以为人理应遵守的原则。
依次即是:"凛闲居以体独""卜动念以知几""谨威仪以定命""敦
大伦以凝道""备百行以考旋""迁善改过以作圣"共六项。其
中第一环节"凛闲居以体独"可说是证立人之所以为人的关键,

---

① 王阳明:《续编一·教条示龙场诸生》,《王阳明全集》,卷
二十六,页 975。

首当讨论。蕺山于此如是说：

> 学以学为人，则必证其所以为人。证其所以为人，证
> 其所以为心而已。自昔孔门相传心法，一则曰慎独，再则
> 曰慎独。夫人心有独体焉，即天命之性。而率性之道所从
> 出也。慎独而中和位育，天下之能事毕矣。然独体至微，
> 安所容慎？惟有一独处之时可为下手法。而在小人仍谓之
> 闲居为不善，无所不至。至念及，掩着无益之时，而已不
> 觉其爽然自失矣。君子曰闲居之地可惧也，而转可图也。
> 吾姑即闲居以证此心。此时一念未起，无善可着，更何不
> 善可为？止有一真无妄在。不睹不闻之地，无所容吾自欺
> 也，吾亦与之毋自欺而已。则虽一善不立之中，而已具有
> 浑然至善之极。君子所为，必慎其独也。夫一闲居耳，小
> 人得之为万恶渊薮，而君子善反之，即是证性之路。盖敬
> 肆之分也。敬肆之分，人禽之辨也。此证人第一义也。①

这里蕺山提出了"慎独""独体""独处"的概念，而明确指出
"慎独"是孔门相传心法，能慎独者便能完满实践位育万物之事
（"慎独而中和位育，天下之能事毕矣"）。牟先生尝这样解释"慎
独"与"独体"的密切关系："这个慎独是通过'天命之谓性'
这个性体，性是首先提出来的，性是个主体，但是这个主体必
须通过慎独这个工夫来呈现，这个慎独的独、独体的独是从性
体那个地方讲的……王阳明讲致良知，还是由慎独工夫转出来。
你如果只是凭空讲个'良知'，那主体义就显不出来，所以他
要'致良知'。良知就是独体，所以才说'无声无臭独知时，此

---

① 刘蕺山：《语类一·人谱》，《刘宗周全集》，页5—6。

是乾坤万有基'。"①是则"独体"乃从本体的层面言,意指《中庸》中的"性体"与阳明哲学中的"良知";而"慎独"则是从工夫的层面言,意指保任本体的戒慎工夫。事实上,在第五章中笔者便尝通过念庵的文字,指出圣学工夫可从独知之地上着力:当人在现实世界中与人与物交涉时——即使是谈道问学的活动——产生的念虑往往易被牵引而变得浮漫流转。但离乎随物而转的念虑之上,在己所独知之地尚有根于本体的戒惧之念存焉("洛村常问独知时有念否,公答以戒惧亦是念,戒惧之念,无时可息"②)。圣学工夫的着力处,便当是保任此独知之地的戒惧之念使之不致忘失。如是,蕺山这里所言的"慎独"可谓与阳明及念庵之学的用心一致——戒慎于独知之地的"独体"与"良知",以时刻保任其能够超临乎感性念虑之上而知是知非的指引角色。又笔者曾在第五章讨论,通过独知之地当下戒慎于本体,本来便是最为易简的工夫。例如面对美色的引诱,当下在独知之地一加提醒,理当便能迷途知返。然而,对于欲望炽盛的下根人而言,当下的提醒通常不足以免除诱惑;是则离乎当下接物的处境稍作退听一番,对根器较差者往往是更为受用的工夫。顺乎此,蕺山宁以"独处之时可为下手法",以至提出"姑即闲居以证此心""静坐是闲中吃紧一事",直以为独处时作静坐工夫是常人得力的工夫下手法(下文《讼过法》将有进一步详论)。而无论是"独知"抑或"独处"之时,两者都是外人不见的"不睹不闻之地"。君子于这"不睹不闻之地"最

---

① 牟宗三:《中国哲学十九讲》,页80—81。

② 罗念庵:《答陈明水》,《罗洪先集》,卷六,页203。

能清明地根据良知照察种种的意念，蕺山所谓"无所容吾自欺也"，故于此用功亦可以是"证性之路"；反之，正亦由于这"不睹不闻之地"是人所不知者，小人反会于此轻易放过，肆无忌惮，是则"不睹不闻之地"同时亦是"万恶渊薮"。顺乎此，蕺山明言："敬肆之分，人禽之辨也。此证人第一义也。"若能于此"独知""独处"之地能时刻保持敬之慎之，人便能证其为人；反之，若于此地稍事放肆，种种过恶便会于焉萌生，人亦渐渐堕落，沦为禽兽。

"卜动念以知几"是紧接着的第二项证人要旨：

> 独体本无动静，而动念其端倪也。动而生阳，七情着焉。念如其初，则情返乎性。动无不善，动亦静也。转一念而不善随之，动而动矣。是以君子有慎动之学。七情之动不胜穷，而约之为累心之物，则嗜欲忿懥居其大者。《损》之象曰："君子以惩忿窒欲。"惩窒之功，正就动念时一加提醒，不使复流于过而为不善。才有不善，未尝不知之而止之，止之而复其初矣。过此以往，便有蔓不及图者。昔人云：惩忿如推山，窒欲如填壑。直如此难，亦为图之于其蔓故耳。学不本之慎独，则心无所主，滋为物化。虽终日惩忿，只是以忿惩忿；终日窒欲，只是以欲窒欲。以忿惩忿忿愈增，以欲窒欲欲愈溃，宜其有取于推山填壑之象。岂知人心本自无忿，忽焉有忿，吾知之；本自无欲，忽焉有欲，吾知之。只此知之之时，即是惩之、窒之之时。当下廓清，可不费丝毫气力，后来徐加保任而已。《易》曰："知几，其神乎！"此之谓也。谓非独体之至神，不足以与于

此也。①

这里蕺山明言，动念之初即是"独体"表现的端倪。换句话说，
"念"的原初状态是本体的表现而纯善无恶，此时的"情"亦
是"性"的表现（"念如其初，则情返乎性。动无不善，动亦静
也"）。但当"念"有所转，离乎其原初的状态，则"念"与"情"
才会歧出，而产生流弊（"转一念而不善随之，动而动矣"）。蕺
山这个想法可说与龙溪之学并行不悖，盖龙溪便言："今人乍见
孺子入井，皆有怵惕恻隐之心，乃其最初无欲一念，所谓元也。
转念则为纳交要誉、恶其声而然，流于欲矣。元者始也，亨通、
利遂、贞正皆本于最初一念，统天也。"②又曰："念有二义：今
心为念，是为见在心，所谓正念也；二心为念，是为将迎心，
所谓邪念也。"③同以为"原初""当下"的一念，便是无欲而统
天的正念，亦是本心发见的端倪与表现。顺乎此，惩忿窒欲之
功便只在于止息念头随物滑落蔓生而回复其原初的状态（"止之
而复其初"），而不在于绝然禁止一切的念头。进一步，蕺山指
出"学不本之慎独，则心无所主"。又曰："惩窒之功，正就动
念时一加提醒，不使复流于过而为不善。才有不善，未尝不知
之而止之。"明确表示一旦本体一加提醒而回复其主宰的地位，
其自身便有"知"过而"止"过的力量。笔者曾在前面数章指
出，"本体挺立的自身便具有销欲功效"是通乎阳明学者的共法。

---

① 刘蕺山：《语类一·人谱》，《刘宗周全集》，页6—7。

② 王龙溪：《南雍诸友鸡鸣凭虚阁会语》，《王畿集》，卷五，页112。

③ 王龙溪：《念堂说》，《王畿集》，卷十七，页501。

如阳明有言:"太阳一出,而魍魉潜消也。"①龙溪亦言:"初复者,复之始,才动即觉,才觉即化,一念初机,不待远而后复,颜子之所以修身也。"②《人谱》这里的说法,真可谓总结前贤最好的注脚。

蕺山尝言:"君子所以必慎其独也,此性宗也。"③明以戒慎"独知""独处"之地的本体为儒门"性宗"之工夫。而其谓:"好恶从主意而决,故就心宗指点。"④又言:"其言意也,则曰好好色,恶恶臭。好恶者,此心最初之机……就意中指出最初之机,则仅有知善知恶之知而已,此即意之不可欺者也。"⑤则可见蕺山乃以"意"概念指涉心念原初无有不善的状态("此心最初之机");而本乎"意"好善恶恶的主宰性判决一切心念之发动,则是儒门"心宗"工夫的实义。是则放在整个蕺山哲学的脉络中来看,"性宗"与"心宗"的工夫,分别照顾了本体"静"(自存)与"动"(发用)两个面相。而蕺山哲学这两个关键的工夫面相,最终同时归纳在《证人要旨》"慎独"与"慎动"这两个环节之中。此所以蕺山在论述"慎独"与"慎动"两项"证人要旨"之后,明言:"慎独之学,既于动念上卜贞邪,已足端本澄源,而诚于中者形于外,容貌辞气之间有为之符者矣,所谓'静而生阴'也。"⑥表明虽然接下来在举止、待人、接物等环节,都有应当遵循的

---

① 王阳明:《文录四·示弟立志说》,《王阳明全集》,卷七,页260。

② 王龙溪:《建初山房会籍申约》,《王畿集》,卷二,页50。

③ 刘蕺山:《语类四·读易图说》,《刘宗周全集》,页138。

④ 刘蕺山:《语类十二·学言下》,《刘宗周全集》,页457。

⑤ 刘蕺山:《语类十二·学言上》,《刘宗周全集》,页389。

⑥ 刘蕺山:《语类一·人谱》,《刘宗周全集》,页7。

极则,但在"慎独"与"慎动"首两个环节上用功,便适足以超凡入圣矣。[①]事实上,若再置放在一个哲学史发展的角度来看,"慎独"与"慎动"这两项最为关键的"证人要旨",可谓极为有机而扼要地整合了前贤的思考:第一,对"慎独"工夫的关注,可谓是念庵之学的基本用心。为了防治修道者在与人与物交往时,心念易被牵引而有所歧出,念庵极为重视离乎接物的处境,而在"独知"与"独处"之地作静默实修的"静功"。第二,对"慎动"工夫的强调,则可说是龙溪、近溪之学之所长。由于本体具有即静即动的特性,其自身必然不容已地表现在现实世界的应物之用上;"念"的原初状态便是本体应物而表现的端倪。然而"念"在现实上易有偏向、执滞、陷溺的情况,是则"一念自反"回复心念原初的状态,亦是儒门工夫用力处。由此观之,蕺山以"慎独"与"慎动"为关键的"证人要旨",与其说是其个人独创,倒不如说是顺乎前贤而来的思想结晶。

最后值得稍加讨论的是,蕺山指出即使人能践行"凛闲居以体独"与"卜动念以知几"两项"端本澄源"的工夫,但人生于世上总不免偶有犯过的可能;是则证人的极则当以"迁善改过以作圣"作终。笔者在第四章曾反复讨论,无论圣凡、贤与不肖、学者与小人,任何人时时刻刻都可犯罪。人作为"气"化生命的存在,不免因其个体性而有与人阻隔的可能;"心"念

---

① 黄敏浩便曾指出:"这两步工夫实践代表宗周道德修养的根本。当然,下面还有'谨威仪以定命''敦大伦以凝道''备百行以考旋''迁善改过以作圣',但这些工夫其实都已蕴涵在第一及第二步中。"见黄敏浩:《刘宗周及其慎独哲学》,页203。

与知识活动的进行，难免有陷溺于物而成罪恶帮凶的可能；即使是修道者践行自"反"的工夫，亦常会因为过分把捉而形成光景的流弊。顺乎这些前贤的洞见，蕺山乃言："学者未历过上五条公案，通身都是罪过。即已历过上五条公案，通身仍是罪过。"[①] 无论常人抑或修道者，时时刻刻都不免有犯过的可能。因此，学道之人所追求者不能是绝然"无过"，而只能是"改过"，如蕺山曰："自古无现成的圣人。即尧舜不废兢业。其次只一味迁善改过，便做成圣人，如孔子自道可见……一迁一改，时迁时改，忽不觉其入于圣人之域。此证人之极则也。"[②] 配合第二章的讨论，便知蕺山所想无非遥契了孔颜"过则勿惮改"与"不贰过"之教。最后蕺山谓："然所谓是善是不善，本心原自历落分明。学者但就本心明处一决，决定如此不如彼，便时时有迁改工夫可做。更须小心穷理，使本心愈明，则查简愈细，全靠不得今日已是见得如此如此，而即以为了手地也。故曰：'君子无所不用其极。'"[③] 充分表现了蕺山对于圣学工夫集大成的包容性：在不同的层面上，心学信得及"本心"的工夫、理学重视"穷理"的工夫，以至上文提及的"主静"工夫、"复反"工夫，无不都可以是实践迁改工夫的可能方式。如第五章中念庵所论"工夫未至圣皆有可商量"，[④] 所谓最为受用的工夫，必待每一个殊别的修道者各自寻求印证。在这意义下，迁改工夫必不能一

---

① 刘蕺山：《语类一·人谱》，《刘宗周全集》，页9。

② 同前注。

③ 同前注。

④ 罗念庵：《答王有训》，《罗洪先集》，卷六，页230。

概说尽，而只能有待修道者"无所不用其极"地各自追求。

（三）《人谱续篇三》

《人谱续篇三》包括了《纪过格》《讼过法》及《改过说》凡三篇。开首的《纪过格》对应着《证人要旨》六项做人的原则，而论述了六种不同的过失，分别是："微过""隐过""显过""大过""丛过""成过"。这种对过恶的系统区分与深刻讨论，是儒家传统中极为少见的。以下是蕺山对"微过"的描述：

> （物先兆）一曰：微过，独知主之。
>
> 妄（独而离其天者是）。
>
> 以上一过，实函后来种种诸过，而藏在未起念以前，仿佛不可名状，故曰"微"。原从无过中看出过来者。
>
> "妄"字最难解，直是无病痛可指。如人元气偶虚耳，然百邪从此易入。人犯此者，便一生受亏，无药可疗，最可畏也。程子曰："无妄之谓诚。"诚尚在无妄之后。诚与伪对，妄乃生伪也。妄无面目，只一点浮气所中，如履霜之象，微乎微乎！妄根所中曰"惑"，为利、为名、为生死；其粗者，为酒、色、财、气。[1]

这里蕺山以"妄"的概念指涉"微过"。蕺山明言，"妄"的过犯"实函后来种种诸过"，可见"妄"端的是过恶产生最为原初的环节；人一旦犯此"妄"的毛病，则"一生受亏，无药可疗"。虽然"妄"无面目、无病痛可指、亦最难解，但从"妄，独而离其天者是"

---

[1] 刘蕺山：《语类一·人谱》，《刘宗周全集》，页10。

一语,当知道"妄"的弊病源于本体("独体")离其自身天然的状态。事实上,阳明学者不约而同地都认为"心"的偏向本身,便会造成"欲"的出现。如龙溪言:"才有所向便是欲。"① 念庵言:"夫有所向者,欲也。"② 以至心斋亦尝言:"只心有所向便是欲。"③ 可见"心"与"本体""离其天"而有所偏向,则成过犯的根源。而当心的偏向进一步着实在具体的事物内容上,便会产生种种具体的迷"惑"("妄根所中曰'惑'"),如为利、为名、为生死,为酒、色、财、气等是。对照《证人要旨》中"体独"的讨论,"肆"的心态虽然尚未外显为罪恶的行为,却是滋生种种罪恶的"万恶渊薮";同理,"心"的偏向本身虽然尚未落实为具体的过犯,但却是一切具体过犯之所以形成的源起。因此,学者于此便当严加警惕,必须"从无过中看出过来者"也。据何俊理解,这种"无过之过"的弊病,说穿了可说是"罪感"(sense of guilt)的缺乏。缺乏罪感本身虽然并非实际的罪恶,但却是引发现实诸种罪恶的根源。④ 因此,针对"妄"的改过之道,即在于培养与确立

---

① 王龙溪:《李见亭》,《王畿集》,卷十一,页 290。

② 罗念庵:《跋〈通书·圣学章〉后》,《罗洪先集》,卷十六,页 683。

③ 黄梨洲撰:《泰州学案一》,《明儒学案》,卷三十二,页 245。

④ "妄本身固然不是过,只是'原从无过中看出过来者'……刘宗周是在着意培养或确认一种心理上的定视,即罪感,返观前文可知,这种罪感显然不是建立在外在的个人与社会的反应上的,而是有赖于内在先天性的善的心性本体(以明代王学的观念,就是良知)的自觉,以及由于对善的本体的偏离而产生的感觉。"何俊:《刘宗周的改过思想》,钟彩钧主编《刘蕺山学术思想论集》,页 140—141。

起一种罪感意识，由此方能根除后来诸过的萌生。[①]

　　"微过"毫无面目而不可见，只有依附于七情之中，才能稍见"微过"的相状。此即："微过不可见，但感之以喜，则侈然而溢。感之以怒，则怫然而迁。七情皆如是，而微过之真面目，于此斯见。"[②] 配合《证人要旨》中"卜动念以知几"一项，当知道通过七情而表现的"隐过"，乃从"念"的黏滞辗转产生。上文曾经指出，"念"的原初状态本来就是本体的表现，顺此而来的"情"本亦合乎本性（"独体本无动静，而动念其端倪也。动而生阳，七情着焉。念如其初，则情返乎性。动无不善，动亦静也"）。但当"念"的发动离开本体自身而歧出，则此"念"便成妄念。妄念附住于七情之中，便进一步酿成了七种不同的过情：

　　　　溢喜（损者三乐之类）。

　　　　迁怒（尤忌藏怒）。

　　　　伤哀（长戚戚）。

　　　　多惧（忧谗畏讥，或遇事变而失其所守）。

　　　　溺爱（多坐妻子）。

　　　　作恶（多坐疏贱）。

　　　　纵欲（耳目口体之属）。[③]

　　在"微过"和"隐过"之后，其后的种种诸过都是由前过

[①] "其实，刘宗周在细述人的过错的层层显现的过程中，改过的方法已相应地表现了出来，像微过，因'妄'无可名状，所以改过的方法只能是培养与确立起一种罪感意识，时时警惕，慎独而保其天真。"何俊：《刘宗周的改过思想》，钟彩钧主编《刘蕺山学术思想论集》，页148。

[②] 刘蕺山：《语类一·人谱》，《刘宗周全集》，页11。

[③] 同前注，页10—11。

中步步积累而成。例如表现于容貌的"显过"是"坐前微隐二过来，一过积三过"；表现于五伦的"大过"是"坐前微隐显三过来，一过积四过"；而表现于百行的"丛过"则是"坐前微隐显大四过来，一过积五过"。相较而言，出现在独知独处之地与心念初动之时的"微过""隐过"是更为隐微内敛的；而分别呈现于容貌、五伦、百行的"显过""大过""丛过"则是较为外显者。蕺山尝言："是以君子慎防其微也。……凡此皆却妄还真之路，而工夫吃紧，总在微处得力云。"[1] 可见对于微隐二过的照察与克治，即是蕺山恶论的关键。蕺山言"过"主要是从"念"的未发初发处着眼，这里极为隐微之地正是过恶之所以萌生的源头，而一切治过的工夫都得在此源头处着力。又按蕺山言："(迷复)六曰：成过，为众恶门，以克念终焉。"[2] 加上《纪过格》中对"成过"的论述皆以前五过为内容，则"成过"无非便是任何过失的纵容不改，而蕴含在前五过中——只要克念改过，便能"立登圣域"；纵容过失，则"过"转为"恶"，是以"一过准一恶"。

　　紧接着的《讼过法》即静坐工夫，蕺山非常具体地陈述了个中的实践程序：[3] 从环境布置（"一炷香，一盂水，置之净几，布一蒲团座子于下"）到时间安排（"平旦以后"），从行为姿态（"一躬，就坐。交跌齐手，屏息正容，正俨威间，鉴临有赫，呈我宿疚,炳如也"）到内心活动（进而敕之，曰："尔固俨然人耳，

---

① 刘蕺山：《语类一·人谱》,《刘宗周全集》, 页 20。

② 同前注, 页 14。

③ 同前注, 页 15—16。

一朝跌足，乃兽乃禽，种种堕落，嗟何及矣。"应曰："唯唯。"），
再从生理反应（"于是方寸兀兀，痛汗微星，赤光发颊，若身亲
三木者"）到实践效验（"顷之一线清明之气徐徐来，若向太虚
然，此心便与太虚同体"），甚至遭遇转折（"忽有一尘起，辄吹
落；又葆任一回，忽有一尘起，辄吹落。如此数番"）与对应方
法（"勿忘勿助，勿问效验如何。一霍间，整身而起，闭阁终日"），
此中步步环节都有具体而微的描画。虽然静坐初看起来是一项
"静"中工夫，看似与"动"中用功相对，但蕺山却郑重说明："虽
无思无为，而此心常止者自然常运；虽应事接物，而此心常运
者自然尝止。其常运者，即省察之实地；而其常止者，即存养
之真机。总是一时小心着地工夫。故存养省察二者，不可截然
分为两事，而并不可以动静分也。"[1] 表明虽然静坐并非应事接
物之时，但本心仍然处于持续运作的状态；而正因为本心于静
坐时仍然运作，因此同时可以发挥省察的功能。是则蕺山一方
面澄清了静坐法不失为圣学进德的法门，而非徒为近禅；另一
方面亦澄清了静坐法即静即动，善解之则可免喜静厌动的疑虑。
呼应上文《证人要旨》所言，蕺山一再重申静坐工夫可以是入
手圣学的方便"入门"法，循之即可以指向进德的"究竟"意义。
蕺山即在《静坐说》一文中说明：

> 学问宗旨，只是主静也。此处工夫最难下手，姑为学
> 者设方便法，且教之静坐……瞥起则放下，沾滞则扫除，
> 只与之常惺惺可也。此时伎俩，不合眼，不掩耳，不趺跏，
> 不数息，不参话头，只在寻常日用中。有时倦则起，有时

---

[1] 刘蕺山：《语类一·人谱》，《刘宗周全集》，页16—17。

感则应，行住坐卧，都作坐观，食息起居，都作静会。昔
人所谓"勿忘勿助间，未尝致纤毫之力"，此其真消息也。
故程子每见人静坐，便叹其善学。善学云者，只此是求放
心亲切工夫。从此入门，即从此究竟，非徒小小方便而已。[①]
换句话说，相对具体明确的静坐法，对于无论上下、利钝根器
之人（利钝以人欲蔽心的程度定）而言，都比较容易实行。而
愈能将儒门静坐实践到家，愈能了解保任本心"常惺惺"才是
静坐工夫的宗旨。是则所谓静坐不必依待"合眼""掩耳""趺
跏""数息""参话头"等特定形式；反之，在寻常日用中"常
惺惺"地处身应对，即能充尽"坐观"与"静会"背后的奥义。
在这一意义上，静坐是一项方便的法门，循之亦能达致究竟的
境界。如第五章所述，念庵之学辨明了"归静"与"慎动"其
实是一体两面；静坐与日用的践履，同样可以蕴涵"静功"的
意义。只是对于"欲根不断"的念庵及其他钝根而言，"静坐"
是个更为切实受用的工夫选项。现在蕺山强调"静坐"的动静
两面，复以"静坐"作为下手工夫，在理论上可说是承接念庵
的知音。

　　最后，三篇《改过说》则是深入地探讨改正过恶的关键方法。
首先，《改过说一》讨论了显微工夫的关系。由于种种外显诸过
都是从隐微二过积累而成，则改过工夫根本地便当在微处着力，
如蕺山言："凡此皆却妄还真之路，而工夫吃紧，总在微处得力
云。"[②]在蕺山眼中，慎防己私是最当注意的谨微工夫，其谓："'子

---

　　① 刘蕺山：《语类十·静坐说》，《刘宗周全集》，页 304—305。

　　② 刘蕺山：《语类一·人谱》，《刘宗周全集》，页 17。

绝四，毋意，毋必，毋固，毋我'，真能谨微者也。专言毋我。"[1]
直以为一丝一毫对"我"的执着，都应谨防。若不能对"我"
有所"谨微"，则"工夫弥难，去道弥远"。事实上，在第五章中，
念庵业已指出极为细微的我执，便适足以构成己私的流弊。念
庵说："克己之己，即由己之己，亦即己私之己，莫非己也。稍
不能忘，便属己私，故'己'字甚微。"[2] 以至指出修己克己的
工夫过程中，"使不忘有我，即修己亦只成一个私意"。[3] 是则
常人对"己"的执着固然会成为与人阻隔的"私欲"，而即使是
修道者一毫的我执，亦已然足以造成有所作好的"私意"。这里
蕺山专以孔子"毋我"之教指涉最为谨微的工夫，在理论上可
说是其来有自。值得注意的是，蕺山否定者只是离乎谨微而"徒
求之显著之地"的工夫；但只要是以谨微为根据（亦即无有任
何己私的夹杂），一切在外显之地所作的工夫，无不都可以合乎
儒门宗旨。此所以蕺山曰："真能改过者，无显非微，无小非大，
即邢恕之学，未始非孔子之学。故曰：'出则事公卿，入则事父兄。
丧事不敢不勉，不为酒困。'"[4] 其次，《改过说二》说明了本体
的光明本来就具备了除妄的功效。诚然，所谓"本心常明，而
不能不受暗于过"，[5] 人的本心在现实世界中偶会备受障蔽，而
导致不同的过犯。即使本心不被遮蔽，但"常人之心，虽明亦暗，

---

① 刘蕺山：《语类一·人谱》，《刘宗周全集》，页 17—18。

② 罗念庵：《寄邹东廓公》，《罗洪先集》，卷六，页 195。

③ 同前注。

④ 刘蕺山：《语类一·人谱》，《刘宗周全集》，页 18。

⑤ 同前注。

故知过而归之文过，病不在暗中，反在明中"①——常人之心竟有可能转而成为助成过恶的帮凶。笔者在第四章便曾详细讨论，指出"心"的认知功能与超越无限的特性，一方面既能使人成就出别于禽兽的尊严，但在另一方面其误用亦很可以使人沦落得连禽兽亦不如。在此意义上，蕺山"病不在暗中，反在明中"一语，真可说是真知灼见！然即使"心"有被遮与误用的可能，蕺山始终相信本心的挺立便具有最为根本的去恶功效。所谓："人无有过而不自知者，其为本体之明，固未尝息也。"②即使本心偶会受暗，却不会永恒地失去光明。只要就其光明的事刻，立即认取并存养之，过犯的改正便立地成为可能。③此所以蕺山云："君子之心，虽暗亦明，故就明中用个提醒法，立地与之扩充去，得力仍在明中也。"④由于改过工夫的关键始终在本体的提醒与复反，而无须离此而另作去恶的工夫，是则蕺山乃曰："故学在去蔽，不必除妄。"⑤第三，《改过说三》表明本心之"知"，必须要伴随着力"行"的实践。在第五章中，念庵便言修道者易犯知见的弊病，徒有"隐隐见得自家本体"的虚见，但缺乏艰苦持久对治习气的躬行实践；如是，一时的见道亦会"易变

---

① 刘蕺山：《语类一·人谱》，《刘宗周全集》，页19。

② 同前注，页18。

③《改过说二》特别提到"内自讼"作为体证本心光明的法门，这与在独知之地所作的慎独工夫、在独处时作的静坐工夫当是相通者。如蕺山自己便谓："讼过法即静坐法。"刘蕺山：《语类一·人谱》，《刘宗周全集》，页15。

④ 刘蕺山：《语类一·人谱》，《刘宗周全集》，页19。

⑤ 同前注，页18。

幻","倏忽转移之间"便又会重堕溷杂的生命。蕺山于此说:"常知如电光石火,转眼即除。"[1]可说是顺乎念庵之学而来的关注。针对于此,真正的工夫必须是同时兼顾"知"与"行",两者交转并进之圆教。对此蕺山言:"致此之知,无过不知。行此之行,无过复行。惟无过不知,故愈知而愈致。惟无过复行,故愈致而愈知。此迁善改过之学,圣人所以没身未已,而致知之功与之俱未已也。……学以致知为要也。学者姑于平日声色货利之念逐一查简,直用纯灰三斗,荡涤肺肠,于此露出灵明,方许商量。日用过端下落,则虽谓之行到然后知到,亦可。"[2]蕺山这里的提醒,可说继念庵之学后,再一次重申了阳明"致良知教"作为即知即行的圆教。

四、小结

通过本章的工作,希望可以澄清蕺山种种对"恶"的讨论,乃可溯源于前贤的思想结晶,而绝非儒学中的孤论。阳明学说中本就蕴涵了不少与过恶议题相关的理论资源,这些资源为蕺山的恶论提供了丰富的理论土壤。尤其蕺山的《人谱》,更是融会了前贤思考的理论结晶;晚明王学种种对"恶"的讨论,都一一构成了有助理解《人谱》的理论线索。希望通过蕺山的恶论,可以以小观大,总结出晚明王学中"恶"的系统理论。

---

[1] 刘蕺山:《语类一·人谱》,《刘宗周全集》,页20。

[2] 同前注。

总　结

　　本书尝试从哲学史发展的角度清理晚明王学——自王阳明以降，下辖阳明后学，直到刘蕺山为止——对于"恶"的问题方方面面的思考。希望通过这项工作整理出儒学传统中一套"恶"的系统理论，以见儒学处理"恶"这个普遍哲学问题的基本态度。研究发现"恶"的问题在晚明王学中，呈现了一种层层递进的理论趋势。主要线索可以梳理如下：

　　王阳明哲学业已蕴涵种种讨论"恶"的丰富资源，构成晚明恶论的理论土壤。作为心学鸿儒，阳明对成德工夫的正面讨论，主要着眼于"心"的概念；其对"恶"的问题的展开，亦是从外显于"身"的行为表现，收归于"心"的内部结构中开始。阳明认为，"心"的本体自身至善无恶，唯有"意"念发动才有不正不善的可能。然而，"意"念本乎良知直接发动即是"诚意"，本身亦是无有不善。唯有离乎良知的指引而沦落为"私意"，"恶"的问题才于焉而生。关键的是，"意"念从本来的状态堕落歧出，主要源于"滞""留""着""杂"等原因。这一系列助成"意"念偏失的元素，可以归纳为"习"的问题。"习"一方面意指习俗，侧重外在败坏的环境对人的负面影响；但相对而言，"习气"作为内在一己能够防范的弊病，才更是"恶"之所以形成的关键。阳明深信，"志立而习气渐消"；"志"之挺立本身（存天理）便具有去欲（灭人欲）、消除习气的作用（所谓"太阳一出，而魍魉潜消"），无需将去恶工夫二分为两项。这种工夫上的"一元倾向"同样对应着阳明对于人性的理解："性"与"气"、"天理"与"人欲"，甚至"善"与"恶"，无非只是"同一"种人性于"不同"状态上的表现，不应自始至终视为截然二分的范畴。将人性中形上与形下部分合一的"人性圆融说"，在善恶问题上具有重要的理论意义：一方面，气质与情欲本身断不能视为罪恶而加以否定；反之，气质、情欲之自身甚至可以通乎"性"与"理"，本来圆满无缺。在理论上，这种理解可说开启了晚明将情欲与"气"的意义往上提（尤见于泰州学派与蕺山哲学）的学风。另一方面，现实表现为善与恶之人，在人性上并没有不能逾越的界线。所谓恶人其实与善人同类，同样本具转化自己的能力，永远能够通过工夫努力，使得自己免于沦为恶人。如是，蕴涵在阳明哲学中人性的一元倾向，重新坐实了孟子的性善说。

　　浙中王龙溪与泰州罗近溪等阳明学者，在"恶"之出现的理解上谨守师说。本乎阳明的说法，龙溪即从"心"有所"向"、有所"溺"、有所"转"、有所"着"等流弊、变态、歧出的状态，了解"恶"之所以形成的过程。龙溪理解过人者，则在突出"念"作为"当下"与"即时"的概念。是则一念之间的锢蔽，即成"习"气形成的滥觞。耐人寻味的是，"心"内部"知"的功能指向缘外、持续、区别、停留等特性，竟也可以成为罪恶出现的帮凶。甚至不仅及于外在的事"物"，"心"之自身同样可以是执滞的对象。

罗近溪即据此警惕志于修道的"学者"：工夫过程中起念见识的对象，往往只是心体的"光景"；于此"用力愈劳，而违心愈远"。龙溪与近溪针对知识活动的可能弊害，一方面强调"减担法"，放下世情，直任见在良知在事上"顺风张棹"；另一方面则强调保守当下"一念"，以至复还本体常惺惺的作用。俗语有云："一念天堂，一念地狱。"行善作恶从无命中注定，唯有存乎个人一念间。

　　江右罗念庵在本体与工夫的理解上虽常被视为"异见"，但其对过失的思考却明确与其他阳明学者"同调"。缘于念庵自己在一生问学过程中"欲根未断"的问题，念庵更为关注"学者"在修道过程中潜伏的弊病。"学者"的通病在于：一方面在个人进学时，只"知及"于本体片刻的"知见"，却脱略久久调习"仁守"的历程；另一方面在与人论学时，则夹杂落于己私的"意见"，以致随之而来的好胜争辩沦为"与本来性命生机了无相干"之事。如上近溪所言"用力愈劳，而违心愈远"，念庵亦同有"觅心，失心""守良知，失良知"之叹。而阳明晚年倡致良知教时对"空言"问题的深切隐忧，在念庵哲学中更成了一个重要的议题。念庵郑重提醒，若"学者"修行过程中只抓住离乎践履的话头，则一切修养工夫亦归枉然。针对此等潜伏修养过程的弊病，念庵申明工夫的两个面相：一方面，念庵理论上亦肯定"即本体便是工夫"；故与阳明及龙溪一致，念庵同样主张本体复还（"保无欲"之体）本身即涵去欲之功（"善寡欲"）。另一方面，念庵实践上得力于"用工夫以复本体"；故更强调本体（良知）必须在实修工夫（致）"之中"证取，才不致沦为"知见"与"空言"。对于念庵欲根潜伏的殊别弊病，久习"静坐"工夫是切实受用对病的药；但重视"信""实"的"静功"，则不论工夫之长短与入路，亦同可作为一切逆觉实践的共法。如是，"静功"义理上可以引申的"无欲""主静""归寂""慎独"，以至"自得""实修""真悟""默识"等面相，共同构成了克治"学者"诸"过"的根本之道。

刘蕺山作为宋明理学的殿军，在"恶"的议题上亦是集大成者。阳明及阳明后学以来对"恶"的思考，都一一结穴于以《人谱》为中心的蕺山哲学之中。以下从"心""性""工夫"三者为中心，总结个中的线索：

一、关于"心"的理解：阳明开启了从"意"念论"恶"的理论方向，及至浙中王龙溪着眼于"念"，指出当下一念的流转乃成邪念（"今心为念，是为见在心，所谓正念也；二心为念，是为将迎心，所谓邪念也"）。顺乎此，蕺山亦严分"意""念"，坐实了从"念"滞着的状态了解"恶"之所生的结论（"今心为念，盖心之'余气'也""念之有'倚着'处即为恶念"）。

二、关于"性"的理解：阳明以降便有将"气"上提，而视为"性"的倾向（"若见得自性明白时，气即是性，性即是气，原无性气之可分也"）。及至泰州罗近溪，同样将情欲往高看（"今日学者，直须源头清洁，若其初志气在心性上透彻安顿，则天机以发嗜欲，嗜欲莫非天机也"）。顺乎此，蕺山提倡圆融一滚的元气论，将"气""情""欲"等初看是形下者，一并往上提，而强调其形上的意义。是则在元始状态而言，"气"是浩然之气、"情"是四端之情、"欲"是生机之自然而不容已之欲，一律圆满无缺；只是在歧出的状态下，"气"才沦为暴气、"情"转为不稳的七情、"欲"亦转为陷于己私的人欲。是则蕺山澄清了"恶"在人"性"与"心"内部并无本有内在的根源,"恶"
只是人一己自暴自弃堕落的结果。这种对于人性的理解,从宋—
明—清思想史发展的角度上说,具有重要的衔接意义。伍安祖
(On-cho Ng)即指出,宋儒如张横渠、程伊川、朱子者,将"气
质之性"视为"恶"的根源;[1] 明儒王阳明及其后学,则喜将人
的根本状况("本体")描述为"无善无恶"。[2] 在后来儒者眼中,
前者戕贼了天然禀赋,[3] 后者则引申出荡越流弊。[4] 明末之后两
代学者——从东林学派的顾宪成(泾阳)、高攀龙(景逸),到
拥护程朱的陆世仪(桴亭)、李光地(厚庵)——即致力彰明整
体人性的"至善",[5] 明确强调:"所谓物理与物质本性中的认知、
感性、情绪、意欲等元素,愈加被视为与内在道德之'性'互
补一致。"[6] 尤其清初儒者李厚庵即坚守孟学,重申整体人"性"
全皆是"善"。[7] 这里蕺山从圆融一滚的元气论言"性",可说
发挥了承先启后的作用。又本乎这样的理解,《人谱》的《纪过

---

[1] On-cho Ng, "Li Guangdi and the Philosophy of Human Nature," *Dao Companion to Neo-Confucian Philosophy* (Dordrecht: Springer, 2010): 392.

[2] Ng, 2010: 384.

[3] Ng, 2010: 392.

[4] 伍安祖指出,在清儒眼中,"性""无善无恶"的观念甚至是道德伦理败坏的其中一个根本原因。"They [Qing Confucian scholars] saw the notion of *xing*'s transcendence of good and evil as one of the root causes of moral-ethical failure." (Ng, 2010: 385).

[5] Ng, 2010: 384-385.

[6] Ng, 2010: 390.

[7] Ng, 2010: 391.

格》将"恶"产生的第一步环节"微过"描述为"妄",强调其为人性"独而'离'其天者"的偏离（deviation）状态。"妄"的弊病突显了儒学对"恶"的根本理解：一方面，如同与"明"相对之"暗"的性质般，"妄"在人性中没有自发的根源。另一方面，与"真"相对之"妄"，唯有在"心""知"错误运用下才能了解。此中两义，皆在阳明以来对"恶"的论述中，可以找到线索。再者，《纪过格》描述的第二步环节"隐过"，则是"念"的流转妄动，以至妄念进一步附住于情感之上所形成的"七情"。王阳明所言"夫过情，非和也"等语，于此得到更为细致和具体的描述。

三、关于"工夫"的理解：相应于"微过"，《证人要旨》将第一步证立人之所以为人的工夫，落实在"独体"的保任。于一"念"未起之地用功，以求达致"一真无妄"的境地。这里对于"慎独"的强调，与念庵主静归寂的关怀一脉相承。而相应于"隐过"的第二步证人工夫，乃在动"念"时一加提醒，防微杜渐，以免"念"与"情"进一步沦落。这里对于"慎动"的强调，则与龙溪一念自反的用心如出一辙。蕺山有言："凡此皆却妄还真之路，而工夫吃紧总在微处得力云。"是则这隐微两项便是解释"恶"的出现及其防治的关键。又阳明学者一直关注知识能力的错误运用可以助成罪恶，蕺山对此有着更大的警惕（"恶生于过，然所以造是过者，亦误而已""〔智〕尤容易起风波……凡叛道之人都是聪明汉"）。为防"知"之助成"妄"，《人极图说》即突出"何思何虑"的工夫（"君子存之，即存此何思虑之心"），保任独体中气原自周流的状态，不待任何人力的安排。同样，若将蕺山置放于哲学史的脉络中，亦可看到一条发展的线索。一方面，蕺山强调本体的复还作为工夫宗旨，本来就是阳明以来的学风；另一方面，蕺山重视不偏不倚的中气周流，亦可在一些清初儒者中找到一脉相承处。根据伍安祖的研究，李厚庵即"不遗余力地倡言'存性'与'养性'，在生命中不息不止地求'中'"。[①] 相应于"过"的关键工夫，除了求"中"之外，即是勇于"改"正。是故针对《纪过格》描述"过"之不改即转成"恶"，《改过说》乃指明改过的重要：顺乎念庵指出心念隐微处时会搀入私意，《改过说一》提醒"我"念的谨微。如同阳明等一直强调本体的光明本来就具备了去欲的功效，《改过说二》重申于本体用个提醒法，则永远"得力仍在明中"。而《改过说三》表明本心之"知"必须伴随力"行"实践，则不仅承接了念庵静默实修的用心，更与阳明致良知教知行并进的训诫遥相呼应。

　　以上所述，总结了本书的主要研究成果。结束之前，以下将指出根据上述成果可以进一步开拓的方向：一、晚明学者并不将"恶"的出现归因于人性本身，而诉诸心念滞着的状况。清代儒者承接这样的学风，而把滞着的过程更具体地归结于"习"的概念。如颜元（习斋）言："当必求'性情才'及'引蔽习染'七字之分界，而性情才之皆善，与后日恶之所从来判然矣。"[②] 戴东原同样说："分别性与习，然后有不善，而不可以不善归性。

---

① Ng, 2010: 393.

② 〔清〕颜习斋：《存性篇》，《颜元集》（北京：中华书局，1987 年），卷一，页 2。

凡得养失养及陷溺梏亡，咸属于习。"[①]在一个哲学史发展脉络下，明清儒者对于理解"习"——一个解释"恶"的关键概念——有何异同，值得进一步厘清与辨明。[②] 二、儒学传统中"善固性也，恶亦不可不谓之性"的说法，与佛学"性具善恶""贪欲即是道"等想法大有可以对话的空间。儒家从本原的层面言"善"，以堕落的层面言"恶"，这与耶教言人的始祖从伊甸园堕落后才有原罪的想法可资比拟。而儒家向往本原（"本心""初念""元气"）的想法，与老子推许"复归其根"亦有其相似之处。跨宗教传统对人性的理解，当可在比较中互相发明。三、儒学以为心知功能与知识活动总是伴随一机堕落的可能，这在耶教、道教、佛教传统中都可找到相似的想法：耶教认为人的原罪源于亚当和夏娃吃过知识树上的果子，并能与上帝般具有知道善恶的能力。另外，老子有"绝圣弃智""知者不言，言者不知"的说法；而庄子亦有"知也者，争之器也""夫大道不称，大辩不言"等说法。无论老庄，都对知识与语言活动保有高度的警惕。叶海烟便说："庄子论恶基本上是在认知与语言交互运作的生活场域中进行的。"[③]而对于佛家而言，如罗光所说："普通认识过

---

① 戴东原：《性》，《孟子字义疏证》（北京：中华书局，1961年），卷中，页30。

② 值得对照参考的是，郑吉雄尝从思想史角度，指出："清初儒者讨论'恶'的根源，并不注重个人心性问题，而是注意群体社会的结构及历史发展。"参见郑吉雄：《戴东原经典诠释的思想史探索》（台北：台大出版中心，2008年），页56。相关的论述亦见页49—56。

③ 叶海烟：《庄子论恶与痛苦》，《鹅湖月刊》第24卷285期（1999年3月），页2。

程中的分别识,为认识的最基本作用;但是佛学最不看重分别识,而以为无明愚昧的根源，务必要铲除。"①"罪恶"（moral evil）与"知识"（knowledge）以至语言（language）的关系问题，亦值得在跨宗教比较中进一步研究。四、阳明学者以自反直悟的方式了解根本的去恶工夫，这本来更明显是禅家所长，两者之间有何异同？道家无为的概念，又在什么意义上塑造了理学家言"无工夫的工夫"？

　　以上种种牵涉到哲学史与比较哲学的议题，都值得进一步探索。唯书已经这样长，既艰难自己，也艰难了他人。未了的问题，留待未来再说好了。

---

　　① 罗光:《佛学的认识论》,《哲学与文化》第 25 卷 5 期（1998 年 5 月），页 403。

引用书目

一、古典文献

〔汉〕王充:《论衡》,上海:上海古籍出版社,1990年。

〔汉〕班固等撰:《白虎通》,北京:中华书局,1985年。

〔汉〕许慎:《说文解字(一)》,北京:中华书局,1985年。

〔汉〕董仲舒撰,王心湛校勘:《春秋繁露集解》,上海:广益书局,1936年。

〔东晋〕僧伽提婆译,中国佛教文化研究所点校:《中阿含经·中册》,北京:宗教文化出版社,1999年。

〔古罗马〕奥古斯丁著,周士良译:《忏悔录》,北京:商务印书馆,1963年。

〔宋〕朱熹:《近思录》,北京:中华书局,1985年。

〔宋〕朱熹撰,徐德明点校:《四书章句集注》,上海:上海古籍出版社,2001年。

〔宋〕朱熹撰,黎靖德编:《朱子语类》,北京:中华书局,2004年。

〔宋〕周濂溪:《周敦颐集》,北京:中华书局,1985年。

〔宋〕周濂溪撰,梁绍辉、徐荪铭等点校:《周敦颐集》,长沙:岳麓书社,2007年。

〔宋〕陆象山:《陆九渊集》,北京:中华书局,1980年。

〔宋〕陆象山：《陆象山全集》，台北：世界书局，1962 年。

〔宋〕张横渠撰，朱熹注：《张子全书》，上海：商务印书馆，1935 年。

〔宋〕张横渠撰，章锡琛点校：《张载集》，北京：中华书局，1985 年。

〔宋〕张横渠撰，章锡琛点校：《张载集》，北京：中华书局，2006 年第三印。

〔宋〕程明道、程伊川撰，朱熹编：《河南程氏遗书》，上海：商务印书馆，
　　1935 年。

〔宋〕程明道、程伊川：《二程文集》，北京：中华书局，1985 年。

〔宋〕程明道、程伊川：《二程集·河南程氏遗书》，北京：中华书局，2004 年。

〔宋〕杨慈湖：《慈湖遗书》，《文渊阁四库全书》集部 95 别集类，台北：
　　台湾商务印书馆，1986 年。

〔明〕王阳明撰，吴光等编校：《王阳明全集》，上海：上海古籍出版社，
　　1992 年。

〔明〕王阳明撰，吴光、钱明等编：《王阳明全集：新编本》，杭州：浙江
　　古籍出版社，2010 年。

〔明〕王龙溪撰，吴震编校：《王畿集》，南京：凤凰出版社，2007 年。

〔明〕查毅斋：《水西会语》，北京：中华书局，1985 年。

〔明〕黄梨洲：《明儒学案》，上海：中华书局，1933 年。

〔明〕刘蕺山撰，戴琏璋、吴光等编：《刘宗周全集》，台北："中研院"文
　　哲研究所，1996 年。

〔明〕罗念庵撰，徐儒宗编校整理：《罗洪先集》，南京：凤凰出版社，2007 年。

〔明〕罗近溪撰，方祖猷等编校：《罗汝芳集》，南京：凤凰出版社，2007 年。

〔清〕程树德：《论语集释》，北京：中华书局，2010 年。

〔清〕戴东原：《孟子字义疏证》，北京：中华书局，1961 年。

〔清〕戴东原撰，张岱年主编：《戴震全书（六）》，合肥：黄山书社，1995 年。

〔清〕颜习斋：《颜元集》，北京：中华书局，1987 年。

二、近人著作

1. 专书

牟宗三：《从陆象山到刘蕺山》，台北：学生书局，1984 年。

牟宗三：《圆善论》，台北：台湾学生书局，1985 年。

牟宗三：《佛性与般若（下）》，《牟宗三先生全集》，卷四，台北：联经出版事业有限公司，2003 年。

牟宗三：《心体与性体（一）》，《牟宗三先生全集》，卷五，台北：联经出版事业有限公司，2003 年。

牟宗三：《心体与性体（二）》，《牟宗三先生全集》，卷六，台北：联经出版事业有限公司，2003 年。

牟宗三：《从陆象山到刘蕺山》，《牟宗三先生全集》，卷八，台北：联经出版事业有限公司，2003 年。

牟宗三：《圆善论》，《牟宗三先生全集》，卷二十二，台北：联经出版事业有限公司，2003 年。

牟宗三：《中国哲学十九讲》，《牟宗三先生全集》，卷二十九，台北：联经出版事业有限公司，2003 年。

吴震：《阳明后学研究》，上海：上海人民出版社，2003 年。

吕妙芬：《阳明学士人社群——历史、思想与实践》，台北："中研院"近代史研究所，2010 年。

李明辉：《四端与七情：关于道德情感的比较哲学探讨》，台北：台大出版中心，2005 年。

李明辉：《四端与七情：关于道德情感的比较哲学探讨》，上海：华东师范大学出版社，2008 年。

李振纲：《证人之境——刘宗周哲学的宗旨》，北京：人民出版社，2000 年。

东方朔：《刘宗周评传》，南京：南京大学出版社，1997 年。

东方朔：《刘蕺山哲学研究》，上海：上海人民出版社，1997 年。

林月惠：《良知学的转折：聂双江与罗念庵思想之研究》，台北：台大出版中心，2005 年。

韦政通：《开创性的先秦思想家》，台北：现代学苑，1972 年。

韦政通：《儒家与现代化》，台北：水牛图书出版事业公司，1978 年。

唐君毅：《人生之体验续篇》，台北：台湾学生书局，1996 年。

唐君毅：《中国哲学原论·原教篇》，北京：中国社会科学出版社，2001 年。

唐君毅：《爱情之福音》，台北：正中书局，2003 年。

唐君毅：《文化意识与道德理性》，北京：中国社会科学出版社，2005 年。

唐君毅：《道德自我之建立》，桂林：广西师范大学出版社，2005 年。

唐君毅：《中国文化之精神价值》，桂林：广西师范大学出版社，2005。

唐君毅：《中国哲学原论·原性篇》，北京：中国社会科学出版社，2005 年。

徐圣心：《青天无处不同霞：明末清初三教会通管窥（增订版）》，台北：台大出版中心，2016 年。

殷海光：《中国文化的展望》，台北：桂冠图书公司，1988 年。

张灏：《幽暗意识与民主传统》，北京：新星出版社，2006 年。

郭齐勇：《儒家伦理争鸣集——以"亲亲互隐"为中心》，武汉：湖北教育出版社，2004 年。

陈来：《有无之境——王阳明哲学的精神》，北京：人民出版社，1991 年。

劳思光：《哲学问题源流论》，香港：中文大学出版社，2001 年。

劳思光：《新编中国哲学史》，三卷下，桂林：广西师范大学出版社，2007 年。

彭国翔：《良知学的展开——王龙溪与中晚明的阳明学》，北京：三联书店，2005 年。

菲力浦·津巴多（Philip Zimbardo）著，孙佩妏等译：《路西法效应：好
　　人是如何变成恶魔的》，台北：商周出版，2008 年。

黄敏浩：《刘宗周及其慎独哲学》，台北：台湾学生书局，2001 年。

黄秋韵：《先秦儒家道德基础之研究——兼论"恶"的问题》，新北：花木
　　兰文化出版社，2011 年。

刘述先：《朱子哲学思想的发展与完成》，台北：台湾学生书局，1984 年增
　　订再版。

刘笑敢：《诠释与定向——中国哲学研究方法之探究》，北京：商务印书馆，
　　2009 年。

郑吉雄：《戴东原经典诠释的思想史探索》，台北：台大出版中心，2008 年。

郑宗义：《明清儒学转型探析：从刘蕺山到戴东原》，香港：中文大学出版社，
　　2009 年增订版。

钟彩钧主编：《刘蕺山学术思想论集》，台北："中研院"文哲研究所，1998 年。

2. 书籍篇章

牟宗三、徐复观、张君劢、唐君毅：《中国文化与世界》，收入唐君毅著《中
　　华人文与当今世界》，台北：台湾学生书局，1975 年。

何俊：《刘宗周的改过思想》，收入钟彩钧主编《刘蕺山学术思想论集》，台北：
　　"中研院"文哲研究所，1998 年。

李明辉：《对于孟子"性善说"的误解及其澄清》，《康德伦理学与孟子道
　　德思考之重建》，台北："中研院"文哲研究所，1994 年。

李明辉：《刘蕺山论恶之根源》，收入钟彩钧主编《刘蕺山学术思想论集》，
　　台北："中研院"文哲研究所，1998 年。

唐君毅：《泛论阳明学之分流》，《哲学论集》，《唐君毅全集》，卷十八，台北：

台湾学生书局，1990年。

唐君毅:《张横渠之心性论及其形上学之根据》,《哲学论集》,《唐君毅全集》,卷十八,台北:台湾学生书局,1990年。

张兵:《"体知"解意》,收入杨儒宾、张再林编《中国哲学研究的身体维度》,台北:台大出版中心,2017年。

张昆将:《阳明后学对自我理论的分化与深化》,收入蔡振丰等编《东亚传统与现代哲学中的自我与个人》,台北:台大出版中心,2015年。

劳思光:《对于如何理解中国哲学之探讨及建议》,《思辩录——思光近作集》,台北:东大图书公司,1996年。

劳思光:《中国哲学之世界化问题》,收入刘国英编《危机世界与新希望世纪:再论当代哲学与文化》,香港:中文大学出版社,2007年。

杨祖汉:《从刘蕺山对王阳明的批评看蕺山学的特色》,收入钟彩钧主编《刘蕺山学术思想论集》,台北:"中研院"文哲研究所,1998年。

葛荣晋:《晚明王学的分化与气学的发展》,收入宗志罡编《明代思想与中国文化》,合肥:安徽人民出版社,1994年。

邓小虎:《荀子:性恶和道德自主》,收入刘国英、张灿辉编《求索之迹:香港中文大学哲学系六十周年系庆论文集·校友卷》,香港:中文大学出版社,2009年。

郑宗义:《论儒学中"气性"一路之建立》,收入杨儒宾、祝平次编《儒学的气论与工夫论》,台北:台大出版中心,2005年。

郑宗义:《明儒罗整庵的朱子学》,收入刘国英、张灿辉编《修远之路:香港中文大学哲学系六十周年系庆论文集·同寅卷》,香港:中文大学出版社,2009年。

郑宗义:《恶之形上学——顺唐君毅的开拓进一解》,收入郑宗义编《中国哲学研究之新方向》,香港:香港中文大学新亚书院,2014年。

3. 期刊论文

王鹏:《论阳明的"善恶只是一物"》,《理论界》第 4 期, 2008 年。

佐藤将之:《荀子哲学研究之解构与建构: 以中日学者之尝试与"诚"概念之探讨为线索》,《台湾大学哲学论评》第 34 期, 2007 年。

李明辉:《刘蕺山对朱子理气论的批判》,《汉学研究》第 19 卷第 2 期, 2001 年 12 月。

李振纲:《解读人谱: 圣贤人格的证成》,《哲学研究》2006 年第 9 期。

李晨阳:《荀子哲学中"善"之起源一解》,《中国哲学史》第 4 期, 2008 年。

周炽成:《荀子乃性朴论者, 非性恶论者》,《邯郸学院学报》第 22 卷第 4 期, 2012 年 12 月。

东方朔:《"可以而不可使"——以荀子〈性恶〉篇为中心的诠释》,《邯郸学院学报》第 22 卷第 4 期, 2012 年。

林月惠:《刘蕺山"慎独"之学的建构——以〈中庸〉首章的诠释为中心》,《台湾哲学研究》第 4 期, 2004 年 4 月。

林月惠:《从宋明理学的"性情论"考察刘蕺山对〈中庸〉"喜怒哀乐"的诠释》,《中国文哲研究集刊》第 25 期, 2004 年 12 月。

林永胜:《恶之来源、个体化与下手工夫——有关张横渠变化气质说的几点思考》,《汉学研究》第 28 卷第 3 期, 2010 年 9 月。

林永胜:《反工夫的工夫论——以禅宗与阳明学为中心》,《台大佛学研究》第 24 期, 2012 年 12 月。

林建德:《佛教"意业为重"之分析与探究》,《台大文史哲学报》第 80 期, 2014 年 5 月。

姚才刚:《王阳明心学的理论缺失及其对中晚明儒学发展的影响》,《哲学研究》第 12 期, 2010 年 12 月。

唐君毅:《病里乾坤——京都医院默想录（三）》,《鹅湖月刊》第 13 期,
　　1976 年 7 月。

梁涛:《荀子对"孟子"性善论的批判》,《中国哲学史》第 4 期,2013 年。

梁涛:《荀子人性论辨正——论荀子的性恶、心善说》,《哲学研究》第 5 期,
　　2015 年。

梁涛:《荀子人性论的历时性发展——论〈富国〉〈荣辱〉的情性—知性说》,
　　《哲学研究》第 11 期,2016 年。

梁涛:《荀子人性论的中期发展——论〈礼论〉〈正名〉〈性恶〉的性—伪说》,
　　《学术月刊》第 49 卷,2017 年。

梁涛:《荀子人性论的历时性发展——论〈王制〉〈非相〉的情性—义 / 辨说》,
　　《中国哲学史》第 1 期,2017 年。

梁涛:《荀子人性论的历时性发展——论〈修身〉〈解蔽〉〈不苟〉的治心、
　　养心说》,《哲学动态》第 1 期,2017 年。

庄锦章:《荀子与四种人性论观点》,《台湾政治大学哲学学报》第 11 期,
　　2003 年。

陈立胜:《王阳明思想中"恶"之问题研究》,《中山大学学报（社会科学版）》
　　第 45 卷第 1 期,2005 年。

陈志强:《对郭象哲学所受质疑提出辩解》,《清华学报》新 44 卷第 3 期,
　　2014 年 9 月。

陈志强:《一念陷溺——唐君毅与阳明学者"恶"的理论研究》,《中国文
　　哲研究集刊》第 47 期,2015 年 9 月。

陈志强:《阳明与蕺山过恶思想的理论关联——兼论"一滚说"的理论意涵》,
　　《台湾政治大学哲学学报》第 33 期,2015 年。

陈志强:《知见空言——罗念庵论"学者"之过》,《汉学研究》第 34 卷第 4 期,
　　2016 年 12 月。

陈志强:《论孔孟的过恶思想》,郭齐勇主编:《儒家文化研究》第 9 辑,长沙:岳麓书社,2017 年 12 月。

冯耀明:《荀子人性论新诠——附〈荣辱〉篇 23 字衍之纠谬》,《台湾政治大学哲学学报》第 14 期,2005 年。

杨儒宾:《检证气学——理学史脉络下的观点》,《汉学研究》第 25 卷第 1 期,2007 年 6 月。

叶海烟:《庄子论恶与痛苦》,《鹅湖月刊》第 24 卷 285 期,1999 年 3 月。

萧振声:《荀子性善说献疑》,《东吴哲学学报》第 34 期,2016 年。

钱明:《儒学"意"范畴与阳明学的"主意"话语》,《中国哲学史》2 期,2005 年。

罗光:《佛学的认识论》,《哲学与文化》第 25 卷 5 期,1998 年 5 月。

4. 学位论文

陈志强:《〈论语〉中"过""恶""罪"的思想》,香港:香港中文大学哲学系硕士论文,2011 年。

5. 研讨会论文

黄敏浩:《气质恶性与根本恶——儒学在现代发展之一例》,儒家思想与当代中国文化建设国际学术研讨会,深圳:深圳大学,2013 年 1 月 18-20 日。

刘又铭:《从"蕴谓"论荀子哲学潜在的性善观》,《"孔学与二十一世纪"国际学术研讨会论文集》,台北:台湾政治大学文学院,2001 年 9 月 28-29 日。

庞朴:《郢燕书说——郭店楚简中山三器心旁文字试说》, 武汉大学中国文
化研究院编《郭店楚简国际学术研讨会论文集》, 武汉：湖北人民出
版社, 2000 年。

6. 报章杂志

林夕:《若性本善, 那 689？ 》,《苹果日报》(名采论坛), 2014 年 12 月 30 日。

7. 其他文献

中文圣经新译会:《新约全书（新译本）》, 香港：中文圣经新译会, 1979
年第五版。
香港撒玛利亚防止自杀会:《香港撒玛利亚防止自杀会会讯》第 48 期, 香港：
香港撒玛利亚防止自杀会, 2005 年。

三、英文著作

Chan, Wing-tsit. "The Neo-Confucian Solution to the Problem of Evil,"
The Bulletin of the Institute of History and Philology 28 *(Studies
Presented to Hu Shih on his Sixty-fifth Birthday).* Taipei: Academia
Sinica, 1957.

Chow, Kai-wing. *The Rise of Confucian Ritualism in Late Imperial
China:Ethics, Classics, and Lineage Discourse.* Stanford: Stanford
University Press, 1994.

Graham, A. C.. "The Background of the Mencian Theory of Human Nature," *Tsing Hua Journal of Chinese Studies*, 6.3 (Dec. 1976).

Huang, Yong. "A Neo-Confucian Conception of Wisdom: Wang Yangming on the Innate Moral Knowledge (*Liangzhi*)," *Journal of Chinese Philosophy*, 33.3 (Aug. 2006).

Ivanhoe, Philip J.. *Ethics in the Confucian Tradition: The Thought of Mengzi and Wang Yangming*. Atlanta, Ga.: Scholars Press, 1990.

Lai, Karyn. "Knowing to Act in the Moment: Examples from Confucius' Analects," *Asian Philosophy: An International Journal of the Philosophical Traditions of the East* 22:4 (Nov. 2012).

Lau, D. C.. "Theories of Human Nature in Mencius and Shyuntzyy", *Bulletin of the School of Oriental and African Studies* 15.3 (1953).

Nivison, David. *The Ways of Confucianism: Investigations in Chinese Philosophy*. Chicago: Open Court, 1996.

Ng, On-cho. "Li Guangdi and the Philosophy of Human Nature," *Dao Companion to Neo-Confucian Philosophy*. Dordrecht: Springer, 2010.

Perkins, Franklin. *Heaven and Earth Are Not Humane: The Problem of Evil in Classical Chinese Philosophy*. Bloomington: Indiana University Press, 2014.

Wong, David. "Xunzi on Moral Motivation," *Chinese Language, Thought and Culture: Nivison and His Critics*, ed. P.J. Ivanhoe. Chicago and La Salle: Open Court, 1996.

崇文学术译丛·西方哲学

1.〔英〕W. T. 斯退士 著，鲍训吾 译：黑格尔哲学

2.〔法〕笛卡尔 著，关文运 译：哲学原理 方法论

3.〔德〕康德 著，关文运 译：实践理性批判

4.〔英〕休谟 著，周晓亮 译：人类理智研究

5.〔英〕休谟 著，周晓亮 译：道德原理研究

6.〔美〕迈克尔·哥文 著，周建漳 译：于思之际，何所发生

7.〔美〕迈克尔·哥文 著，周建漳 译：真理与存在

8.〔法〕梅洛-庞蒂 著，张尧均 译：可见者与不可见者 [待出]

崇文学术译丛·语言与文字

1.〔法〕梅耶 著，岑麒祥 译：历史语言学中的比较方法

2.〔美〕萨克斯 著，康慨 译：伟大的字母 [待出]

3.〔法〕托里 著，曹莉 译：字母的科学与艺术 [待出]

中国古代哲学典籍丛刊

1.〔明〕王肯堂 证义，倪梁康、许伟 校证：成唯识论证义

2.〔唐〕杨倞 注，〔日〕久保爱 增注，张觉 校证：荀子增注 [待出]

3.〔清〕郭庆藩 撰，黄钊 著：清本《庄子》校训析

4. 张纯一 著：墨子集解

唯识学丛书 (26种)

禅解儒道丛书 (8种)

徐梵澄著译选集 (6种)

西方哲学经典影印 (24种)

西方科学经典影印 (7种)

古典语言丛书 (影印版，5种)

西方人文经典影印 (30多种，出版中)

出品：崇文书局人文学术编辑部

联系：027-87679738，mwh902@163.com

我
思 ®

敢于运用你的理智